맞짱

이재명과의 한판

맞 짱

이재명과의 한판

김경율×서민 지음

천년의상상

바쁜 회계사와
한가한 기생충 학자의 만남

"여기 김만배 씨와 정반대에 선 '나쁜' 사람이 있다. 권력으로부터 배신자 낙인이 찍혀 공공기관 용역은 아예 뚝 끊겼고, 일주일 내내 귀찮을 정도로 참석해야 했던 온갖 위원회 위원 자리도 다 잘렸으니 그의 사회생활 능력은 굳이 거론할 필요조차 없다. 누가 시킨 것도 아닌데 집요하게 대장동 개발 특혜 의혹을 공론화하며 돈 흐름을 좇고 있는 김경율 회계사 얘기다. 문재인 정부의 최대 실세 그룹인 참여연대 집행위원장 출신이지만 조국·윤미향 사태 때 진영 논리에서 벗어난 입바른 소리를 하며 참여연대와 거리를 두느라 평생 쌓아온 인적 네트워크의 80%가 떨어져 나갔다…어떤 좋은 사람은 남의 아들·딸까지 챙겼다는데 이 나쁜 남자는 '대깨문'(문재인 대통령 열성 지지자)인 아내의 간곡한 만류도 뿌리치고 옳은 일 하겠다 나선 통에 정작 자기 딸한테도 원망을 듣고 있다. 그는 웃으며 말하지만 오로지 옳다고 믿는 일을 위한 선택이 그의 삶을 얼마나 고되게 만들었는지 감히 짐작하기 어렵다."

〈중앙일보〉 안혜리 기자가 쓴 「김만배의 삶, 김경율의 삶」의 일부다. 이 글의 결론은 다음과 같다. 만나는 이마다 형·동생 하면서 사이좋게 지내고, 그 네트워크를 이용해 사적 이익을 취하는 김만배 같은 사람보단, 여기저기서 욕을 먹는 나 같은 사람이 우리나라를 바르게 나가게 한다는 것. 사회의 부조리와 싸우는 건 몸과 마음을 피폐하게 만들지만, 내가 이 싸움을 계속할 수 있는 건 이렇듯 날 알아주는 분들 덕분이다. 윗글에 나온 것처럼 난 내가 쌓은 인적 네트워크의 80%를 최근 3년 사이에 잃어버렸다. 더 속상한 건, 사라진 네트워크에 속하는 이들이 뒤에서, 혹은 내가 볼 수 있는 곳에서 내 뒷담화를 한다는 사실이다. 한때 같은 이념을 공유하며 시간을 보내서인지, 시간이 좀 지난 지금도 그들과 싸우는 일은 슬프다.

"회계사님은 어쩌면 그렇게 한결같이 올바르세요?", "이 험난한 세상, 회계사님만 믿고 삽니다." 이런 말을 들을 때마다 뿌듯한 마음이 들긴 하지만, 많은 이들이 날 오해한다. 지난 정권과 날을 세우다 보니, 내가 까칠할 거라고 지레짐작한다. 2022년 5월 9일 한동훈 법무부 장관 후보자 인사청문회를 보면, 그럴 법도 하다. 의원들의 호통에도 아랑곳하지 않고 할 말을 다 했으니까. 내가 가장 행복한 순간은 싸울 때가 아니라, 좋은 사람들과 있는 자리에서 남을 웃길 때다. 잘 웃고, 잘 웃기는 사람. 나는 그런 사람이 되고 싶다. 하지만 난, 눈앞의 불의를 보면 참지 못하는 사람이다. 그래서 원래 하고 싶었던, 좋은 사람들과 웃고 떠드는 일을 하는 대신, 사회의 부조리한 자들과의 일합을 위해 처박아둔 칼을 다시 꺼낸다. 내가 생각하는 나와 세상 사람들이 생각하는 '김경율'과 괴리가 있는 건 분명하다.

· · ·

하지만 이재명은 다르다. 그분의 삶은 '남이 생각하는 것과는 다른 내 모습'이나 '이상과 현실의 괴리'라는 멋진 말로 퉁칠 수준을 진작에 넘어섰다. 게다가 지구와 천왕성 간 거리보다 더 큰 괴리를 메우기 위해 동원하는 변명도 처참한 수준이다. 이재명이 지금까지 한 일들은 '범죄', 그것도 매우 중대한 권력형 범죄다. 죄를 지은 이가 감방에 가야 하는 건 좌우의 문제가 아닌, 상식의 문제다. 그런데도 지난 대선에서 1,600만 명이 넘는 이가 이재명에게 표를 던졌다. 그가 낙선하자 민주당은 그에게 국회의원 배지를 선사했고, 그것도 모자라 당대표라는 이중의 방탄복을 입혀줬다. 그가 저지른 일들에 대한 수사가 진행되고 있는 지금, 이재명은 차기 대권 주자를 묻는 여론조사에서 늘 1등을 달리고 있다. 조국수호 집회가 그저 눈살을 찌푸리게 만드는 행위였다면, 이재명을 둘러싸고 벌어지는 일련의 사건들은 내게 공포였다. 왜 이런 현상이 생겼을까. 난 그 이유를, 사람들이 이재명의 실체에 대해 잘 모르기 때문이라고 생각했다. 진보가 아무리 타락했다 해도 대장동 개발 같은 범죄까지 옹호할 만큼 망가진 건 아니지 않을까.

이 책을 쓰기로 한 건 바로 다음과 같은 이유에서다. 이재명의 실체를 제대로 알려서 그보다 나은 분이 민주당을 이끌게 하자는 것. 그간 많은 이들이 책과 유튜브, 기사 등을 통해 이재명의 본모습을 밝히려 애썼다. 하지만 한 언론사가 시행한 여론조사에서 이재명의 기소를 정치보복으로 생각하는 비율이 50.7%나 되는 걸 보면, 그에 대한 보다 체계적이고 전문적인 책이 필요해 보인다. 누가 봐도 고개를 끄덕일만한 책이 나온다면, 그래서 그의 실체가 낱낱이 폭로된다면 이른바 '개딸'(개혁의 딸)들도 그에 대한 지지를 거둘 테고, 민주당도 민생을 걱정하는 생산적인 정당이 될 수 있지 않을까?

한 가지 걸림돌은 내가 너무 바쁘다는 점이었다. 회계사 일과 시민단체 일, 그리고 유튜브까지 하면서 책을 쓰는 건 좀 무리일 듯했다. 주변에 글 좀 쓸 줄 알면서 한가한 이가 누가 있을까 생각해 보다, 나와 〈신쾌도난마〉를 같이 하는 서민 형을 떠올렸다. 요즘 기생충이 없어져 할 일이 없을 거라고 확신했지만, 예의상 물었다. "형님, 요즘 바쁘세요?" 서민 형은 배시시 웃으며 대선이 끝나서 별로 할 일이 없다고 했다. 그래서 이런 제안을 했다. 이재명에 대한 책을 쓰려고 한다, 난 그가 저지른 일들에 대해 낱낱이 알고 있지만 글재주도 없고 시간도 없다, 그런데 형은 이재명에 대해선 잘 모르지만, 글도 제법 쓰고 시간도 많지 않느냐. "그래서 말인데, 형과 내가 합작으로 책을 쓰면 어때? 내가 이재명에 대해 다 얘기해줄 테니, 형이 그걸 글로 옮겨. 인세는 5대 5로 하고." 내 말을 들은 서민 형은 이렇게 물었다. "좋아. 그런데 누가 5야?"

• • •

이 책에서 다루는 이재명의 범죄 의혹은 총 다섯 개다. 대장동 개발, 백현동 개발, 성남FC 기업 후원금, 경기도 법인카드 유용, 쌍방울 변호사비 대납. 제목만 보고 '이건 나도 다 아는데' 같은 생각을 하는 분도 계시겠지만, 절대 그렇지 않다. 웬만큼 이재명에 대해 안다고 생각했던 나도 이 책을 쓰기 위해 기사를 뒤지고 자료를 찾다 보니 새롭게 안 사실들이 많았다. 한 마디로 내 모든 것을 담았다고 해도 과언이 아니다. 이 책이 많이 팔려서 보다 많은 분들이 이재명의 실체를 알게 되길, 출판사 대표님이 《고병권의 '자본' 강의》처럼 좋은 책을 더 만들 수 있길, 서민 형이 22년된 EF소나타를 버리고 새 차를 사길, 그리고 가장 중요한 한 가지, 대한민국이 좀 더 좋은 나라가 되기를 빈다.

2022년 11월 3일
김경율

차례

일러두기

1. 책 제목은 겹꺾쇠로(《 》), 신문과 잡지 등 매체명 그리고 방송 프로그램명은 홑꺾
   쇠(〈 〉)로, 기사 제목은 낫표(「 」)로 묶었다.
2. 이 책 본문 문장의 볼드(bold)와 밑줄은 지은이가 강조하기 위해 임의로 표시한
   것이다.

1장

김혜경의 법인카드
불법유용 의혹
1

01
청문회 스타가 되다

"청문회가 못 열릴 수도 있는 상황이었어요. 그중 한 원인이 김경율 회계사의 증인채택 문제였는데, 어떻게 생각하시나요?"

내게 첫 질문이 던져진 건 2022년 5월 9일 밤 10시 반이 지난 시각, 국회에 간 게 오후 4시였으니 무려 6시간 반만의 일이었다. 한동훈 법무부 장관 후보자의 청문회에 출석했던 그날, 난 마이크 앞에 설 순간을 기다리며 지루한 시간을 보내고 있었다. '지루하다'란 표현은 사실 거짓말이다. 김남국 의원의 이모 드립, 술에 취한 것처럼 보이는 이수진 의원의 좌충우돌, 한동훈의 딸을 영리법인으로 만드는 최강욱 의원의 무지함 등을 TV로 보면서, 난 문재인 정권 5년간 웃은 것보다 더 많이 웃을 수 있었다. 쓰고 보니 말이 안 된다. 문재인 정권 때 웃은 이들은 짜파구리 드시며 파안대소하신 여사님 등등 몇 안 되잖아? 나만 해도 정권을 씹어대느라 늘 썩은 표정이었지. 하지만 혼자 웃다가도 가끔씩 불안했다. 혹시 저들이 내 존재를 잊어버린 것은 아닐까. 시간이 없다고 나한테 '오늘은 그냥 가라'면 어쩌나. 그럼 출연료도 못 받을 텐데. 역사는 순식간에 이루어지는 법. 갑자기 청문회 의장이 정회를 선포하더니, 곧 노크 소리가 났다.

"이제 가실 시간입니다."

담당자의 인도에 이끌려 청문회장으로 향했다. 국회에 증인(혹은 참고인)으로 오는 건 벌써 열 번이 넘으니, 청문회라고 해서, 또 그게 이목이 집중된 한동훈 청문회라고 해서 더 긴장할 건 없었다. 내게 질문이 오면, 대기실에 있을 때 적어둔 원고를 읽으면 될 뿐. 민주당 의원들이 나를 철저히 외면한 채, 자기들이 신청한 한동수 감찰부장과 임은정 검사에게만 질문을 던졌을 때도 난 시종 평온했다. 말을 많이 한다고 출연료 더 주는 것도 아니잖아. 그런데 한동수와 임은정의 말을 듣고 있으니, 점점 분노 게이지가 상승했다. 그들은 그날 뭐라고 했을까?

재등장한 채널A 사건

한동수 저는 2020년 4월 7일 채널A 사건 관련해 한동훈 당시 부산고검 차장검사에 대한 감찰을 개시하겠다고, 윤석열 당시 검찰총장에게 보고하러 갔습니다.

2020년 총선 직전, MBC는 '채널A 사건'을 떠들썩하게 보도한다. 민주당에 따르면 채널A 사건은 이동재 채널A 기자가 한동훈 검사장과 손잡고 수감 중인 전 신라젠 대표 이철을 이용해 유시민을 엮으려 한 사건. 하지만 내 판단은 다르다. 이건 사기꾼인 지 모 씨와 MBC, 그리고 당시 열린민주당 인사들이 이동재 기자를 이용해 한동훈 검사와 윤석열 총장을 잡아넣으려는 저열한 공작이었다. 실제로 이 사건이 이슈화된 뒤 조국 수사의 여파로 부산에 가 있던 한 검사장은 용인에 있는 법무연수원으로 2차 좌천을 당해야 했고, 피의자 신분으로 수사받는 신세가 됐다. 고초를 겪은 건 윤석열 당시 총장도 마찬가지였다. 추미애 법무부 장관이 이를 빌미로 수사지휘권을 발동하는 등 윤 총장을 숱하게 괴롭혔기 때문이다. 그런데 공개된 녹취록에 따르면 한 검사장은 "유시민에 관심 없다"고 단호하게 말한 바 있고, "증거가 차고 넘친다"는 추미애의 말과 달리 아무리 털어도 나오는 건 없었다. 그러니까 저 작자들이 사건과 무관한 휴대전화 비밀번호를 물고 늘어진 건, 자기들 잘못을 물타기 하려는 의도였을 뿐이다.

박영진 전 대검 형사1과장의 증언도 이런 추측을 뒷받침한다. 국민의힘 증인으로 한동훈 장관 청문회에 나왔을 때 그가 했던 말을 옮긴다. "검찰수사심의위원회는 한 후보자를 불기소 처분하는 것이 적정하다는 의견을 냈지만, 이성윤 서울중앙지검장이 사건을 계속 수사하라는 지휘를 내린 것으로 알고 있습니다. 제 생각에는 (이 지검장이) 목적과 예단을 가지고 수사에 착수했고, 원하는 결론이 나오지 않아 이런 지휘를 한 것으로 보입니다." 또한 박 검사는 '당시 수사심의위'에 대검 차원의 의견서를 내는 과정에서도 법무부, 중앙지검, 대검의 압력을 받았다'고 주장하기도 했다. 결국 이동재 기자는 재판에서 무죄를 받았고, 한 검사장도 12번의 무혐의 건의 끝에 피의자 신분에서 벗어났으니, 이 사건을 가지고 난리를 피우던 세력은 국민 앞에 석고대죄하는 게 맞다. 그런데도 그 세력 중 핵심인물이던 한동수가 그때 일을 끄집어내 윤석열 대통령을 욕보이려 했으니, 기가 막힐 수밖에. 그가 대체 어떤 말을 했는지 살펴보자.

한동수 당시 윤 총장님은 감찰 관련 보고를 받으면서 극히 이례적인 행동을 보였습니다. 책상에 다리를 얹어 놓으시고, 굉장히 굵고 화난 목소리로 (보고서를) '구석에 놓고 가' (녹음파일을) 압수수색하겠다 하니까 '쇼하지 말라'고 …

이어서 윤 총장이 대검 인권부가 (조사를) 맡으라고 지시했단다. 한동수가 감찰부가 함께 조사하겠다고 했지만, 윤 총장은 듣지 않았단다. 다시 한동수의 말이다.

한동수 감찰부에서도 병행을 하겠습니다, 하니까, '병행?' 그러면서 자리에서 일어나셨어요. 저한테 접근을 하셨죠. 몸이 좀 크시잖아요.

그러면서 한동수는 "윤 총장이 과거 특수수사를 할 때 피의자들이 상당한 위협감을 느꼈겠다고 생각했다"고 덧붙인다. 하지만 윤 총장을 무슨 조폭이라도 되는 양 묘사했던 사람치곤, 한동수의 다음 행보는 매우 아크로바틱하다. 2020년 11월 추미애 장관이 윤 총장을 직무에서 배제하고 징계를 청구했을 때, 이에 관한 절차를 주도한 이가 한동수였다. 그리고 그는 그해 12월 열린 윤 총장 징계위원회에 증인으로 출석하기도 했다. 이뿐인가. 고발사주 의혹 등 윤 총장과 관련된 공수처 조사에서 주요 참고인 역할을 한 것도 바로 한동수다. 이게 위협감을 느낀 이의 행동일까? 아무도 없는 복도에서 둘이 마주치기라도 하면 어쩌려고? 한동수가 실제로 윤 총장을, 그리고 현재의 윤 대통령을 전혀 무서워하지 않는다는 데 전 재산을 걸겠다. 아내 재산 말고, 내 재산만 말이다.

한동수와 같이 민주당 측 증인으로 나온 임은정 검사도 만만치 않았다.

임은정 검찰 내 윤석열 사단은 언론에도 흔히 보도가 됐고요. 2012년 검란도 윤석열 라인, 특수통 하나회라고 불리는 집단이 (주도해) 널리 알려져 있어, 이는 공지의 사실이라고 할 수 있습니다.

김용민 검찰 내 정치 조직이 있는 거 아니냐는 생각이 들 수 있는데.

임은정 검찰에서 쿠데타라고 할 수 있는, 검찰총장을 쫓아낸 사태가 단 한 번 있었는데, 그것이 2012년이었어요… (윤석열 사단이) 약간 위험하긴 하죠.

국내 제일가는 정치검사가 살아 있는 권력을 수사한 윤 총장을 정치검사로 몰아가는 모습에 어찌 분노하지 않을 수 있겠는가. 미리 준비한 원고 따위는 이제 의미가 없었다. 누구라도 내게 마이크를 넘겨주기만 한다면, 그간 못했던 말을 다 하리라.

김경율 등판하다

드디어 그 순간이 왔다. 나를 초청했던 조수진 의원이 내게 질문

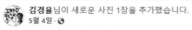 김경율님이 새로운 사진 1장을 추가했습니다.
5월 4일 · 🌐

 김경율
1일 · 🌐

[최강욱 으원님께 정중히 사과 드립니다]

본인 김경율은 사실 확인을 제대로 하지 않고, 특정
단어로 확증편향을 가진 후 최강욱 으원놈 아... 아
니... 죄송합니다 으원님을 매도 호도하려 하였습니
다.

다음부터는 이런 일이 계속 될 수 있도록 노력하겠
습니다.

#ㅋㅋㅋ_맨날_술자리에서_김경율_ㄱㅅㄲ라_한
다며^^

#고마웡_오래_살께^^

👍😆　　　　　외 97명

👍 좋아요　　　　　💬 댓글 달기　　　　　↪ 공유하기

"최강욱 으원님께 정중히 사과드립니다.
다음부터는 이런 일이 계속될 수 있도록 노력하겠습니다"

을 던진 것이다. 첫 질문은 내 증인채택 문제 때문에 청문회가 못 열릴 뻔했지 않으냐는 내용이었다. 실제로 민주당은 날 부르는 데 반대했는데, 이유는 페이스북에 쓴 말—최강욱 으원놈—때문이었다. 하지만 이건 어디까지나 표면적 이유였을 뿐, 진짜 이유는 그들이 날 두려워해서라고 생각한다. 그리고 그날, 이 두려움은 현실이 됐다. 난 분노를 숨기고 평온한 척 답변을 시작했다.

"저는 욕설을 쓰지 않았고요, '최강욱 으원놈, 아니 죄송합니다. 으원님'이라고 쓴 건, 온라인 '밈'이라 할 수 있는데, 민주당 의원분들은 그렇게 떳떳할까요. 이해찬, 안민석, 김태년 의원님, 이 세 분은 아예 쌍욕을 하셨던 것으로 알고 있습니다. 심지어 공적인 자리에서요. 그런데 그런 이유로 시민사회에서 사회운동하고 있는 사람을 청문회에 데려오지 않겠다, 너무 궁색하다고 생각합니다."

조 의원이 두 번째 질문을 던졌다. 내 전공인 조국사태, 내가 나온 어느 프로보다 시청률이 높았던 이 무대에서 난 조국 전 법무부장관에게 하고픈 얘기를 했다.

"조국사태를 계기로 해서 대한민국의 시민사회, 이른바 진보적 시민사회는 깨끗이 초토화되고 말았습니다. 여기에 대해 조국은 일말의 양심이라도 있다면 미안한 마음을 가져야 할 것입니다."

시원했다. 그 말을 하며 난 김남국 의원을 바라봤다. 조국수호를 위해 국회의원이 된 친구. 그리고 난 봤다. 그가 내 말에 "푸 하~하~" 이렇게 웃는 걸. 김남국은 나와 함께 참여연대에 있었다. 사석에서 그는 매우 공손한 것처럼 보였지만 국회에서의 그는 아주 딴판이 돼서, 아주 불손한 데다 공격적으로 변했다. 그날 역시 마찬가지였다. 이 작자 봐라? 난 세 번째 질문을 기다렸다.

조수진 문재인 정권 5년을 압축하면 '내로남불'로 정의하겠습니다. 조국, 추미애, 박범계 법무부 장관들에 대해서 어떻게 평가하십니까?

한동훈 법무부 장관 인사청문회에서 발언하는 김경율

바로 이거다. 내가 그렇게 기다렸던 기회.

김경율 어, 우리 김남국 의원님이 웃어주셨으니 저도 한 말씀 드리고 싶습니다. 최근에 모 의원의 성희롱 발언 의혹 사건이 터졌습니다. 제가 이걸 언급하는 이유는 전형적인 민주당의 태도를 알 수 있기 때문입니다. '첫 번째, 은폐합니다. 외부로 발설되지 않게 하라. (발설하면) 기밀누설 행위다.' 어떻게 성희롱 발언이, 공식 회의에 나왔는데 비밀이 될 수 있나요? '두 번째, 은폐가 실패하면 그때부터 조작을 합니다.' 쌍지읒이냐 쌍디귿이냐.

민주당의 3단계 전법

내 말에 조수진 의원이 웃음을 터뜨리는 게 보였다. 아는 분은 아시겠지만, 성희롱 발언을 한 모 의원은 바로 최강욱 민주당 의원이다. 그는 당내 온라인 회의에서 카메라를 끄고 회의에 임한 김남국에게 "○○이 치고 있느냐"고 말했다. 이게 논란이 되자 그는 '짤짤이'라 말했다고 우겼다. 짤짤이는 홀짝 게임처럼 동전 개수를 맞추는 게임, 이건 혼자서는 절대 할 수 없기에 최강욱의 주장은 도대체 말이 안 됐다. 그보다는 스스로 위로한다는 뜻의 '○○이'라고 말했다는 게 더 설득력이 있어 보였다. 실제로 당시 회의에 참여한 여성 보좌관들은 그런 뜻으로 들었고, 이게 외부로 공개된 것도 그들이 성적 수치심을 느껴서였다. 그러니까 내 말은 그 자리에 없던 최강욱은 물론, 김남국까지 같이 겨냥한 발언이었다. 말을 마치자 민주당에선 한바탕 난리가 났다. 그중에는 '검수완박'법 통과를 위한 위장탈당의 주인공 민형배 의원도 있었다. 내가 위장탈당이란 단어를 썼을 때부터 날 째려봤던 그는 '은폐한다, 조작한다'는 얘기를 할 때부턴 아예 나보다 더 큰 목소리로 말하기 시작했다. 정상적인 발언을 하기 힘든 상태, 그간 참아왔던 분노가 터졌고, 난 소리쳤다.

"제 발언 시간입니다! 제 발언 시간입니다! 묻는 것에 답하고 있습니다."

위원장이 절차를 인정해준 덕분에, 난 계속 발언을 이어갔다.

"대장동에서는 어떤 일이 있었냐면, 처음에는 단군 이래 최대 치적이라 합니다. 그런데 그것들이 저를 비롯한 여러 언론과 시민단체의 지적에 의해 은폐한 게 드러나게 되니까, 이제부터 조작을 합니다. 대장동의 주범은 윤석열이다. 이런 뜬금없는, 말도 안되는 이야기를 지껄입니다. 세 번째, 3단계에선 어떻게 하고 있느냐."

중요한 3단계를 말하기 직전, 내 말은 다시 제지당했다. 민주당

의원들이 이 청문회와 아무 상관 없는 이야기를 하고 있다고 했고, 이러니까 안 부르려고 했다는 둥 소란을 피운 것이다. 나중에 유튜브 방송에 나갔을 때 난 당시 상황을 이렇게 설명했다. "오디오로 안 들렸기에 망정이지, 저는 그 자리에서 순전히 내용을 떠나서, 소란의 정도로 따지자면 정말 민주당 국회의원들 소리가 더 많이 들릴 겁니다. 여섯 일곱 명이 개떼처럼 달려들어 계속 떠들었어요." 청문회가 끝나고 난 뒤 많은 이들이 내게 다음과 같은 질문을 했다. "저, 회계사님, 청문회 때 민주당이 3단계 전법을 쓴다고 했는데요. 2단계까지는 알겠는데 3단계가 뭐죠? 말씀 안 하신 거 같아서요." 역시 강의는 끊김 없이 들어야 기억에 더 잘 나는 법인가보다. 그날 난 분명히 3단계를 얘기했다. 민주당의 소란이 진정됐을 때.

"자, 마무리하겠습니다. 첫 번째, 은폐를 합니다. 두 번째, 조작을 합니다. 3단계에서는 이를 조사하기 위한, 수사하기 위한 조직들을 무력화시킵니다. 저는 어디에서든지 이 예를 들 수 있습니다. 문재인 정권 5년 내내 (대통령 친인척 비위 행위를 감찰하기 위한 조직인) 특별감찰관, 없었습니다. 권력형 범죄에 대해, 경제범죄에 대해 어떻게 했습니까? 수사기관을 무력화했습니다. 남부지검 증권범죄합수단, 없앴습니다."

다시 위원장(박광온 민주당 의원)이 끼어들었다. "증인, 정리해 주세요." '알았다'고 한 뒤 난 발언을 계속했다. 라임 사건이 용두사미로 처리된 것, 옵티머스 사건 때 이낙연 후보의 부실장이 검찰수사 도중 극단적 선택을 한 일, 옵티머스 주주가 청와대 민정수석실 행정관으로 근무한 것, 심지어 고발해도 조사 안 하고 넘어간 경우도 있었다는 것, 하지만 문재인 정부에선 이 사건들을 덮기에 급급했다는 것. 예컨대 라임 사태 한복판에서 추미애는 남부지검에 설치된, '여의도 저승사자'란 별명을 얻었던 증권범죄합동수사단을 해체했다. 그가 이유로 든 것은 "민생에 집중한다"였지만, 한동훈 법무부 장관은 훗날 국회 예결위에서 이 말을 다음과 같이 반박했다. "어차피 화이트칼라 범죄는 모두 다 적발할 수 없습니다. 다만 국가는 그런 범죄에 대해 강력히 대처할 것이라는 메시지를 대중에게 주는 게 중요하죠. 그런데 특별한 이유 없이 그런 기구를 없애면 잠재적 범죄자들에게 범죄에 가담할 용기를 주는 것이고 이로 인한 폐해가 크다고 생각합니다."

사실은 나도 무섭다

발언을 마치자마자 김남국이 마이크를 잡았다. "전혀 무관한 사실에 대해 증인이 거의 정치적 선동에 가까운 얘기를 하고 있는 겁니다. 더 나아가서 민형배 의원이 정당한 문제 제기를 하자 흥분해서 화를 내는 모습을 보면, 증인이 이 자리에서 문답을 하며 질의하는 자격과 전문적 식견을 가진 증인인지 의문스럽습니다. 그리고 이 자리에서 한 말들, 한동훈과 아무런 상관이 없는 겁니다…오히려 인사청문회를 방해하고 있습니다."

김남국 저 작자가? 다시금 화가 난 나머지, 난 이렇게 외쳤다.

김경율 발언할 수 있습니까, 위원장님?
위원장 잠깐만요. 증인, 가만히 계세요. 증인 하고 싶은 말 하러 나오신 게 아니잖아요.
김경율 발언을 요청한 것뿐입니다. 제가 무슨 발언 했습니까? 요청했을 따름입니다.

그 뒤에도 나를 공격하는 다른 의원과 설전을 벌였다. 위원장이 말했다. 이대로 청문회를 이어갈 수 없겠다고. 그때 위원장이 내가 팔짱을 끼고 있는 장면을 본다.

위원장 팔짱 푸세요.
김경율 이런 자세 안 됩니까?

웃겼던 건 임은정이었다. 그 역시 나처럼 팔짱을 끼고 있었는데,

위원장의 말에 흠칫 놀라며 팔짱을 푸는 것 아닌가. 그 모습이 웃겨서, 나도 분노의 와중에 웃을 수 있었다. 다른 민주당 의원이 소리쳤다. "저런 증인을 여기 앉혀놓고 인사청문회 계속한다는 게 말이 됩니까?", "국민들이 보고 있는데 이게 뭡니까?" 그때 생각했다. 앞으로 국회에서 증인으로 일당을 버는 건 이게 마지막이겠구나. 누군가는 내게 묻는다. 국회의원들이 그리 많이 있는데, 어떻게 그리 당당할 수 있냐고. 전혀 그렇지 않다. 국회에 여러 번 나갔지만, 난 늘 긴장한다. 그 뒤 나간 한 유튜브 방송에서 이런 얘기를 나눈 바 있다.

사회자 일부에서는 약간 손을 떨었다는 말도 있던데요. 그게 약간 쫄으셨어요.

김경율 손을 떨었더라고요. 저는 의식은 못 했는데요. 그리고 아마 안 보였을 텐데, 밑이 막혀 있어서요. 발도 막 떨고⋯우리 중고등학교 때 다리 떨 때처럼요.

청문회, 그 이후

이 말을 하는 이유는, 내가 특별히 강심장이라서 부당한 권력과 싸울 수 있던 건 아니라는 걸 알리기 위해서다. 권력은 언제나 무섭다. 정권이 내 편이라고 해도, 길가에서 이재명을 만나면 당장 숨는

김경율
5월 16일 · 🌐

...

많은 분께서 청문회 이후 후원을 해주시고 계십
니다. 후원 요청을 저희 스스로 전혀 안 드렸음
에도, 지인분들께서 알려주시기도 하셔서 많은
후원이 답지하는 것으로 압니다. 한분 한분 후
원의 뜻 깊게 새기고 더욱 더 무겁게 나아가겠
습니다.

👍❤️   1.8천명   댓글 52개 공유 10회

👍 좋아요   💬 댓글 달기   ↪ 공유하기

"한분 한분 후원의 뜻, 깊게 새기고 더욱더 무겁게 나아가겠습니다"

것 말고 뭘 어떻게 하겠는가? 이재명만큼은 아니지만, 국회의원들도 무서운 건 마찬가지다. 더구나 그곳은 의원들의 홈그라운드 아닌가. 그래도 내가 버틸 수 있었던 건 TV로 청문회를 보는 수많은 국민들이 날 지켜줄 거라는 믿음 때문이었다. 그 믿음은 헛되지 않았다. 청문회가 끝난 뒤 많은 이들이 내게 응원을 보내줬다. 그분들 중 경주에 사는 최은정이란 분이 계셨다. 최은정 선생이 청문회 다음날 페이스북에 쓴 글을 그대로 옮겨온다.

"어제 청문회 보시고 기분이 좋았습니까? 저는 어제 밤늦도록 회계사님의 울분을 보고 잠을 잘 수가 없었습니다. 이런 시민운동가를 우리 시민들이 지켜주지 못해서 권력에 휘둘리고, 돈에 상처받고, 명예에 눈을 어둡게 하면, 이 사회는 올바른 소리가 사라지고 정의가 무너지는 것이라고 생각합니다. 어젯밤 청문회를 보고 회계사님에게 힘을 보태주고 싶다면, 후원을 부탁드립니다."

그러면서 그는 내가 몸담은 시민단체 '경제민주주의21'의 후원계좌를 페이스북에 띄웠다. 그걸 다른 사람이 퍼가서 자기가 활동하는 인터넷 커뮤니티에 올리고, 그걸 본 또 다른 이가 계좌를 퍼가고, 그걸 본 또 다른 이가 뒤를 잇고. 나중에 단체 계좌로 들어온 돈의 액수를 보니, 눈물이 났다. 시민단체를 하면서 단 한 번도 풍족한 적이 없었다. 그게 당연한 것이라고 생각했고, 거기에 대해 불만은 없었다. 그런데 앞으로 몇 달은 버티게 해줄 후원금을 보면서, 내가 정말 잘 살았구나, 하는 생각을 했다. 이 자리를 빌려 최은정 선생에게, 후원금을 내주신 분들에게 깊이 감사드린다. 그리고 결심한다. 절대 이분들을 실망시키지 말자. 이 나라가 잘되게 하는 데 이 돈을 쓰자.

02
2010년부터 시작된
사모님 리스크

　24만7천 표. 2022년 3월 9일 치러진 대선에서 윤석열 후보와 이재명 후보 간 표 차이다. 윤석열 후보는 1천6백39만4천여 표(48.56%), 이재명 후보는 1천6백14만7천여 표(47.83%)를 얻었는데, 이는 1963년 치러진 5대 대통령 선거의 15만 표 차이에 이은 역대 두 번째 최소 득표차였다. 그러니 다음과 같은 질문을 던져볼 수 있다. 이재명 부인 김혜경의 법인카드 의혹이 터지지 않았다면 선거 결과가 바뀌지 않았을까? 이런 생각을 하는 건, 법인카드(이하 법카) 의혹이 선거 막판에 터진 데다, 대장동이나 변호사비 대납 의혹 등등 이재명 후보에게 제기됐던 다른 의혹들에 비해 훨씬 이해하기 쉬웠기 때문이다. 공무원도 아닌 자가 법카로 소고기를 사 먹고, 초밥을 사 먹었으니, 이게 나쁜 짓이라는 건 초등학생도 알 수 있으리라.

법카 덕분에 뒤집힌 선거?

법카 의혹은 김혜경의 또 다른 면도 드러내 줬다. 아무 직함도 없는, 그저 공직자의 부인일 뿐인 김혜경이 경기도 공무원 두 명, 5급 배소현과 7급 A 씨를 자기 비서처럼 부렸다는 것 말이다. 위에서 말한 법카로 산 음식 심부름 이외에도 김혜경은 이들에게 약을 대리로 타게 하고, 사적인 일에 관용차를 운전하게 했다. 이뿐만이 아니다. 이재명은 대선을 위한 선대위를 만들면서 배우자실을 신설해 김혜경을 보좌하게 했는데, 현역의원 이해식에게 배우자실장을 맡겼고, 20대 국회의원을 지낸 정은혜가 부실장이었다. 이해식은 강동구청장으로 3선을 한 뒤 국회에 입성했는데, 기껏 한다는 게 김혜경을 모시는 일이라니, 강동구 주민들이 뒷목을 잡을 만하다. 엄연히 '영부인'이란 직함을 갖고 있는 김건희 여사에게 민주당이 '나댄다'는 프레임을 씌우는 작금의 현실을 보면, 내로남불도 이런 내로남불이 있을까 싶다.

훗날 이 사건을 수사한 경찰은 경기도 압수수색 영장에 5억5천만 원의 국고손실죄를 적시했다. 여기엔 법인카드 횡령 금액과 관용차 렌트 비용뿐만 아니라 김혜경을 수행한 배소현이 이재명의 성남시장 시절부터 경기도지사를 그만둘 때까지 총 11년간 받은 공무원 급여가 포함돼 있다.[1] 배소현은 성남시청과 경기도청에서 공무원으로 있었다. 나라에서 그녀에게 월급을 준 건, 거기 걸맞은 일을 하라는 취지, 하지만 배소현은 처음부터 끝까지 김혜경의 의전만을 담당했기에 국고손실죄를 물어야 한다는 것이다. 여기에 이재명이 공범으로 등재된 것은 그가 이 사실을 알고 있었다는 차원을 넘어, 지자체장으로서 그런 말도 안 되는 짓이 가능하도록 인사발령을 내줬다는 합리적 의심을 했기 때문이다.

너무도 뻔한 사건이지만, 자신에게 제기된 온갖 의혹을 부인해온 이재명은 자기 아내가 연루된 법카 유용마저 부인한다. 김혜경이 경찰에 소환돼 조사를 받은 날, 그는 이 사건이 "자신이 부하직원을 제대로 관리 못 한 탓"이라면서 "(아내가) 법인카드를 쓰거나 부당 사용을 알면서 용인한 것도 아닌데, 평생 한 번 있을까 말까 한 고통을 겪는 아내에게 남편으로서 한없이 미안할 뿐"이라고 했다.[2] 이 모든 게 부하직원의 일탈이며, 김혜경은 전혀 몰랐다는 얘기인데, 이쯤 되면 지나친 아내 비하가 아닐까 싶다. 초밥이 먹고 싶을 땐 초밥이, 소고기가 생각날 땐 소고기가 집으로 배달되는데, 이게 잘못된 일이라는 걸 몰랐다니 말이나 되는가. 윤석열 대통령이 검찰총장 시절 김건희 여사가 법인카드로 소고기를 사 먹은 게 한 건이라도 적발됐다면 어떤 일이 벌어졌을지 상상해 보라. 이런데도 민주당 지지자들은 저 궤변을 믿으며 이재명에 대한 지지를 거두지 않고 있으니, 어이없고

김경율
2월 9일 · 🌐

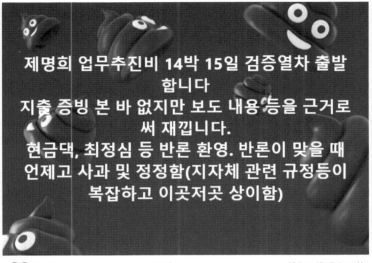

제명희 업무추진비 14박 15일 검증열차 출발
합니다
지출 증빙 본 바 없지만 보도 내용 등을 근거로
써 재낍니다.
현금댁, 최정심 등 반론 환영. 반론이 맞을 때
언제고 사과 및 정정함(지자체 관련 규정등이
복잡하고 이곳저곳 상이함)

"제명희 업무추진비 14박 15일 검증열차 출발합니다"

황당할 따름이다. 이제부터 대선 막판을 뜨겁게 달궜던 법카 의혹의 전말과 그 뿌리에 대해 알아보기로 하자. 여러분이 막연히 알던 것보다 훨씬 더 재미있고, 풍부한 정보를 드릴 것을 약속드린다.

그날, 11년 전 성남시

2011년 11월 25일, 성남시의원 이덕수(한나라당)는 본회의 자유 발언 시간에 김혜경에 대한 세간의 의혹을 제기한다.

"다음은 시장 사모님께서 관용차량을 이용한다는 의혹과 관련된 내용입니다.···금년 10월 모 봉사단체 행사에 사모님이 관용차를 이용해 오셨는데, 공무원 약 20여 명이 도열을 했습니다. 이를 목격한 주민들이 얼마나 욕을 퍼부었던지 본 의원조차 낯이 뜨거웠습니다. 사모님, 본 의원과 지난 1년 5개월 동안 많이도 마주치셨죠. 시장께서 사모님과 동승하여 행사장을 방문하는 것은 있을 수 있다고 생각하나, 사모님 홀로 관용차(체어맨)를 이용하는 것은 시민들은 반기지 않을 것이며, 적절한 처신인지 되돌아봐야 합니다. 시민은 시장을 선출한 것이지, 사모님을 시장으로 선출한 것은 아니기 때문입니다. 집행부는 사모님도 관용차를 이용할 수 있다는 근거와 운행일지를 즉각 공개할 것을 요구합니다. 근거가 없다면 더 이상 이재명 시장을 나쁜 시장, 주민 세금 횡령한다는 의혹을 듣지 않게 바른길로 보좌를 해야 할 것입니다."[3]

아무리 봉사단체 행사라 해도, 시장 부인이 혼자 가면서 관용차를 이용하는 게 옳으냐는 지적. 흔히 김혜경에게 법카 유용의 죄를 묻지만, 그보다 더 괘씸한 건 공무원과 관용차 등을 사적으로 쓴 행위였다. 2011년이면 이재명이 성남시장이 된 지 1년 남짓된 시점이다. 이런 지적이 나왔다면 그때 아내가 자중하도록 단속했어야 했다. 이재명의 형인 재선 씨도 같은 지적을 했지 않았는가.

이재선 너 마누라가 체어맨 타고 다녔다며? 그리고 비서가 있다며? 너 마누라 공무원이냐?
이재명 허허허, 마누라 비서가 있다?
이재선 …우리 딸이 전화했을 때 비서가 받았다.

그런데 이재명은 이들의 말을 무시했다. 이덕수가 요구한 시장 관용차 운행일지 제출도 거부하면서 말이다. 이재명이 대통령이 돼선 안 되는 이유는, 이렇게 공공의 재산을 아무 거리낌없이 사유화하는 인간이어서다. 그러다 국민들이 알게 되면? 가짜뉴스로 몰아가면 된다! 그런 이재명이었으니, 이덕수의 지적 따위는 신경도 안 썼을 것 같다. 그래도 이덕수는 포기하지 않았다. 이듬해 있었던 성남시의회 예결산특위에서도 성남시 재정경제국장을 상대로 이를 따진 것이다. 〈월간조선〉이 보도한 그 당시 문답을 옮겨본다.[4]

이덕수 체어맨 관용차량이 지금 운행되고 있는데 (그) 근거라든지 배정할 수 있는 근거 자료 같은 것 좀 내실 수 있나요?

재정경제국장 저희들이 자료가 있으면 제출하도록 하겠습니다.

이덕수 자료를 찾아보셔서 시장 부인에게도 관용차, 특히 이것은 의전용 차량입니다. 의전용 차량을 배정하는 근거가 있다면 그것

"시민은 시장을 선출한 것이지, 사모님을 선출한 것은 아닙니다"

에 대해서 저한테 근거 자료를 제출해 주시기 바랍니다.

재정경제국장 예.

그래서 어떻게 됐을까. 성남시의회 행정사무감사 수감자료 47쪽에는 김혜경 씨 관용차량 사용과 관련한 행정사무감사 결과가 적혀 있는데, '실익이 없어서 종결'했단다.

관용차량 사용 관련

- 시정 및 처리요구 사항

  시장 사모님의 관용차량 사용 적정 여부에 대하여 감사 요구

- 감사 결과

  시장 사모님의 관용차량 사용에 대해 성남시 공무원 행동강령 시행규칙 제14조(공용물의 사적사용 수익의 금지) 위반으로 시의회에서 고발 의결된 사항으로 실익이 없어 종결.[5]

시의원 무용론을 주장하는 이도 있지만, 이덕수를 보면 제대로 일하는 시의원의 존재가 왜 필요한지 알 수 있을 것이다. 이재명 입장에서는 그런 이덕수가 눈엣가시였을 터. 그래서인지 이덕수는 이재명의 수행비서 백종선으로부터 위협을 받기도 했다. 이덕수에 따르면 "회의 직전 본회의장 앞 복도에서 이 시장이 지나가면서 '당신 말조심해'라고 말한 데 이어 백 비서가 쫓아와 욕설과 함께 '시장 친

구냐', '말조심해라' 등 협박과 폭언을 했다"고 주장했다.[6] 백종선은 말이 비서지 조폭과 다름없는 이로, 이재명의 형 재선 씨와 그 가족들에게 입에 담지 못할 폭언과 협박을 한 바 있고, 택시기사 폭행 건으로 징역형(집행유예)을, 마을버스 인허가 비리로 징역 10개월을 선고받은 최소한 전과 2범이다. 그런 백종선이 시의회에서 시의원이 발언한 걸 빌미로 욕설과 협박을 한 것이다. 이재명은 "대응만 했을 뿐 욕설은 없었다"며 CCTV를 공개하겠다고 했지만, 재판 결과 백종선이 욕설을 한 게 인정돼 벌금 100만 원이 선고됐으니, 여러분이 아는 이재명의 거짓말 횟수에 1을 더해 주시길 요청한다.

배소현의 등장

이덕수가 맹활약하던 그때, 박완정 시의원 등은 성남시 행정기획국장에게 배소현에 대해 묻는다. 배소현이라는 계약직 직원이 있는데, 총무과장이 낸 자료에는 그녀의 업무가 '의전 수행'이라고 돼 있는 반면, 비서실장의 자료에는 '외국인 의전'이라고 돼 있으니, 이를 총괄하는 행정기획국장이 해명하라는 것이다. 당시 문답을 여기 옮긴다.[7]

박완정 의원 어제 비서실장이 배소현이라는 직원이, 행정기획국장도 1년에 우리 시를 방문하기 위해서 또 시장을 만나기 위해서 오는 외국인 내방객 수가 몇 회인지 몇 명인지도 모르면서 직원을 하나, 상근직원으로 외국인 의전을 위해서 쓸 정도로 외국인 내방객이 많은 거예요? (중략) '외국인' 의전이라고 비서실에서 써 놓고 어제 저희가 질문 과정에서 이분이 시장님 사모님을 수행하는 것 아니냐고 했더니 또 수행도 한 대요. 그러면 도대체 이 직원의 주 역할이 뭡니까? (중략) 다시 한번 묻겠습니다. 외국인 의전이 없을 때는 사모님을 수행한단 말이지요?"

행정기획국장 예, 공식적인 사항은 그쪽 수행하고 있습니다.

이 모 의원 의전실의 배소현 그분이 외국인 의전을 담당한다고 업무분장에 표기되어 있는데 맞지요?

행정기획국장 제가 그 내용을 확인을 못 해봤어요.

이 모 의원 그렇게 표기가 되어 있어요. 그런데 이분이 '어느 나라 외국어가 전공인가요?'

행정기획국장 제가 알기로는 외국어를 좀 잘하고 있는 것으로 알고 있습니다.

외국인 내방을 위해 상근직원을 배치할 만큼 성남시청을 찾는 외국인이 많냐, 외국어는 잘 하느냐, 여기에 답하는 행정기획국장도 곤혹스러웠을 것이다. 배소현이 무슨 일을 하는지 뻔히 아는데, 그렇다고 솔직히 말할 수도 없으니 말이다. 이런 일은 그 후에도 여러

번 벌어졌다. 예컨대 2012년 2월 22일 성남시의회 행정기획위원회 회의록에도 배소현에 관한 얘기가 나온다.[8]

박완정 의원 배소현 씨는 사모님이 공식적으로 시장님 대신 갈 때 사모님 수행하는 친구죠?

윤기천 비서실장 전부 가는 게 아니고 시장님께서 가셔야 할 행사 중에.

박완정 하여간 사모님 수행하는 사람 맞잖아요. 우리가 늘 행사장에서 보는데 무슨 딴소리 하세요. 맞지요?

윤기천 그러니까 공식으로 가는 것은 아닙니다.

박완정 그러면 이 사람이 공무원인데 공식으로 안 가면 공식으로 가는 것하고 비공식으로 가는 것, 업무시간에 같이 수행하고 다니는데.

윤기천 시장님께서 가셔야 할 데를 굳이 못 가실 때 사모님이 가시면.

박완정 그러니까 사모님이 가는 데, 이 친구가 같이 항상 있었어요. 그러니까 수행하는 것 맞지요? 자꾸 딴소리하십니까.

그로부터 9년 뒤, 시민단체 범시민사회단체연합은 김혜경과 관련해 감사원에 감사청구를 하는데, 그 근거가 된 게 바로 저 회의록이다. 그들의 말을 들어보자. "당시 배소현 씨는 '외국인 의전' 업무를 담당하는 성남시 상근 계약직 직원으로 채용되었지만, 실제 업무분장이 '의전 수행'으로 분류되어 있으며, 성남시장 배우자 김혜경 씨의 수행업무를 담당하고 있었던 것으로 기록되어 있다. 이러한 정황으로 이재명 전 경기도지사가 성남시장으로 재직한 이후부터 약 8년 기간 동안 배소현 씨가 공직에 임명되어 이재명 전 지사 배우자 김혜경 씨의 개인 수행비서 역할을 수행하였다는 의혹이 제기된다."[9]

내친김에 2014년 10월 17일 회의록도 보자. 이기인 성남시의원은 전형조 행정지원과장에게 배소현의 역할을 묻는다.[10]

전형조 배 씨는 성남시 자매결연 도시 기관원과 바이어들을 안내하는 역할을 한다.
이기인 '시정 해외 홍보를 이렇게 하고 있구나' 혹은 '이렇게 해서 이런 성과를 내고 있구나' 이런 것에 대한 설명을 듣고 싶다.
전형조 구체적으로 자료를 별도로 만든 것은 없다. 그분(배 씨)의 역할은 해외에서 오신 손님, 바이어들에 대한 애로사항 등 의전 관련 일을 하는 상황이다.

공무원은 자신이 한 일을 대부분 문서화하기 마련, 그런데 자료를 만든 게 하나도 없다니 말이 되는가. 행정기획국장 문 아무개가

배소현, 성남시 공무원 8년간 생산 문서 '0건'- "이게 말이 돼?"

그랬던 것처럼, 행정지원과장 전형조도 곤혹스러웠을 것이다. 한 명의 부정한 상급자 때문에 부하직원들이 이게 무슨 난리인가. 그런데도 이재명은 이를 교정하려 들지 않았다. 〈데일리안〉에 따르면 배소현은 이재명이 변호사를 할 때부터 사무실에서 일했던 직원이었다.[11] 그런 이가 이재명이 성남시장이 되자 성남시청 공무원(일반임기제 행정 7급)이 됐다. 업무분장은 내방 외국인 의전이었지만, 실제 업무는 김혜경 수발이었다. 김혜경이 외국인인지 여부를 따져봐야겠지만, 대선 때 여기에 관한 얘기가 없었던 걸로 보아 그건 아닌 듯하다. 그럼 김혜경이 우리말을 몰라 외국어로 대화해야 했을까? 그보다는 배소현이 정말 외국어를 잘하는지, 그것부터 테스트를 해봐야 할 것 같다. 더 웃긴 것은 이재명이 경기도지사가 된 후다. 그간 고생한 공로를 인정해 7급에서 5급으로 승진한 거야 그렇다 치자. 문제는 그이후, 어차피 하는 일은 이전처럼 김혜경을 모시는 것일진대, 배소현이 부릴 수 있도록 7급 공무원을 한 명 더 뽑는 게 말이나 되는가. 결국 이는 자충수가 됐다. 대선을 앞둔 시점에서 김혜경의 법카 의혹을 터뜨린 게 바로 그 7급이었으니까.

전 성남시의원, 김혜경 의혹에 불을 붙이다

2021년 10월 7일, 전 성남시의원 박완정은 〈뉴스웍스〉와의 인터뷰를 통해 김혜경의 '황제 의전' 의혹을 처음으로 세상에 드러낸다.[12]

기자 이재명 지사의 부인 김혜경 씨가 과거에 떳떳하지 못한 행적이 있다는 것은 무엇인가.
박완정 이 지사는 성남시장 재직 당시 성남시청 비서실 계약직 직원으로 배 모 씨를 채용해서 김혜경 씨의 수행비서를 시켰다. 그래서 '그 여자가 공무원인데 왜 김혜경의 수행을 시키느냐'고 따지기도 했다. 배 모 씨의 업무분장에는 '의전 수행'이라고 또렷이 기재돼 있었다. 이 여직원은 이재명이 성남시장 취임 후 계약직 직원으로 채용한 직원이다. 참으로 기가 막히고 분노할 일 아닌가.

그러면서 기자는 당시 속기록에 나오는 박완정의 발언을 옮긴다. "실제로 당시 성남시의회 박완정 시의원의 발언이 담긴 속기록에는 '성남시장 부인은 그야말로 시장을 지아비로 둔 민간인일 뿐이다. 이는 시장을 상사로 모시고 있는 분들이 사모님이라는 호칭을 쓰며 깍듯이 대우할 수 있을지는 몰라도 시민들이 내는 세금으로 월급을 주는 공무원으로 하여금 수행하게 할 수 없다는 것을 의미하는 것 아니겠느냐. 공직자가 민간인을 수행하는 어처구니없는 일이 대성남시에서 버젓이 일어나고 있었던 것'이라고 기록돼 있다. 아울러 '본 의원은 상임위에서 관계 공무원에게 이런 일이 어떤 법적 근거에 의해서 가능한가 묻고 그 자료를 요청한 바 있다. 그러나 해당 부서장은 공무원의 민간인 의전 수행에 법적 근거와는 전혀 상관도 없는 총무과의 분장사무표만 제출했다. 왜일까, 이는 공무원이 민간인 신분인 시장 부인을 보좌 수행할 수 있는 어떤 법적 근거도 없기 때문이 아니겠느냐. 또 본 의원은 이 여직원의 채용이 적절했는지 등 채용 과정에 대한 사실 확인을 하고자 이력서 및 계약관계 확인서류 등의 자료를 요청하였으나 집행부는 개인 신상 정보자료라며 줄 수 없다고 한다. 공개 못 할 중대한 사유라도 있는 것이냐'라고 기록돼 있다."[13]

김혜경은 2017년 경선 당시 SNS를 통해 상대 후보를 비방했다는, 소위 혜경궁 김 씨 의혹으로 경찰 조사를 받은 바 있다. 검찰 단계에서 무혐의가 나왔지만, 경찰은 '김혜경이 혜경궁 김씨가 맞다'는 의견을 낸 상태, 그래서 그녀의 실제 모습이 어떠하리라는 추측을 하는 이는 제법 있었다. 하지만 시청과 도청 공무원을 자기 비서로 쓰며 온갖 잡일을 시켰다는 건 무척 충격적인 뉴스였다. 그런데도 이게 이슈가 안 된 것은 〈뉴스웍스〉가 그리 영향력 있는 매체가 아니었던 데다, 지난 대선 이재명을 겨눈 대장동 이슈가 워낙 화제였기 때문이었으리라. 하지만 상대의 흠결을 이 잡듯이 뒤지는 게 바로 대선판이기에, 이 기사에 다른 언론사나 정치인의 후속 취재가 뒤따른 건 당연한 수순이었다.

그로부터 한 달 반 뒤인 11월 23일, 〈뉴데일리〉는 국민의힘 최춘식 의원실 자료와 자사 취재를 바탕으로 「"경기도 공무원이 3년간 김혜경 수행"…이재명 '아내 보좌'에 혈세 썼나」라는 제목의 기사를 쓴다. 박완정이 제기한 의혹은 이재명의 성남시장 시절에 국한된 반면, 이 기사는 이재명이 경기도지사가 된 후에도 똑같은 일을 벌였다는 내용이다. 좀 더 구체적으로 보면 이재명은 경기도지사가 된 직후인 2018년 9월 20일, 배소현을 총무과 지방행정사무관(일반임기제)

에 임명한다. 담당업무는 '국회·도의회 등 소통협력사업'이라 돼 있지만, 경기도의회와 국회 관계자들 중 배소현에 대해 들어본 이는 한 명도 없었다. 경기도와 도의회에 소통협력과가 따로 있었으니, 굳이 총무과에 그런 업무를 담당할 이가 있을 필요는 없었다. 따라서 배소현은 김혜경을 수행하는 일만 했을 거라는 게 기사의 취지였다.[14]

이런 의문이 들 것이다. 이런 보도가 나오는데 국민의힘은 도대체 뭘 하고 있었을까? 민주당은 근거도 없고 범법도 아닌 김건희 여사의 무속 논란을 제기하는 등 네거티브에 여념이 없었는데 말이다. 국민의힘이 여기에 관심을 보인 건 〈뉴데일리〉 기사가 나온 지 이틀 뒤였다. 검증특위 간사인 박수영은 11월 25일 회의에서 다음과 같이 말했다.

"이 후보가 경기도지사로 재임하는 동안 부인 김혜경 씨가 공무원 수행비서를 둔 것으로 확인됐다. 성남시에서 지방 7급이던 사람이 경기도로 와서 지방 5급으로 승진하고 부인을 수행했다. 5급이 수행을 하는 사람은 총리다. 장관들 수행은 6급이다. 대통령 수행운전기사는 4급이다. 김 씨는 총리급 수행을 두고 다닌 것이다. (행정안전부에) 지자체장 배우자의 사적 행위에 관한 지침이 있다. '단체장의 배우자는 관용차를 이용할 수 없고 사적 활동에 공무원 수행, 의전 지원을 할 수 없다'고 돼 있다. 그런데 (김 씨의) 각종 행사와 나들이에

이재명
21시간 전

<국민의힘 수행비서 채용 가짜뉴스>

국민의힘이 주장하는 후보 배우자의 수행인원 관련 가짜뉴스에 대한 사실을 알려드립니다.

27일 국민의힘에서는 후보 배우자가 경기도 소속 5급 사무관을 수행비서로 채용한 일과 관련해 고발한다고 밝혔으며, 그 전인 11월 25일에는 같은 당 박수영 의원이 후보 배우자가 "공무원 수행비서를 둔 것으로 확인"됐다고 가짜뉴스를 유포한 바 있습니다.

그러나 후보 배우자 측은 국민의힘이 주장하는 바와 달리, 공무원을 수행비서로 채용한 적 없습니다.

한편, 박수영 의원이 근거로 제시하고 있는 자료인 2016년도 행정안전부(당시 행정자치부) "단체장배우자의 사적행위에 대한 지자체 준수사항"에서는 '단체장 배우자의 공적인 활동에 대해서 수행 · 의전을 지원할 수 있다'고 명시되어있습니다.

후보 배우자는 당시 경기도지사 배우자로서의 공식 일정에서도 공무원의 수행 · 의전을 최소화했음을 알려드립니다.

국민의힘의 악의적 허위사실 유포에 대한 법적조치를 진행 중입니다.

2021년 12월 28일 이재명 페이스북

배 모 씨가 계속 수행한 것으로 나타난다."[15]

여기에 대한 이재명의 답은 그로부터 한 달이 지나서 나왔다. 그는 김혜경이 '공무원을 수행비서로 채용한 적이 없다'며, '허위사실 유포에 대한 법적 조치를 취하겠다'고 페이스북에 썼다. 수행비서 설을 입증해줄 자료가 한둘이 아니건만, 그는 이 모든 게 '가짜뉴스'라고 말한다. 도대체 무슨 '깡다구'인가 싶은데, 이게 다 이재명만의 책임은 아니다. 아무리 황당한 말을 해도 그 지지자들이 철석같이 믿어주니, 계속 거짓말을 해가며 버티는 게 아닌가. 하지만 그는 모르고 있었다. 그로부터 한 달 후, 어떤 일이 일어날지를.

2장

김혜경의 법인카드
불법유용 의혹
2

01
메가톤급 폭로가 터지다

"이재명 민주당 대선 후보가 경기도지사를 할 때, 경기도 소속 공무원이 이 후보의 부인 김혜경 씨의 개인 의전을 맡았다는 의혹을 지난해 말 야당이 제기했습니다. 이 후보 측은 국민의힘이 허위사실을 유포했다고 강하게 반박했는데, 당시 김 씨의 수행비서로 지목됐던 사람이 경기도 총무과 소속이었던 배 모 씨입니다. 그런데 당시 배 씨의 지시를 받으며 일했던 한 전직 경기도 공무원이 저희에게 제보를 해왔습니다."[1]

2022년 1월 28일 오후, 국민의힘은 김혜경이 5급 사무관을 수행비서로 채용한 일과 관련해 이재명, 김혜경, 그리고 배소현을 국고

손실죄와 직권남용으로 고발했다.[2] 이때만 해도 배 씨와 함께 김혜경을 도운 7급 공무원의 존재를 아는 이가 없었던 상황. 하지만 그날 밤 메가톤급 폭로가 터진다. 2021년 3월부터 경기도청 비서실에서 7급 공무원(계약직)으로 일하다 퇴직한 A 씨가 김혜경의 사적 심부름을 했다는 게 SBS를 통해 보도된 것. 자신은 배소현의 제의를 받아 김혜경 의전을 맡았는데, "일과의 90% 이상이 김혜경 관련한 자질구레한 심부름이었다"는 것이다. 신분증과 증언만 봐도 A 씨가 그 당사자인 건 확실했다.

게다가 그간 저장해 둔 텔레그램과 녹취록 등 근거 자료가 다 있기에, 그냥 보도만 하면 되는 수준이었다. 잠시 이런 상상을 해본다. A 씨가 '만나면 좋은 (이재명의) 친구'인 MBC에 제보했다면 어떻게 됐을까. 그 자료는 당일 이재명 측에 건네졌을 테고, 이재명은 이 의혹에 대비할 충분한 시간을 가졌을 것이다. 그렇게 본다면 A 씨가 SBS에 제보한 건 다행스러운 일이었다. 그날 SBS가 보도한 것은 김혜경의 호르몬제를 대리처방한 건, 2021년 봄, 배소현이 '사모님 약을 알아봐 달라'고 하자 A 씨가 도청 의무실에서 다른 비서 이름으로 처방전을 받고, 약을 타서 성남 수내동에 있는 김혜경 집에 전달했다는 내용이다.

공무원 A 씨의 제보

A 씨의 제보를 받은 SBS는 배소현에게 사실 여부를 물었다. 그녀의 답변은 이러했다고 한다. '경기도에 수행비서로 채용된 적 없고 공무 수행 중 후보 가족을 위한 사적 용무를 처리한 적 없다. 허위사실 유포로 선거에 개입하려는 시도가 다분해 좌시하지 않겠다.'[3] 하지만 이미 둑은 무너졌고, 쏟아져 내리는 물살을 배 씨 혼자 막는 건 불가능했다. 그다음 날, TV조선의 보도가 이어졌다. 이날 보도는 이전 SBS 것보다 훨씬 충격이었다. "오늘 저희 TV조선과 연락한 폭로자는 이 후보 부인 심부름뿐 아니라 장남의 퇴원 수속까지 대신했다고 밝혔습니다."[4] 보도에 따르면 A 씨는 이재명 아들의 퇴원 수속을 대신했고, 처방약을 받아 집으로 배달했다.

배소현 야, 근데 약 주는 사람이 누구냐고 안 물어보디?

A 씨 그런 거 안 물어보던데요.

배소현 그냥 줘?

A 씨 네. (아들 이 모 씨가) 아침에 일찍 나가셨네요. 그 이야기만 하던데요.[5]

자, '후보 가족을 위해 사적인 일을 처리한 적이 없다'는 배소현의 말은 아직도 유효할까. 김혜경 아들의 퇴원 수속을 대신해 주는

김경율
2월 3일 · 🌐

#빼박

#뭐든_거짓말

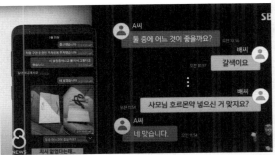

김경율
2월 13일 · 🌐   ...

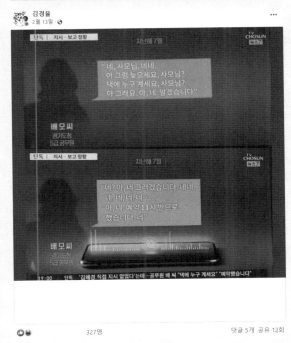

👍❤️😮   327명   댓글 5개 공유 12회

거면 사적 용무 아닌가 싶지만, 그녀의 기준은 일반인들과 많이 다른가 보다. 그런 배소현도 이게 잘하는 짓이 아니란 것 정도는 알았던 것 같다. A 씨가 절대로 김혜경 앞에 나타나지 못하도록 했으니까. A 씨의 말이다. "배 씨가 '넌 배달의 민족'이라고 불렀다. 자신이 이 후보나 가족 앞에 나타나면 크게 혼이 났다." 실제로 A 씨가 이재명 부부 앞으로 지나갔을 때, 배 씨는 A 씨를 이렇게 나무랐단다.

배소현 도대체가 난 이해가 안 되네. 딱 하나잖아. 지사님 앞에 나대고 싶은 거 하나잖아.
A 씨 그건 아니었습니다.[6]

배소현은 왜 이렇게까지 히스테릭했을까. 나중에 공무원을 채용해 사적 심부름을 시킨 게 탄로 났을 때, 김혜경과 A 씨가 서로 모르는 사이라고 우기기 위함이 아니었을까 싶다. 하지만 김혜경과 그 가족들 눈에 띄지 말고 자기가 시키는 대로 배달이나 하라는 건 A 씨에게 모욕이었을 것이다. 영화 〈기생충〉에서 송강호가 없이 사는 사람을 냄새를 빌미로 차별한 박 사장을 칼로 찌른 것처럼, 사람은 모욕을 받았을 때 꿈틀한다. 아무리 힘없는 계약직 공무원이라도 그건 마찬가지. 폭로 당시 A 씨가 꽤 많은 녹취파일과 메시지를 보관해 놨던 걸 보면, 그는 자신이 받은 수모를 언젠가는 갚겠다고 마음먹었을 성싶다. 참 다행이지 않은가? 범죄를 저지른 이들의 인성이 좋지 않아서.

거듭된 회유는 실패하고

이 책 초반부에 민주당이 쓰는 전형적인 수법에 대해 일장 연설을 한 적이 있다. "첫 번째, 은폐합니다. 외부로 발설되지 않게 하라. 두 번째, 은폐가 실패하면 그때부터 조작을 합니다. 세 번째, 수사기관을 무력화시킵니다." 김혜경의 공무원 사적 이용 범죄는 이제 두 번째, 즉 조작 단계에 접어들었다. 아마도 배소현은 반론권 보장 차원에서 SBS가 보도 직전 전화를 걸어왔을 때 모든 게 탄로 났음을, 그리고 그게 A 씨의 제보 때문임을 알았을 것이다. 급한 마음에 배소현은 A 씨에게 전화를 건다. A 씨는 받지 않는다. 보도가 나간 다음 날(2022년 1월 29일) A 씨가 배소현에게 전화하자 배 씨는 만나서 이야기하자고 제안한다.

배소현 지금 시골이에요?

A 씨 네.

배소현 언제 올라와요?

A 씨 아직 계획은 없습니다. 무슨 일 때문에 그러시는지…

배소현 아니, 그냥 얘기를 좀 하고 싶어 가지고요.

A 씨 무슨 이야기를 하실는지.

배소현 만나서 이야기를 좀 해요. 그게 좋으실 거 같아요.[7]

A 씨는 만남을 거부했다. 인제 와서 그러는 게 너무 속이 보이기도 했을 테지만, 그보다는 신변의 위협이 더 컸을 것 같다. 이재명 주변에서 연달아 사람이 죽어갈 때, A 씨는 고민했을 것이다. 내가 이걸 폭로하면 죽을 수도 있지 않을까. A 씨가 거부하자 배소현은 두 차례 문자메시지를 보낸다. "저 때문에 힘드시게 해서 너무 죄송하다.", "제가 다 잘못한 일이고 어떻게든 사죄하고 싶다." A 씨는 답하지 않았다. 궁지에 몰렸을 때 하는 사과는 사과가 아니라, 상대를 방심하게 한 뒤 역습을 노리려는 계략이니까. 그 뒤 A 씨한테 연락한 이는 이재명의 수행비서 백종선, 그는 문자메시지를 보내 통화할 수 있는지 묻는다. 백종선은 전화한 이유를 묻는 SBS의 질문에 "자신은 대선 캠프와 무관하며, 걱정돼 연락했을 뿐"이라는 가당치 않은 해명을 했는데, 아마도 A 씨는 이때 가장 극한의 공포를 느꼈으리라. 그가 거처를 매일 옮기게 된 것도 그때부터였을 거 같다.[8]

이제 곧 설 연휴였다. 대선 같은 큰 선거에선 명절 민심 관리가 중요하다. 오랜만에 친지들끼리 모여 '윤이 낫니' '이가 낫니' 갑론을박을 벌이는 때가 바로 명절 아닌가. 그래서 이재명 측은 심란했으리라. 설 명절 즈음해서 일이 터지는 바람에 국면을 전환하기엔 시간이 턱없이 부족했잖은가. 그건 이재명 지지자들도 마찬가지였다. 뭔가 지령을 내려줘야 궤변이라도 늘어놓을 텐데, 그들은 그저 뇌가 텅 빈 채 고향에 내려가야 했다. 아마도 그들은 김혜경의 황제 의전 얘기가 나올 때마다 "정치 얘기 좀 그만해!"라며 신경질을 내지 않았을까?

어느 누구도 시키지 않았지만

설 연휴 기간에도 김혜경 뉴스는 계속됐다. SBS, TV조선에 이어 채널A가 나섰다. "이재명 후보가 도지사 시절 도청 공무원들이 부인 김혜경 씨의 개인 심부름을 했다는 의혹 관련 속보로 이어갑니다. 담당 공무원은 상관에게 수시로 질책을 받았다는데요. 이런 이유에서였습니다. 김혜경 씨가 비를 맞는 위치에 차를 댔다. 또, 수행 마치고 퇴장을 할 때 김 씨가 탄 차 앞으로 지나갔다…"9 내용은 하나하나가 다 기가 막혔다.

A 씨는 김혜경이 병원에 갈 때마다 그녀가 탈 차를 준비하는 일을 맡았는데, 김혜경이 차에 탄 다음 A 씨가 이 차량 앞쪽으로 지나간 게 그들 마음에 안 들었던 모양이다. 당시 배소현이 전화를 걸어 질타했던 녹취파일을 보자. "눈치를 봐야지, 우리 차를. 안 보이는 대로 꺼져야지. 사모님이 보면 얼마나 자기를 무시한다고 생각하겠

어.", "기본적으로 지금 의전에 '의'가 안 돼 있어. 서울대병원에 네 번을 갔는데 네 번 다 그랬다고.", "기본적으로 윗사람에 대한 충성심이 없다고 내가 계속 얘기하잖아. (네.) 우리가 출발하기도 전에 그냥 앞으로 가버리잖아. 그거 되게 성의 없어 보여."[10]

비가 오던 날 병원에 간 김혜경. A 씨는 김혜경이 병원을 나설 때 비를 안 맞도록 건물 가까이 차를 붙여야 했다. 근데 그러지 못했던 모양이다.

배소현 오늘도 내가 분명히 뭐라 그랬어요. 비에 안 맞게 (차를) 세우라고 그랬지.

A 씨 바짝 댔어야 하는데 바짝 못 댔습니다.

배소현 대려고 했는 데는 없어. 아니면 아예 앞으로 와서 대든지. 그게 뭐야?[11]

배소현의 갑질에 김혜경의 책임은 없을까. 혹시 배 씨가 저리도 히스테릭한 게 김혜경한테 꾸지람을 들을까 봐 '오버'한 건 아닐까. 그 책임이 어디에 있든, 김혜경 갑질에 관한 뉴스는 계속 쏟아졌다. 이대로 가다간 이재명은 대선 필패였으니, 뭐라도 해야 했다. 연휴 마지막 날인 2022년 2월 2일, 배소현은 입장문을 낸다.[12]

"저는 배소현입니다…면목 없게도 최근에서야 제가 A 씨에게 했던 일들을 객관적인 시각에서 돌아보았습니다. **어느 누구도 시키지 않은 일을** A 씨에게 요구했습니다. 이 후보를 오래 알았다는 것이 벼슬이라 착각했고, 이 후보 부부에게 잘 보이고 싶어 상식적인 선을 넘는 요구를 했습니다. 결코 해서는 안 되는 일이었습니다. ……

늦은 결혼과 임신에 대한 스트레스로 남몰래 호르몬제를 복용했습니다. 제가 복용할 목적으로 다른 사람이 처방받은 약을 구하려 한 사실을 인정합니다. 도지사 음식 배달 등 여러 심부름도 제 치기 어린 마음에서 비롯된 것입니다. 아무런 지시 권한이 없었고 **누구도 시키지 않았지만**, A 씨에게 부당한 요구를 했습니다. 그래서 A 씨에게 사과하고 싶었습니다. 하지만 그 시도조차 당사자에게는 커다란 부담이 될 수 있음을 인지하지 못했습니다. 거듭 사과드립니다.

이 밖에도 **제가 기억하지 못하는 잘못이 더 있을지 모릅니다.** 모든 책임은 저에게 있습니다. 진행되는 수사에 성실하게 임하겠습니다. …… 다시 한번 저의 일로 상처받은 많은 분께 진심으로 머리 숙여 사과드립니다."

입장문을 요약하면 다음과 같다. 첫째, 짧은 입장문에 '누구도 시키지 않은'이라는 말이 두 번이나 들어간다. 그러니 배 씨는 '이 모든 건 나 혼자 뒤집어쓰겠다'는 얘기를 하는 것이다. 둘째, '이밖에도 제가 기억하지 못하는 잘못이 더 있을지 모른다'는 말은, 'A 씨가 가

김경율
2월 2일 · 🌐

#거짓말이_제일_쉬웠어요

<입장문>

저는 배소현입니다.

제가 전(前) 경기도 별정직 비서 A씨에게 각종 요구를 하면서 벌어진 일들로 심려를 끼쳐드린 데 대하여 당사자인 A씨와 국민 여러분, 경기도청 공무원 여러분께 사과드립니다.

(생략)

늦은 결혼과 임신에 대한 스트레스로 남몰래 호르몬제를 복용했습니다. 제가 복용할 목적으로 다른 사람이 처방받은 약을 구하려 한 사실을 인정합니다.

(생략)

상세정보

리비알정(티볼론)

리비알정(티볼론)

효과

임신 수유부에 대한 투여 ⊖

· 임신기간 동안에는 투여해서는 안 된다. (1. 다음 환자에게 투여하지... 것 참조) 이 약의 복용 중 임신하였다면 치료를 즉시 중단... 신기간 동안 이 약에 노출되었을 경우에 대한 임상 데이...다. 동물 대상 연구에서 생식기 독성이 보고되었다(9. 기... 간에 대한 잠재적 위험은 알려진 바 없다.

· 수유기간 동안에는 투여하지 않는다. (1. 다음 환자에게... 참조)

경 후 (마지막 생리 후 최소 1년이 경과된 시점) 여... 로겐 결핍 증상

른 골다공증 예방약이 금기이거나 내약성이 없는... 위험성이 높은 폐경 이후 여성의 골다공증 예방...

용량

투여시의 처치 ⊖

서 티볼론의 급성독성 발생률은 매우 낮다. 따라서 여러... 에 복용하였을 경우에도 독성증상은 발생하지 않을 것... 한 과용량 투여 시 오심, 구토, 질 출혈이 발생할 수 있다... 독제도 알려진 바 없다. 필요하다면 대증요법을 시행할...

은 1일 1정을 매일 동일한 시간에 복용한다.
층에서 용량 조절은 필요치 않다. 정제는 물이나 다른... 라 함께 복용하고 매일 동일한 시간에 복용할 것을 권...

후 증상에 대한 치료시작 및 치료지속은 최소 유효 용... 최단기간 시행되어야 한다. (사용상의 주의사항 4. ... 의 참조) 이 약을 복용하는 동안에는 별도의 프로게... 투여는 하지 않도록 한다.

"거짓말이 제일 쉬웠어요"

지고 있는 녹취파일이 얼마나 더 있는지 모른다'는 뜻. 혹시 A 씨가 또 폭로를 해도 그것도 내 탓으로 해달라는 것이다. 이런다고 김혜경 대신 배 씨를 욕할 이가 얼마나 될지 모르겠지만, 충성심 하나는 갸륵하지 않은가? 당시엔 배 씨가 왜 이러는지 몰랐지만, 훗날 그 이유가 밝혀진다. 배 씨는 경기도 수원 영통구에 있는 4층 상가 주택과 서울 성북구·송파구에 있는 본인 명의 아파트 두 채 등 모두 3채를 갖고 있었고, 자산 총액은 80억 원대에 달했으니까.[13]

호르몬제 대리처방의 진실

배 씨는 입장문 중간쯤 자신이 '임신에 대한 스트레스로 호르몬제를 복용했다'고 한다. 심지어 다른 이가 처방받은 것을. 왜 이런 말을 했을까? A 씨가 비서실 직원이 받은 처방전으로 호르몬제를 타서 수내동 김혜경 집 문고리에 걸어놓은 적이 있다. 이건 의료법에서 금지하는 행위다. 왜? 의사가 환자를 직접 진료해야 그에 맞는 약을 처방할 게 아닌가. 늘 타는 약이니 다른 이가 타도 되지 않냐 싶겠지만, 그건 아니다. 환자가 그 약을 먹을 상태가 아닐 수도 있잖은가. 그래서 이를 어길 시엔 의사와 환자 모두에게 벌금을 부과한다. 배소현의 저 말은 그러니까 김혜경이 자행한 대리처방을 자신이 뒤집어쓰겠다는 얘기다. 물론 이건 말이 안 된다. 자신이 먹을 거면 스스로 병원에 가서 타면 된다. 정 시간이 없어서 대리처방을 받았다면, A 씨한테 직접 자기한테 가져오라고 하면 된다. 굳이 예쁜 포장지에 싸서 김혜경이 사는 수내동에 걸어놓으라고 할 이유가 없다는 것이다.

게다가 배소현은 임신이 더 잘 되게 하려고 리비알(성분명 티볼론)을 먹었다고 주장하지만, 이것 역시 말이 안 된다. 리비알은 폐경기 여성이 먹는 약이니까. 여성 호르몬 중 대표적인 게 바로 에스트로겐, 이건 난소에서 나온다. 그런데 폐경이 되면 에스트로겐 공급이 안 되다 보니 안면홍조와 식은땀, 심장이 빨리 뛰고 잠이 안 오는 등의 증상을 겪게 되는데, 이게 바로 폐경 증상이다. 그럼 어떻게 해야 할까. 에스트로겐을 외부에서 공급해 주면 된다. 하지만 이 경우 유방암이나 자궁내막암 등에 걸릴 확률이 올라간다. 그래서 나온 게 바로 에스트로겐 활성조절제(STEAR, selective tissue estrogenic activity regulator)인 리비알, 이건 우리 몸에 들어가면 에스트로겐을 먹은 효과를 내지만, 암 발생 위험이 있는 자궁내막과 유방에선 오히려 에스트로겐 효과를 억제해주는 첨단스러운 약이다.

자, 이 약을 누구에게 줘야 할까? 첫째, 폐경기 여성, 즉 마지막 생리 후 최소 1년이 지난 시점에서 에스트로겐 결핍 증상이 있는 경우. 둘째, 골절 위험성이 높은 폐경 이후 여성의 골다공증 예방. 특히 다른 골다공증 예방약이 금기이거나 내약성이 없는 경우. 그런데 배소현은 나이로 보아 여기에 해당 사항이 없다. 그녀가 임신이 안 돼서 스트레스를 받는다면, 더더욱 리비알을 먹으면 안 된다. 피임약이라고, 한 번쯤 들어봤을 것이다. 이 약엔 에스트로겐을 비롯한 호르몬 제제가 들어가 있다. 우리 몸의 난자는 한 달에 한 개씩 난자를 성숙시켜 나팔관으로 내보내는데, 이게 바로 배란이다. 여기에 남성에게서 받은 정자가 합쳐지면 임신이 일어난다. 그런데 에스트로겐이 외부에서 들어가면 어떻게 될까? 배란이 억제된다. 정자가 아무리 나팔관을 헤매봤자, 성숙한 난자가 없으니 아무 소용이 없다. 아마도 정자는 탄식할 것이다. 이번 생은 망했어! 그런데 리비알은 에스트로겐 활성조절제, 이걸 먹어도 배란이 억제되는 건 마찬가지다. 리비알에도 다음과 같은 주의사항이 붙어있다. '폐경기 이전 처방 금지—투여 시 배란을 억제해 월경주기 교란.' 임산부나 임신 가능성이 있는 여성은 먹지 말라는 얘기다. 그런데 배소현이 임신이 안 된다고 이 약을 먹었다니, 아무리 일반인들이 의학을 모른다고 해도, 이건 너무 세상을 만만하게 보는 것 아닌가?

민주당의 장점은 카멜레온 같은 유연성. 이런 반박이 나오자 잽싸게 입장을 바꾼다.

"민주당 선대위 공보단은 이날 기자들에게 보낸 공지문에서 '배 씨는 과거 임신을 위해 노력했으나 성공하지 못했고 스트레스가 심한 상황이었다'며 '생리불순, 우울증 등 폐경 증세를 보여 결국 임신을 포기하고 치료를 위해 호르몬제를 복용했다.'"[14]

이것 역시 역대급 헛소리인 것이, 산부인과 의사들은 임신 가능성 있는 여성이 단지 폐경 증상을 보인다고 리비알을 주지는 않는다. 혹시 처방한다 해도 호르몬 수치 등을 검사하고 주니, 거짓으로 폐경 증상을 호소해 봤자 소용없다. 그러니 대리처방을 받은 호르몬제는 배소현이 아닌, 김혜경이 먹었다고 보는 게 맞다. 그로부터 한 달이 지난 뒤, 김혜경은 똑같은 약을 6개월 치 처방받는다. 이건 뭘 의미할까. 대리처방된 약을 한 달 먹어보니 폐경 증상이 나아져, '더 먹어야겠다'고 생각했으리라. 채널A 보도를 보면 "김혜경 씨 수행비서였던 배 씨는 지난해 하반기까지 임신을 하려고 정기적으로 병원을 찾아 치료를 받았다"고 했다.[15] 결국 '구라'가 탄로나자 배소현은 전화기를 꺼놨고, 민주당 선대위는 "사실 관계를 확인한 후 입장을 밝히겠다"며 도망쳤다. 거짓을 거짓으로 덮으려다 일이 커진 전형적인 케이스였다.

저 의혹을 어떻게 덮을까? 민주당 일당들이 발만 동동 구를 때, 최민희(민주당 선거대책위원회 미디어특보단장)가 나섰다. 팩트와 논리 따위는 다 던져버리고 오직 떼쓰기와 우기기, 다른 사람 발언 기회 뺏기 등의 기술로만 승부하는 최민희는 라디오에 나와서 한국 의학사에 길이 남을 헛소리를 한다. "여성들이 폐경 이후 호르몬제를 먹는데, 이 호르몬제가 임신을 촉진할 때 먹는 약과 일치한다. 그래서 배 모 씨와 김혜경 씨가 같은 약을 다른 용도로 각각 처방받았을 가능성이 있다."[16] 임신촉진약, 그러니까 클로미펜처럼 배란을 더 잘 되게 해주는 약은 프로게스테론이란 호르몬이 주성분이다. 이 약은 길게는 1주일 정도 처방하는 게 통상적이며, 이걸 한 달씩이나 처방하는 일은 절.대.없.다. 하지만 최민희의 이 헛소리는 이재명 지지자들에게 큰 감동을 줬다. 지금은 못 찾겠는데 그 지지자 중 한 명이 당시 달았던 댓글은 지금도 기억이 난다. "역시 최민희. 다른 민주당애들은 왜 이렇게 시원하게 말 못 하냐."

또 다른 폭로에 묻힌 황제 의전

각종 시사프로에 나온 민주당 패널들은 죽을 맛이었다. 자기도 못 믿을 '사실이 아니다'는 말을 앵무새처럼 반복해야 했으니까. 우상호처럼 "내용을 봐야 할 것 같다. 제대로 못 봤다"며 궁색한 변명을 하는 이도 있었고, 박주민처럼 무조건 부인하는 이도 있었다. "5급 공무원 배 모 씨가 '사실과 다르다'고 입장을 밝혔다. 선대위 차원에서는 문제 제기를 했던 퇴직 공무원 A 씨의 주장이 사실이 아닐 거라고 보고 있다." 그런 박주민에게 진행자가 묻는다. 김혜경에게 물어봤느냐고. 박주민은 답한다. "그런 과정은 없었던 것 같다."[17] 왜 물어보지 못했을까? 이런 건 직접 묻기보단, 이재명을 통해서 그 진위를 파악할 수밖에 없잖은가. 그런데 이재명이 사실대로 말하면 표가 떨어지고, 그렇다고 거짓말을 하면 선거 후 공직선거법상 허위사실 공표 혐의가 적용돼 중벌을 받을 수 있다. 지자체장일 때 했던 친형 강제입원 발언이야 다행히 빠져나갔지만, 이 사안은 너무도 명백해 유죄를 피할 길이 없다.

결국 김혜경이 나서는 수밖에 없었다. 김 씨는 민주당 선대위를 통해 입장문이란 걸 낸다.

"배소현 씨의 입장문을 보았다. 있어서는 안 될 일이 있었다. 그동안 고통을 받았을 A모 비서가 얼마나 힘들었을지 생각하니 마음이 아리다. 모든 것이 저의 불찰이다. 공과 사를 명료하게 가려야 했는데 배 씨와 친분이 있어 도움을 받았다. 그러나 상시 조력을 받은 것은 아니다. 다시 한번 국민 여러분께 심려를 끼쳐드린 데 대해서 송구하다는 말씀을 드린다."[18]

모든 게 자신의 불찰이라는 대목은 아름답지만, 성남시장 마누라로 재직하던 때부터 11년간 황제 의전으로 지적받았던 분이 '있어서는 안 될 일이 있었다'라고 말하는 건 너무 쿨한 게 아닐까. 저 입장문에서 유일한 진실은 상시 조력을 받은 게 아니란 말일 터. 나이로 보아 화장실에 갈 때라든지 잠을 자는 일 등은 스스로 했을 거로 보이니 말이다. 한 네티즌은 입장문에 나오는 '마음이 아리다'에 대해 이렇게 댓글을 달았다.

김경율
2월 2일 · 🌐

승리의 박주민
저는 사건 초기인줄 알았는데, 무려 오늘자 인터뷰
#아몰랑_허위사실임

◎ 진행자 > 지금 언론보도에 따르면 시켜서 심부름
했다는 7급 공무원이 5급 공무원 배모씨 지시에 따라
서 했다는데 서로 오갔던 문자메시지 내용도 공개하
지 않았습니까? 이건 어떻게 보세요?

◎ 박주민 > 제가 사실 그 부분까지 미처 보지 못했는
데 하여튼 현재까지 저희 선대위 입장은 허위다 라고
파악하고 있는 것 같습니다.

◎ 진행자 > 혹시 이 보도가 불거진 지 며칠 됐기 때문
에 선대위 차원에서 김혜경 씨에게 직접 혹시 이런 일
이 있었느냐 이런 식으로 물어볼 수 있었던 것 아닙니
까, 그런 과정이 없었습니까?

◎ 박주민 > 그런 과정은 없었던 것 같은데요.

◎ 이용호 > 박주민 의원님이 곤혹스러워하시는 것
같은데

"승리의 박주민
저는 사건 초기인 줄 알았는데, 무려 오늘 자 인터뷰"

이런 입장문이 먹힐 거라고는 그들 자신도 생각 안 했을 테지만, 놀랍게도 김혜경의 공무원 사적 이용 논란은 그날로 묻힌다. 어떻게 그럴 수가 있을까? 그날 오후 KBS가 '단독'이란 타이틀을 달고 보도한 법카 의혹이 사태를 새로운 국면으로 바꿔놨기 때문이었다. "더불어민주당 이재명 대선 후보의 배우자인 김혜경 씨 측이 경기도 비서실의 법인카드를 사적으로 쓴 정황이 확인됐습니다."[19] 삶에서 평등을 추구하는 이를 진보라 한다면, 이재명 부부는 절대 진보가 아니다. 공무원을 노예처럼 부려먹는 이들이 진보라면, 파리도 새니까. 진짜 진보는 바로 A 씨, 이분은 자신이 가진 자료들을 한 방송사에 몰아주는 게 아니라, 방송사마다 공평하게 하나씩 제보를 했다.

　　KBS의 말을 들어보자. "경기도청 비서실 전 직원 A 씨(7급)는 최근 KBS에 총무과 소속 배 모 씨(5급)와 지난해 3월부터 11월까지 9개월간 나눈 텔레그램 대화, 전화 녹음 등을 제보해 왔습니다." 이 자료엔 A 씨가 음식을 법인카드로 사서 수내동 자택으로 배달시킨 내용이 들어 있었다. "지난해 4월 13일, 텔레그램 내용을 보면 배 씨는

A 씨에게 '고깃집에 소고기 안심 4팩을 이야기해 놓았다. 가격표 떼고 랩 씌워서 아이스박스에 넣어달라고 하라'며 이어 '수내로 이동하라'고 돼 있습니다."[20]

더 악질적인 건 '법카 바꿔치기'다. 오후 회의는 대개 차를 마시며 하니, 소고기값을 법카로 결제하려면 점심시간이 좋다. 그런데 김혜경이 저녁 때 소고기를 먹으려면 4~5시쯤 소고기를 사서 배달해줘야 한다. 그래서 법카 바꿔치기가 필요하다. 일단 A 씨가 개인카드로 결제하고, 다음날 점심 때 그 가게에 가서 '어제 거 취소하고 이걸로 다시 결제해 주세요'라고 하는 식, 관련 보도를 보자.

"비서실 직원 A 씨는 이런 방식으로 김혜경 씨의 찬거리와 식사를 경기도 공금으로 산 뒤 집까지 배달해 왔다고 주장하며, 이 과정에서 개인카드를 먼저 사용해 결제한 뒤 나중에 법인카드로 재결제해 왔다고 주장했습니다. 실제로 KBS가 확보한 A 씨의 카드 내역을 보면 위의 텔레그램 지시가 있던 날, A 씨는 개인카드로 고깃값 11만 8천 원을 결제한 뒤 다음날 이를 취소하고, 비서실 법인카드로 다시 결제했습니다. 해당 식당에서 직접 확인한 재발행 영수증을 보면, 4월 14일 점심시간인 12시 40분쯤, 11만8천 원 상당의 A 씨 카드 내역을 취소하고, 1분 뒤 경기도 법인카드로 같은 금액을 결제한 정황이 확인됐습니다…지난해 11월까지, 두 사람의 9개월 치 통화 녹음에는 이렇게 카드를 바꿔 결제하는 내용이 열 차례 넘게 등장

합니다."[21]

　11만8천 원에 대해서도 설명드리는 게 좋을 거 같다. 회의를 겸한 공무원의 식사비는 1인당 3만 원이 한계다. 그런데 2021년은 코로나가 창궐해, 4인 이상이 모일 수 없었다. 3 곱하기 4는 12. 혹시 12만 원을 넘으면? 상관없다. 액수를 쪼개서 두 번에 나눠 결제하면 되니까. 물론 이건 A 씨가 할 일이었으니, 김혜경은 그냥 먹기만 하면 됐다. 이재명이 평범한 국회의원이 된 지금, 김혜경 씨가 어떻게 식생활을 할까 생각하면 마음이 아리다.

이걸 어떻게 해명하지?

　머리가 열린 분들이라면 도지사 부인이 공무원한테 사적인 일 좀 시킬 수 있지, 라고 이해해주기도 하는 모양이다. 그런데 법카로 소고기를 배달시킨 건 차원이 다른 얘기, 이건 대체 어떻게 변명해야 할까. 김어준은 TBS〈뉴스공장〉에서 다음과 같이 말한다. "김혜경 씨가 자신이 부릴 수 없는 공무원에게 자신의 사적 심부름을 시킨 줄 알았는데 5급이 7급에게 시켰다는 거 아니냐, 갑질 아니냐. 관리 책임은 물을 수 있을 거 같다. 추가 기사가 나오려면 김혜경 씨가 그 일을 시켰다는 게 나와야 한다."[22] 소고기의 최종 목적지가 김혜경의 입인데, 이걸 5급이 7급한테 갑질한 것이고, 김혜경이 시킨 증거가 없다? 그런가 하면 민주당 송영길은 물타기로 돌파하려 했다. 김혜경 의혹에 대해 방송 진행자가 질문할 때마다 그는 이렇게 말했다. "아휴~ 김건희 씨 수사부터 제대로 하면 좋겠다."[23] 이들보다 덜 뻔뻔한 민주당 인사는 사실 관계가 확실치 않다고 우긴다. CBS 〈김현정의 뉴스쇼〉에 나온 박찬대가 그 예다. 너무 재미있어, 통째로 인용한다.[24]

김현정 약 대리수령 부분은 사실은 의료법 위반이기 때문에 이게 좀 심각한 문제가 있는 부분인데. 그런 일은 없었다는 말씀이세요?

박찬대 네. 직접 관여되지 않은 것으로 지금 저희들이 파악하고 있습니다.

김현정 그런데 이 증거들이, 증언뿐만 아니라 증거로 텔레그램으로 주고받은 내용들 그런 것들이 다 있는데. 보면, '사모님 약처방을 받아다가 쇼핑백에 넣어서 댁에다가 걸어라'라고 했고 실제로 걸어놓은 사진까지 나왔어요. 그런데 배 씨의 해명을 들어보면 '사실은 그게 내 약이었는데 내 약을 마치 사모님 약 부탁인 것처럼 A 씨한테 시킨 거다' 이런 거지 않습니까?

박찬대 네.

김현정 그런데 그게 잘 이해가 안 가요.

박찬대 입장을 보게 되면 '늦은 결혼과 임신에 대한 스트레스로 남몰래 호르몬제를 복용을 했다'라고 하는 부분이 좀 있었던, 그렇게 입장문을 발표했는데요.

김현정 그러면 사모님 약인 것처럼 해서 쇼핑백으로 그 집 앞문에 걸어놓으면. 그러면 나중에 배 씨가 가서 그걸 훔쳐왔다는 얘기인가요?

박찬대 글쎄요. 이거는 배 씨하고 그다음에 그 A 비서 사이에 있었던 부분이기 때문에 이 부분은 사실 관계와 진위 여부를 확인할 필요가 있는 것 같고요. 그리고 이 부분에 대해서는 감사청구를할 계획이라고 합니다. 감사청구를 통해서 또 진위 여부가 분명하게 밝혀지지 않을까, 이렇게 생각이 됩니다.

김현정 그러면 김혜경 씨께서는 이 대리처방이 이렇게 이루어졌다는 걸 지금까지 전혀 모르셨다는 얘기가 되나요?

박찬대 지금 구체적으로 제가 사모님하고 통화해 보지는 않았지만, 직접 관여한 사실이 없다는 것은 주변 분들을 통해서 저희가내용을 확인한 상황이거든요.

김현정 이 정도 되면 사모님한테 직접 질문을 하셔야 될 것 같아요. 이런 질문 어디 가나 오늘 인터뷰 내내 받으실 텐데.

박찬대 네. 일단은 감사청구가 진행이 됐으니까, 진위 여부와 관련된 부분에 대해서는 추가적인 내용들이 나오지 않겠나, 그렇게 보시면 좋을 것 같습니다.

김현정 게다가 이제 도청 법인카드로 소고기며 초밥이며 샐러드를 산 것이 또 나왔습니다. 그런데 이거를 배 씨가 알아서 과잉 충성을 했다고 보기에는 어쨌든 이거를 김혜경 씨께서 받아서 드신 거 아니겠습니까? 그러면 이게 어떻게 모르고 벌어질 수 있는 일인가 이것도 잘 이해가 안 가요.

박찬대 그것도 한번 사실 관계를 좀 더 파악해 봐야 되지 않을까 싶고요. 일단은 후보와 배우자께서는 직접 관여하지 않았고, 그 다음에 배 씨하고 A 모 씨 사이에 입장을, 진위 여부를 파악해야 된다라고 하는 부분으로 말씀드릴 수 있을 것 같아요.

김현정 지금 박찬대 대변인께서도 상당히 곤혹스러워하면서.

박찬대 (웃음) 그게 아니라.

김현정 답변을…

박찬대 진위 여부에 대해서 명확하게 내용을 확인해서 드릴 수 없는 부분이다 보니까. 오죽하면 감사청구를 통해서 이 부분에 대한 진위 여부를 분명하게 밝힐 계획이 있다는 것을 말씀드리겠습니다.

결국 고개 숙인 김혜경

읽다 보니 박찬대가 불쌍하게 생각될 정도인데, 민주당 의원을 하려면 이 정도 모순은 스스로 극복할 줄 알아야 한다. 돌아가는 꼴을 보니 안 되겠다 싶었는지 침묵으로 일관하던 이재명이 입을 열었다. 이 후보는 2022년 2월 3일 민주당 선거대책위원회를 통해 입장문을 내고 김 씨 갑질 논란을 비롯해 법인카드 사적 유용 의혹에 대해 "심려 끼쳐드려 죄송하다. 문제가 드러날 경우 규정에 따라 책임지겠다"고 했다. "저의 배우자도 문제가 될 수 있는 일들을 미리 감지하고 사전에 차단하지 못했다. 더 엄격한 잣대로 스스로와 주변을 돌아보려 노력했다 생각했는데 여전히 모자랐다." 당시 부부를 수행했던 5급 공무원 배 모 씨의 부당행위와 관련해선 "지사로서 직원의 부당행위는 없는지 꼼꼼히 살피지 못했다"고 사과했다.[25]

그러니까 잘못한 건 배소현인데 자신과 김혜경이 미리 차단하지 못했다, 뭐 이런 취지인 듯하다. 이렇게 아래 직원의 잘못으로 몰아가는 걸 전문용어로 '꼬리 자르기'라 하는데, 이재명이 아무리 이 방면에 도가 튼 분이라 해도, 여기선 통하지 않았다. 배소현이 도청일은 팽개치고 김혜경 비서 일을 했는데, 이를 김혜경이 '미리 감지하고 사전에 차단하지 못 했다'는 건 유체이탈 중에서도 최상급이잖은가. 게다가 '오늘은 소고기가 먹고파', '아, 오늘은 복어가 당겨' 같은 김혜경의 입맛을 배소현이 어떻게 알고 그에 맞는 음식 배달을 시킬 수 있었을까? 또한 A 씨가 제보한 텔레그램을 보면 어느 날엔 에르메스 애프터쉐이브로션을 사서 이재명 욕실에 배치하기도 했던데, 이런 건 해당 부부의 동의가 없이는 할 수 없는 일이다.[26]

민주당에서 아직도 공천을 받지 못한 현근택(민주당 선대위 대변인)은 제보자인 A 씨를 향해 "문제가 있다고 생각하면서도 그만두지 않고, 통화를 일일이 녹음하고 대화를 캡처한 것은 다분히 의도적이었다고 보인다"며 피해자 탓을 했지만, 이건 현근택의 붉은 마음을 세상에 널리 알릴 수는 있을지언정, 사태 해결에는 별 도움이 안 됐다.[27] 그런가 하면 김병욱 의원은 "김혜경 씨에 대해 황제 의전이 있었다는 보도로 사실 여부를 떠나 이미 김 씨는 큰 상처를 입었다"는 망언 수준의 변명을 했고, 이원욱 의원은 "오보로 판명될 경우 책임을 져야 할 것이다"며 으름장을 놨다가 여론이 안 좋자, 페북글을 삭제하는 해프닝을 벌이기도 했다.[28]

이것 말고도 민주당의 수준을 보여주는 저급한 변명들이 숱하게 많지만 그냥 넘어가자. 결국 이 문제는 그 당사자인 김혜경이 책임질 수밖에 없었다. 2022년 2월 9일, 김혜경은 기자회견을 열고 그간의 일에 대해 사과했다. 그녀는 이 모든 게 "제 부족함으로 생긴 일"이라고 한 뒤 다음과 같이 말했다.

"언론에 보도되고 있는 배 모 사무관은 오랫동안 인연을 맺은 사람이다. 오랜 인연이다 보니 때로는 여러 도움을 받았다. 공직자 배우자로서 모든 점에 더 조심해야 하고 공과 사의 구분을 분명히 해야 했는데, 제가 많이 부족했다. 국민 여러분과 제보자 당사자께 진심으로 사과드린다…수사와 감사를 통해 진실이 밝혀질 수 있도록 최선을 다하겠다. 선거 후에라도 제기된 의혹에 대해 성실하게 설명해 드리고 끝까지 책임질 것"이라며 "모두 제 불찰이고 부족함의 결과다. 앞으로 더 조심하고 더 경계하겠다."[29]

　　이번 회견에서 드러난 진실은 딱 하나, 김혜경이 많이 부족한 인간이라는 것, 하지만 이것 말고는 별로 건질 게 없었다. 그녀는 그 많은 소고기와 초밥을 누가 먹었는지 답변하지 않았고, 배소현과 A 씨의 관계를 전혀 몰랐다고 진술했다. 공직선거법상 허위사실 공표에 걸리지 않도록 최대한 두루뭉술하게 말하자는 의도였겠지만, 해도 너무한 기자회견이었다. 어쩌면 사과를 하는 김혜경의 마음속에 다음과 같은 말이 들어있었을지도 모른다. '조금만 참자. 내 남편이 선거에서 이기면 다 끝나!'

사과를 하려면 이들처럼

　　알맹이 없는 기자회견이었기에, 여론은 싸늘했다. 국민의힘은 "치밀한 계획하에 지속돼온 범죄행위에 대한 동문서답식 사과"라고 했으며, 의혹을 제기한 당사자인 7급 공무원 A 씨는 "(김혜경은) 정작 중요한 질문, 꼭 답해야 하는 질문에는 하나도 정확하게 답하지 않았다. 답하지 않은 질문인 '법인카드 유용을 어디까지 인정하는지', '그 많은 양의 음식은 누가 먹었는지'를 기자들을 대신해 되묻고 싶다"고 덧붙였다.[30] 그런가 하면 진중권 교수는 "한마디로 약 올리는 것, 캐치 미 이프 유 캔, '나 잡아봐라' 이런 식이었다. 제가 볼 때는 0

점, 오히려 마이너스 점수를 줘야 하고 이런 식의 사과는 안 하는 게 낫다"고 말했다.[31] 일부 네티즌은 이 회견을 박근혜 전 대통령이 탄핵을 앞두고 했던 기자회견의 재탕이라고 평하기도 했다.[32]

김혜경 언론에 보도되고 있는 배모 사무관은 성남시장 선거 때 만나 오랜 시간 알고 있었던 사이로, 오랫동안 인연을 맺어온 사람이다. 오랜 인연이다 보니 때로는 여러 도움을 받았다.

박근혜 홀로 살면서 챙겨야 할 여러 개인사들을 도와줄 사람조차 마땅치 않아서 오랜 인연을 갖고 있었던 최순실 씨로부터 도움을 받게 되었고, 왕래하게 되었다.

김혜경 공직자의 배우자로 모든 점에 조심해야 하고 공(公)과 사(私)의 구분을 분명히 해야 했는데 제가 많이 부족했다.

박근혜 (최 씨는) 제가 가장 힘들었던 시절에 곁을 지켜주었기 때문에 저 스스로 경계의 담장을 낮추었던 것이 사실이다. 돌이켜 보니 개인적 인연을 믿고 제대로 살피지 못한 나머지 주변 사람들에게 엄격하지 못한 결과가 되고 말았다.

물론 이 기자회견이 모두를 실망시킨 것은 아니다. 민주당은 이 기자회견에 아주 지대한 의미를 부여했으니 말이다. 특히 민주당 선대위 대변인 남영희는 MBN 〈뉴스파이터〉에서 "제가 몸담은 당 후보의 배우자가 정말 힘들게 결단을 내렸고 국민들 앞에 나와서 할 수 있는 최대한의 이야기를 했고 진정 어린 사과를 하고 있는데, 다른 시각에서 보는 분들은 전혀 다른 시선으로 보지 않습니까? 저는 이 부분이 굉장히 가혹한 것 같고요. 후보 배우자께서 진심 어린 말씀을 했고, 수사 상황이고 감사 상황인 것을 다 담아서 이후에 일 처리도 다 하겠다고 하는데 여기에 더 무슨 말을 보태고 할 수 있는 말이 있었겠느냐"는 황당한 발언을 하다가, 갑자기 울기 시작했다. 그녀의 울음은 그 후로도 십 분 정도 계속됐기에, 다른 패널들은 그녀의 코훌쩍이는 소리를 백그라운드에 깔고 발언을 해야 했다. 이건 내 느낌이지만, 김혜경에게 불리한 얘기가 나올 때는 훌쩍이는 소리가 더 컸던 것 같다. 그 후 민주당은 김혜경에 대한 공격이 들어올 때마다 "사과했잖냐"고 호통을 쳤고, 분위기가 안 좋을 땐 경기도에 감사를 요청했다는 걸 이유로 "지금 감사가 진행 중이지 않느냐. 그 결과를 기다려 보자"고 타이르는 작전을 폈다.

하지만 감사 결과가 공명정대하게 나올 거로 생각하는 사람은 별로 없었다. 감사관이란 자가 이재명이 2020년 6월 임명한, 민변 출신이기 때문이다. 때문에 이 감사는, 김혜경의 기자회견이 그런 것처럼, 한 달 앞으로 다가온 대선 때까지 시간을 끌자는 의도로 보였다. 그러는 동안 이재명은 12월 28일에 페이스북에 올렸던 "공무원을 수행비서로 채용한 적 없습니다"라는 페북글을 삭제했다.[33] 이유는

김경율
4월 13일 · ⊙

민변 출신 경기도 김희수 감사님

감사를 이 따우로 하셔쎄요. 그 동안 각종 보도로 확인된 사항의 1/10도 안 되고, 밝히지 못 하고서 자체 감사한다 난리 부루스를 치셔쎄요.

배모씨는 경기도 업무분장표 어디에도 안 나타난다는데, 그 부분 어케 소명 받았나요?

성남시 8년 동안 배모씨 생산한 문서가 단 한 건도 없다는데, 경기도에서는 카드 받아갈 때 마다 꼬박꼬박 결의서 등 만드셔쎄요?

배모씨는 무슨 근거로 법인카드를 각 부서에서 받아가셔쎄요?

경기도에서는 무슨 일이 있기에 과일 가게에서 수년 동안 일주일에 두세 차례씩 끝전없이 50, 60만 원 결제해요? 또 잡화점에서도요

감사님하 지금 장난하삼?

DONGA.COM
'김혜경 법카 의혹' 경기도 감사 결과..."수백만원 유용 의심"
이재명 전 경기도지사의 배우자 김혜경 씨의 '법인카드 유용 의혹'과 관련해 업무추진비 사적 사용이 의심되는 액수가 수백만원에 달한다는 경기도 감사 결과가 나왔다. 지난 6일 경...

👍😆   963명   댓글 11개 공유 48회

😆 웃겨요   💬 댓글 달기   ↪ 공유하기

"감사를 이따우로 하셔쎄요"

뻔했다. 공직선거법상 허위사실 공표에 걸릴까 봐. 하지만 김혜경의 기대와는 달리 대선은 이재명이 아닌, 윤석열 후보의 승리로 끝났다. 김혜경 의혹을 조사하는 건 너무도 당연한 일. 여기에 대해선 다음 편에서 이야기하도록 하고, 지금은 추가로 보도된 것 하나만 더 얘기하고 글을 마무리하자.

명색이 경기도 대외협력 담당 사무관이지만, 실제로는 김혜경만 따라다닌 배소현은 자신이 도청에 출근하는 척하려고 자기 사무실에 불을 켜놓으라고 지시했다. 평등주의자 A 씨가 MBN에 제보한 내용을 보자. "김혜경 씨 '불법 의전' 논란의 중심에 있는 전 경기도청 공무원 배 모 씨가 도청에 정상 출근하는 것으로 위장하려고 자신의 사무실에 불을 켜놓으라는 지시를 한 것으로 드러났습니다. 또, 비서실 A 씨를 시켜 자신의 출근 여부를 취재하는 기자를 감시하기도 했습니다."[34]

기자 지난해 8월 김혜경 씨 측근 5급 사무관 배 모 씨가 근무했던 경기도청 사무실입니다. 노크에도 답이 없고 문은 잠겨 있습니다. 총무과 소속 배 씨는 당시 이곳에 출근하지 않고 외부에서 김혜경 씨 관련 업무만 한다는 의혹이 불거졌습니다. 이에 배 씨는 비서실 7급 공무원 A 씨에게 출근하면 자기 방 불을 켜두라는 지시를 내립니다.

배 모 씨 - A 씨 통화 녹음 (2021년 8월)

A 씨 불은 안 켜져 있고 컴퓨터 대기 모드만 돼 있는데요?

배소현 불 좀 켜. 앞으로 출근하면 거기 방 불 좀 켜.

A 씨 불 켜놓으라고요?

배소현 응.

도청에 출근하지 않아서 혈세를 낭비한 것도 모자라, 근무하는 척하려고 불까지 켜놨으니 이건 이중 낭비. 이런 자들을 잡아넣지 않는다면, 앞으로는 죄지은 이를 처벌할 명분이 없다. 황제 의전과 법카 유용에 대한 수사가 꼭 이루어져야 하는 이유다.

02
결국 공범으로 적시된
김혜경과 이재명

김혜경이 사과했지만, 7급 비서 A 씨는 제보를 멈추지 않았다. 이번엔 2021년 4월~10월까지 6개월간 있었던 10차례의 법카 결제였다. 그 동안 A 씨는 성남시 분당구에 있는 베트남식당(11만 원)과 복요리 전문점(12만 원), 경기도 수원시에 있는 일식당(10만 원) 등에서 개인카드로 먼저 결제한 뒤, 다음날 취소하고 경기도 법인카드로 다시 계산했다. 이 과정에서 쪼개기도 당연히 등장했다.[35]

배 씨 그러면 지난번에 안 한 영수증 가져가서, 오늘 13만 원이 넘거든요. 오늘 거 12만 원 하나 긁어오고.

A 씨 네.

배 씨 지난번 거하고 오늘 나머지하고 합쳐가지고 하나로 긁어 오세요. 무슨 말인지 알죠?

A 씨 네. 12만 원에 맞추면 되는 거죠. 양쪽으로.

배 씨 네. 12만 원 안쪽으로 2장으로.

개인카드로 결제한 영수증을 취소하고 법카로 다시 결제하는데, 12만 원 초과분은 과거 다른 결제에 합쳐서 양쪽 다 12만 원이 안 넘도록 조정하라는 것이다.[36] 이른바 쪼개기, 이것 말고도 배 씨 일당의 치밀함이 드러난 정황은 또 있다. 공무원들이 와서 점심을 먹는 척하기 위해, 포장 전문 음식점은 철저히 피했다.

배 씨 가게 쪼그매?

A 씨 음, 안 커요.

배 씨 먹을 데는 있어?

A 씨 테이블이 한 3, 4개밖에 안 보이던데.

배 씨 테이블 하나라도 있으면 돼. 테이크아웃 전문만 아니면 돼. 근데 영수증 할 때 우리가 거의 포장으로 사잖아요. 영수증에 포장이라고 안 나와야 돼요.

A 씨 네. 저 그냥 내역만 달라고 해요.

배 씨 아니. 내역에도 포장으로 나오는 게 있어. 테이블명. 그거 확인해야 돼.[37]

참고로 이 식당들은 경기도청이 있는 수원이 아닌, 이재명 집이 있는 분당구에 몰려 있었다. 경기도청에서 이곳까지 오는 데 걸리는 시간은 차로 40분 내외, 도저히 공무원들이 점심때 와서 먹을 만한 거리가 아니다. A 씨의 말이다. "배 씨 지시에 따라 해당 식당에서 음식을 포장해 분당구 수내동(이 후보 자택)으로 배달했다."[38]

나는 개인적으로 기생충이 있다고 생각해

A 씨의 제보는 계속됐다. 소고기와 초밥, 복요리, 백숙, 중국집, 베트남 음식 등을 김혜경에게 배달했다는 소식이 매일같이 뉴스를 통해 전해졌다. 김혜경이 병원에 가는데 관용차를 동원했다는 녹취록도 나왔다. 하지만 놀라움에도 중독성이 있다. 아무리 놀라 자빠질 일이라 해도 그게 반복되면 일상이 된다는 얘기다. 김혜경이 복요리를 좋아해 자택 근처의 복요리집에서만 15회, 318만 원을 경기도 법카로 결제했다는 의혹이 나왔을 땐 주위에서 이런 반응까지 나올 정도였다.[39] "뭐, 좋아하는 음식은 법카를 써서라도 먹어야지. 나도 갑자기 복요리가 댕기네." 2월 11일, 사람들이 황제 의전과 법카 유용에 무감각해졌을 때 나온 채널A 뉴스는 그 이전과는 차원이 다른, 완전히 새로운 의혹을 던져줬다. 경기도청 법인카드로 초밥 10인분을 배달한 지난해 6월의 녹취록에서 A 씨가 배소현에게 묻는다.

A 씨 맛은 어떠시대요? 괜찮대요?

배 씨 별말 없는데.

A 씨 와, 그런데 저기 사모님 진짜 양 많으신 것 같아요. 드시는 거 보면 10인분을. 아드님도 드시나.

배 씨 모르겠어요, 그렇다고 초밥을 쌓아 두진 않을 것 아냐.

A 씨 상하죠, 하루만 지나도.

이어서 배 씨는 충격적인 말을 한다.

배 씨 나는 개인적으로 기생충이 있다고 생각해. (자택) 밑에 사는 기생충이 있든지 뭐가 있어. 그렇지 않니?

A 씨 아니 2인분씩만 먹어도 사모님하고 아들 둘인데, 6인분이면 충분할 텐데.

배 씨 ○○○ (A 씨의 전임자)도 못 풀고 간 미스터리야. 나한테 맨날 그랬어. 저걸 진짜 다 드시는 거냐고.

A 씨 사모님이 맨날 말라 있으신데 굳이. 그렇게 아들도 잘 먹나 봐. 그 생각을 했죠.[40]

여기서 배 씨가 말한 기생충은 봉준호 감독의 영화 〈기생충〉에 나오는, 벽장 뒤 지하실에 사는 남자를 뜻한다. 부잣집에서 가사도우미를 하는 '문광'의 남편은 사업 실패로 인해 빚쟁이들에게 쫓기던 끝에 지하실에 숨어 사는 길을 택했다. 문광이 남편한테 먹을 것을 수시로 배달해 주기에 그 집 사모님은 문광의 식성이 왜 이리 좋은지 이해하지 못했는데, 배 씨 역시 자신이 모시던 사모님의 집에 '기생충이 있는 게 아닌가?' 의심했다. 그렇다고 김혜경의 아들이 먹은 것도 아니었다. 배 씨가 음식을 올리러 갔을 때 아들이 코너에 있는 오두막에서 혼자 치킨을 먹고 있기에 이유를 물으니 "엄마가 밥을 안 줘서, 엄마 몰래 사 먹는다"고 말했다는 것.

배 씨 그래서 (아들에게) '무슨 소리야, 내가 올린 게 몇 갠데.'

A 씨 살찐다고 먹지 말라는 거예요, 밥을?

배 씨 응.

A 씨 이해가 안 되는데, (그러면) 그렇게 (음식이) 많이 올라갈 필요가 없잖아요.

배 씨 내가 그 말을 듣고 더 황당했다니까. 전임자는 한 한우 고깃집에서 일주일에 한 번씩 올렸거든.

A 씨 잔치를 하시나? 친구를 부르시나?

배 씨 아니, 집에 아무도 안 와.

A 씨 그러니까요. 안 부르시잖아요. 사람들한테 말 나올까 봐.

배 씨 응, 나도 미스터리라니까.

정말 궁금해진다. 초밥 10인분은 대체 어디로 갔을까. A 씨가 샌

드위치 30인분을 사서 배달한 적도 있었기에 논란은 커졌다. 전직 대통령이 그 대상이라면, 그러니까 전직 영부인에게 초밥 10인분이 배달됐다면 쩨쩨하게 이런 거로 갑론을박을 벌일 필요는 없었을 것이다. 하지만 그 대상이 김혜경이라면? 이재명 지지자들조차 여기에 대한 답을 내놓지 못했기에, 새로운 의혹이 생겨나는 건 당연했다.

이재명 옆집 미스터리

경기도는 지역이 워낙 넓어, 공공기관에서 직원 합숙소를 운영하는 경우가 제법 있었다. 그런데 이재명이 경기지사로 재직하던 2020년 8월, 경기주택도시공사(GH)는 이재명의 옆집(2402호)을 전세금 9억5천만 원에 임대했다.[41] 직원 합숙소로 쓸 목적이었다지만, 합숙소 하면 대부분 원룸이나 오피스텔 같은 것을 생각하지, 비싸디 비싼 60평대 아파트를 임대하는 경우는 드물다. 하필이면 GH 사장은 이헌욱 변호사, '리틀 이재명'이라 불릴 정도로 이재명의 최측근인 데다 민주당 선대위 '약속과 실천' 위원장을 맡았던 그가 사장으로 있는 GH에서 이재명의 옆집에 합숙소를 마련한 것은 예사롭지 않았다. 자연스럽게 이런 의혹이 제기될 수 있겠다. 이재명 옆집이 아주 비밀스러운 조직, 예를 들어 선거운동을 위한 공간 같은 곳으로 쓰인 것은 아닐까. 1997년 아파트를 분양받아 쭉 그 집에 살아온

집주인 부부는 김혜경과 그 아들을 데리고 캐나다 유학까지 다녀올 정도로 친한 사이, 그랬던 그들이 대선을 앞둔 시기 갑자기 집을 합숙소에 내주고 이사를 갔다? 이해되지 않는 점이 너무도 많았다.

이 모든 의혹은 옆집이 비선 선대조직으로 쓰였다고 하면 다 풀린다. 아울러 배소현과 7급 A 씨, 그리고 A 씨의 전임자가 풀지 못했던 '기생충' 의혹도 이 가정하에선 다 이해될 수 있다. 선대조직이 많은 사람이 드나드는 곳이라는 점에서, 샌드위치 30인분과 초밥 10인분의 비밀도 풀릴 수 있다. 7급 공무원이 음식을 나른 날이 화요일과 금요일에 집중됐다는 것도 이 추측의 신빙성을 더해 준다. 국민의힘 김은혜의 주장을 보자. "제보자 측에 따르면 그때 음식을 나르면 바로 그 자리에서 빠져나가는 게 지침이었던 듯하다. 2401호, 2402호 앞엔 얼씬도 못 하게 한 것이다. 법인카드로 (음식이) 제공된 공식 간담회라면서 무엇이 그리 숨길 게 많아 멀쩡한 7급 공무원은 쫓기듯 배달음식을 두고 나와야 했을까?"[42] 진중권 교수도 CBS 〈한판승부〉에서 다음과 같이 얘기한다. "퍼즐이 딱 맞춰진 것이다. 저는 그게 불법이든 합법이든 간에 이 후보가 자신의 대선을 위해, 그런 용도로 쓰였을 가능성이 가장 크다고 본다."[43]

물론 민주당 측은 이런 의혹이 사실이 아니라고 주장했다. 먼저 공보단의 말. "GH 공사는 해당 숙소를 판교 사업단의 조성사업을 담당한 대리 2명과 평직원 2명이 사용하고 있음을 설명했으며,

김경율
2월 16일 · 🌐

코로나 발발해서 4명 12만원이지

19년 12명 33만언 보소

총무과가 도청에서 성남 분당까지 가서 무신 업무추진?

No.	결제부서	사용일자	인원	지출액
	[이재명 후보 자택 앞 A복집에서 결제된 법인카드 내역]			
1	총무과	19-10-22	12명	33만 원
2	총무과	19-11-14	12명	30만 원
3	총무과	19-12-06	3명	7만 원
4	외교통상과	20-02-26	9명	25만 원
5	총무과	20-07-23	16명	45만 5천 원
6	복지정책과	20-07-24	17명	48만 5천 원
7	지역정책과	20-08-14	13명	38만 5천 원
8	총무과	21-02-02	4명	12만 원
9	자치행정과	21-02-02	4명	11만 원
10	자치행정과	21-03-22	4명	12만 원
11	노동정책과	21-05-21	4명	12만 원
12	지역정책과	21-06-07	4명	12만 원
13	총무과	21-07-16	4명	10만 5천 원
14	지역정책과	21-07-23	4명	10만 5천 원
15	외교통상과	21-08-11	4명	10만 5천 원
	총 15회, 318만 원 결제			

"총무과가 도청에서 성남 분당까지 무신 업무추진?"

이 같은 사실은 언론사의 취재로도 확인됐다. 공사의 직원 합숙소는 100개가 넘는다. 이 후보와 선대위 모두 공사의 합숙소에 대해 알지 못하며, 공사 숙소에 관여할 이유도 없다. 선대조직을 분당에 둘 아무런 이유가 없지 않느냐?" 일견 말은 되지만, 100개가 넘는 합숙소 중 10억 원 가까운 비용을 들여 아파트 전세를 얻은 사례가 또 있는지 밝혀줬다면 설득력이 높아졌을 것 같다. 다음으로 이헌욱 당시 GH 사장, "합숙소가 이 후보 옆집이라는 걸 언론을 보고 알았다." 아니, 명색이 이재명 최측근인데 이재명 집이 어딘지도 몰랐을까. 게다가 GH가 빌린 합숙소가 하필이면 이재명 옆집일 확률이 얼마나 될까? 이재명의 비서실장 출신인 합숙소 총괄 책임자도 "이 후보 자택을 몰랐다"고 했으니, 그쪽 분들은 어쩜 그렇게 모르는 게 많은지 신기할 정도다.[44]

마지막으로 모르쇠의 끝판왕 이재명 의원, 그는 "옆집을 사용한 적이 없고, 임차에 관여한 적도 없고, 주택공사 소유란 사실도 몰랐다"고 말했다. 아무리 냉정한 세상이라 해도 옆집에 누가 이사 오면 인사를 트기 마련, 최소한 엘리베이터를 타다가 한두 번이라도 마주쳤지 않을까? 이재명 집이 위치한 24층엔 딱 그 두 집만 있는 데다, 이재명 부부는 전국적인 지명도를 지닌 유명인사다. 게다가 합숙소 직원들이 경기도지사 산하 공무원이라는 걸 고려하면, 설령 옆집에 모르고 들어왔다 하더라도 먼저 인사를 하는 게 예의이지 않을까? 그런데 대선이 끝난 후 김혜경의 의전을 담당하던 배소현이 집

주인을 대신해 부동산 중개소에 이 아파트를 전세로 내놓았다는 게 경찰 조사로 밝혀졌다.[45] 그리고 2년 전세계약이 끝난 뒤인 2022년 8월, GH는 전세 연장을 하지 않는다. 이 모든 것들이 다 수상해 보이지만, 경찰은 옆집이 선대조직으로 쓰였다는 증거가 없다며 이 건을 무혐의 처리한다. 초밥 10인분의 미스터리도 영원히 묻히게 된 것 같은데, 이게 아쉬우니 다음과 같은 부탁을 해본다. 김혜경 씨, 이왕 이리 된 거, 초밥 10인분 먹방 한번 부탁드려요. 다 드시면 쓸데없는 상상 안 할게요.

김혜경의 공직선거법 위반

지금까지 김혜경에게 제기된 의혹이 어떤 죄에 해당하는지를 살펴보자. 공무원을 사적 심부름에 동원한 것은 직권남용·권리행사 방해·강요죄를 물을 수 있겠고, 호르몬제 대리처방은 의료법 위반, 법인카드로 소고기와 초밥을 산 것은 국고손실·횡령에 해당할 것이다. 하지만 이 항목들이 모두 유죄로 인정된다 해도 이재명에게 큰 타격이 될지는 의문이다. 처벌을 받는 건 김혜경과 배소현 등일 테고, 이재명이 그 대상에 포함된다 해도 기존의 전과 4범이 5범이 되는 건데, 뭐 그리 큰일이겠는가?

하지만 공직선거법 위반은 좀 다르다. 예컨대 2018년 지방선거 당시 이재명이 했던, '형을 강제로 입원시킨 적이 없다'는 말을 보자. 이건 그가 했던 수많은 거짓말 중 먼지 정도밖에 안 될 미미한 것이 었지만, 이로 인해 이재명은 3년 가까운 시간 동안 재판을 받아야 했다. 만일 대법관 권순일이 그 자리에서 반대되는 선택을 했다면, 이재명의 정치생명은 거기서 끝났다. 그 말이 경기도지사 선거를 위한 토론회에서 나왔기 때문이었다. 선거와 관련된 자리에서 한 거짓말은 유권자들에게 그릇된 판단을 하게 만들어 선거 결과를 왜곡시키는 바, 대한민국은 선거법 위반에 대해 엄중한 책임을 지게 한다. 다른 범죄라면 벌금 100만 원 이상을 받는 게 가벼운 처벌이 되지만, 공직선거법 위반에서 벌금 100만 원이 나오면 당선 무효가 되는 것은 물론, 나라에서 보전받은 선거비용까지 다 토해내야 한다. 여기에 더해 5년간 피선거권이 박탈되기까지 하니, 정치생명이 끝난다고 해도 과언이 아니다.

그런데 A 씨가 제보한 내용 중 공직선거법 위반에 해당하는 사건이 있었다. 2022년 2월 24일, TV조선이 보도한 뉴스를 보자. 민주당 경선이 한창이던 2021년 8월, A 씨는 배소현으로부터 서울 광화문에 위치한 한 중식당에서 김혜경이 민주당 의원 부인을 비롯한 지인 세 명과 식사한 비용을 법인카드로 결제하라는 지시를 받는다. A 씨는 김혜경의 식사비용 2만6천 원은 이재명 캠프 후원금으로 결제했고, 나머지 3명의 식사비 7만8천 원과 수행원 밥값을 합친 10만4천 원은 경기도 업무추진비 카드로 처리했다.[46] 이 모든 건 배 씨의 지시로 이루어졌고, 여기에 관한 녹취파일도 남아 있다. 녹취록에 있는 배소현의 말이다. "○○○ 변호사가 카드 갖고 있어, 법카. 농협 꺼. 그걸로 넌 긁어서 금액만 나오게 해서…", "○○○가 갖고 있는 카드로 한 명만 할 거야, 사모님 꺼. 그러니까 나머지는 너가 정리하면 돼.", "너 본 거 절대 비밀이라고 해."

배소현이 A 씨에게 비밀로 하라고 하는 걸 보면, 자신들의 행위가 특히 더 위법하다는 걸 알고 있어서가 아닐까? 공직선거법 113조에 따르면 국회의원이나 정당의 후보자 그리고 그 배우자는 유권자에게 식사를 제공하는 등의 기부행위를 해선 안 된다. 특히 김혜경이 자신의 식사비용을 이재명 캠프의 후원금으로 처리했으니, 이 모임이 선거운동을 위한 자리였다고 스스로 인정한 셈이다. 그렇다면 국회의원 배우자에게 식사를 제공한 일은 '후보 배우자가 유권자에게 기부행위를 한 것'이며, 공직선거법 113조 위반이 된다. 이건 빠져나갈 길이 없어 보인다고 생각할 분들이 계시리라. 하지만 이재명 측은 기가 막힌 해명을 한다. "법인카드 결제는 비서가 한 것이며, 김혜경은 알 수 없는 부분이다." 그러니까 김혜경은 지인 세 명을 불러 1인당 2만6천 원짜리 식사를 샀지만, 밥값을 어떻게 낼지 전혀 신경 쓰지 않았다. 지인 세 명도 밥값을 낼 생각이 없었지만, 김혜경은 미처 그런 것까지 생각하지 않았다는 것이다. 어떻게 그럴 수 있을까. 정치인 중 많은 이들이 범죄자의 길을 걷기보단 바보가 되는 길을 택하는데, 이재명은 바보에 대한 집착의 정도가 다른 정치인들보다 수만 배 더 크다.

드디어 시작된 법카 유용 수사

김혜경의 황제 의전과 법카 유용 의혹이 불거진 건 2022년 1월 말, 그 후 많은 이들이 이재명과 김 씨를 고발했다. 다음은 기사에 나온 고발 리스트다.

- 2월 3일, 국민의힘 법률지원단, 이 후보와 김 씨, 배 씨를 직권남용·권리행사방해죄·강요죄, 의료법 위반 등의 혐의로 대검찰청 민원실에 고발
- 2월 3일, 장영하 변호사(《굿바이 이재명》의 저자), 이재명 부부와 배 씨를 특정범죄가중처벌법 위반(국고손실), 의료법 위반, 직권남용 및 업무방해, 공직선거법상 허위사실 공표 혐의 등으로 검찰과 경찰, 고위공직자범죄수사처(공수처)에 고발
- 2월 8일, 국민의힘 법률지원단, 김혜경의 사적 업무 보좌를 위한 공무원 채용과 관련 지시에 대해 허위 해명을 했다며 이재명과 배 씨, 박찬대·박주민·최민희 등 민주당 전·현직 의원, 현근택 선대위 대변인을 허위사실 공표 혐의로 대검에 고발
- 2월 11일, 국민의힘 의원들(김형동·유상범·최춘식), 이재명 부부

와 배 씨를 직권남용·국고손실·허위공문서작성 혐의로 공수처에 고발

　－ 2월 14일, 경기도의회 국민의힘, 김혜경과 배 씨, 도청 의무실 관리, 의사 의료법 위반, 직권남용권리행사방해, 국고 등 손실, 업무상 배임 혐의로 수원지검에 고발

　－ 2월 22일, 국민의힘 유상범 법률지원단장과 이두아 부단장, 이재명 부부 법인카드 유용 및 경기주택도시공사 합숙소 비선캠프 의혹 관련 대검찰청 고발

　－ 2월 24일, 시민단체 서민민생대책위원회, 이재명을 경기지사 시절 업무추진비 부당사용 의혹과 관련한 직권남용·강요, 업무상 횡령·배임 혐의로 서울경찰청에 고발

　하지만 수사가 대선 전에 이루어질 확률은 없었다. 대검에 접수된 고발장은 수원지검으로 이첩됐는데, 수원지검은 이를 직접 수사하는 대신 경기남부경찰청으로 내려보냈다.[47] 당시 수원지검장이 대표적인 친정권 검사인 신성식이었으니 대선 전까지 시간을 끌 것으로 보이지만, 설령 원칙대로 수사하는 검사가 그 자리에 있었어도 결과는 다르지 않았을 것 같다. 대선까지 남은 기간이 한 달 남짓에 불과한 데다, 역대급이라 할 만큼 지지율이 박빙이었지 않은가. 이는 경찰도 마찬가지여서, 사건을 이첩받은 경기남부경찰청 최승렬 청장은 2월 14일 다음과 같이 말했다. "수사 중립성을 오해받을 일은

안 하겠다. 어느 후보가 됐든 선거 이후 더 많은 수사가 집중될 것이다."⁴⁸ 경기남부경찰청이 고발인 중 한 명인 장영하 변호사를 소환해 고발인 조사를 한 것은 대선이 끝나고 6일 후인 3월 15일이었다.

이건 경기도 감사도 마찬가지였다. 경기도가 감사에 착수한다는 얘기를 한 것은 2월 초, 그 이후 민주당은 법카 유용 얘기가 나올 때마다 '감사 맡겼으니 감사 결과를 지켜보자'며 더 이상의 언급을 못 하게 막았다. 하지만 감사는 대선이 끝난 지 14일이 지난 2022년 3월 23일에도 마무리되지 못했다. 경기도의회가 도지사 직무대행을 불러 감사 완료 시기를 물었을 때, 그는 다음과 같이 답했다. "날짜를 명시하기는 어렵지만 조속한 시일 내에 최대한 빨리 공정하고, 객관적으로 마무리하겠다. 오래 걸리지는 않을 것이다."⁴⁹ 과연 그럴까. 다음 기사를 보자. "경기도 감사관실은 의혹을 확인하고자 배 씨에게 출석과 소명을 요구했으나, 배 씨가 응하지 않은 것으로 전해졌다. 다만, 배 씨가 현재 경기도청 소속 공무원 신분이 아니다 보니 행정적인 징계는 진행할 수 없는 것으로 알려졌다."⁵⁰ 그랬다. 김혜경도, 배소현도, 7급 A 씨도 모두 공무원이 아닌 상태에서, 감사는 별 의미 없는 행위였다.

왜 했는지 모르겠는 감사

경기도 감사 결과가 나온 것은 2022년 4월 11일, 결론은 '충격적'
이었다. "법인카드를 유용한 건수는 수십 건, 액수는 수백만 원에 이
른다는 결과다. 도는 감사 관련 규정 등을 이유로 구체적 액수를 밝
히지는 않았다. 건수는 70~80건, 액수는 700만~800만 원에 달하
는 것으로 알려졌다."⁵¹ '충격적'이라고 한 이유는 이것이 무려 두 달
이란 기간 동안, 2018년 7월부터 2021년 9월까지 3년 2개월의 법인
카드 사용 내역을 조사해 알아낸 결과라는 점이다. 저기 발표된 내
용 중 내가, 그리고 서민 형이 몰랐던 건 하나도 없었다. '배 씨가 법
인카드를 달라고 하면 총무과 의전팀에서 카드를 내줬고, 배 씨가
카드와 함께 영수증을 제출하면 실·국의 업무추진비(간담회 경비)로
지출하는 방식'도 흔하디흔한 수법이었다. 일단 개인카드로 결제했
다가 다음 날 점심시간을 이용해 법인카드로 재결제했다는 것 역시
언론 보도에 다 나온 얘기 아닌가. 미처 몰랐던 정보라곤 700만 원이
란 액수인데, 이건 실제에 비해 훨씬 축소된 것이었다. 이재명 측이
경기도에 자신 있게 감사를 요청할 만하다. 이 결과에 열이 받아 페
이스북에다 몇 줄 썼더니, 몇몇 언론이 내 감상평을 인용했다.

"이른바 '조국흑서'의 저자인 김경율 회계사가 이재명 전 더불어
민주당 대선 후보(상임고문) 부인 김혜경 씨에 대한 경기도의 감사 결

과를 두고 '장난하냐'고 비판했다. 김경율 회계사는 13일 페이스북에 김혜경 씨 감사 결과를 발표한 언론 보도를 공유하면서 '민변(민주사회를 위한 변호사모임) 출신 경기도 김희수 감사님, 감사를 이따위로 하셨냐', '그동안 각종 보도로 확인된 사항의 10분의 1도 안 되고, 밝히지 못하고서 자체 감사한다고 난리를 쳤냐'고 꼬집었다. 그러면서 이번 감사 결과에 대해 조목조목 문제를 제기했다. 그는 우선 총무과 별정직 5급 직원으로 김 씨의 법인카드 유용을 도왔다는 의혹을 받는 배 모 씨와 관련해 '경기도 업무분장표 어디에도 안 나타난다는데, 그 부분은 어떻게 소명 받았느냐'고 물었다. 이어 '성남시 8년 동안 배 씨가 생산한 문서가 단 한 건도 없다는데, 경기도에서는 카드 받아갈 때마다 꼬박꼬박 결의서 등 만들었냐. 배 씨는 무슨 근거로 법인카드를 각 부서에서 받아갔느냐'고 지적했다. 김 회계사는 또 '경기도에서는 무슨 일이 있기에 과일 가게와 잡화점에서 수년 동안 일주일에 두세 차례씩 끝전 없이 50~60만 원을 결제하냐'며 '감사님, 지금 장난하냐'고 덧붙였다."⁵²

다음으로 경찰을 보자. 경찰은 4월 배소현의 집을 압수수색한데 이어 5월 중순에는 법카가 사용된 장소 129곳을 일주일에 걸쳐 압수수색한다.⁵³ "경찰은 압수물 분석을 마치는 대로 사건 관련자들을 소환 조사할 계획이다. 소환 대상으로는 사건을 제보한 공익신고인 전 경기도청 비서실 비서 A 씨, 그리고 의혹의 핵심인물인 전

총무과 5급 배 모 씨 등이 거론된다."[54] 또한 "김 씨에게 직접 소환통보를 할 가능성도 열려 있다."[55] 급기야 경찰은 8월 중순까지 법카 유용 수사를 마무리하겠다고 밝혔다. 이재명이 당대표로 선출될 것이 유력한 민주당 전당대회가 8월 28일이니, 경찰이 그 전에 수사를 마치겠다고 한 것은 의미가 있었다.

김 모 씨, 4번째 죽음

그런데 악재가 터진다. 법카 유용 의혹에서 참고인으로 경찰 조사를 받은 김 모 씨가 2022년 7월 26일, 자택에서 숨진 채 발견된 것이다. 외부 침입 흔적이 없는 것으로 보아 스스로 목숨을 끊은 것으로 보이는데, 이는 대장동 사건으로 조사받은 유한기 전 성남도개공 개발사업본부장과 김문기 전 성남도개공 개발사업1처장, '변호사비 대납 의혹' 제보자 이병철 씨에 이어 이재명과 관련된 인사의 4번째 죽음이었다.[56] 이쯤되면 이재명도 입장을 밝혀야겠지만, 그는 사흘간 침묵했다. 바빠서 그런 건 아닌 듯했다. 김 모 씨와 이재명의 연관성을 제기한 기사에 '댓글 정화', 그러니까 이재명을 옹호하는 댓글을 단다는 개딸들에게 '고맙잔아'라는 인사까지 했으니까. 그렇게 사흘을 침묵으로 일관하던 이재명은 강릉에서 열린 당원 모임에서 다음과 같은 물타기를 했다. "아무 관계도 없는 일을 특정인한테 엮지 않습니까? 나라가 무당의 나라가 돼서 그런지. 검찰, 경찰의 강압 수사를 견디지 못해서 언론과 검찰이 날 죽이려 한다, 이러면서 돌아가신 분들이 있는데 그게 이재명과 무슨 상관 있습니까?"[57]

이재명의 저 말은 팩트가 틀렸다. 김 모 씨가 검찰이 아닌, 경찰 조사를 받았다는 건 아주 사소한 오류에 불과하다.

- 법카 유용 과정에서 7급 A 씨는 먼저 개인카드로 결제한 뒤 다음 날 점심시간에 법카를 썼는데, 이때 사용된 개인카드 중 하나가 바로 김 모 씨의 카드였다.
- 김 모 씨는 배소현 소유의 다가구 주택에 살았고, 김 모 씨의 지인은 배 씨와 김 모 씨가 결혼한 사이인 줄 알았다고 했다.[58]

물론 이건 고인이 배 씨랑 친하다는 증거일 뿐, 이재명과는 무관할 수 있다. 하지만 다음은 어떨까?

- 김 모 씨는 2009년부터 2018년까지 성남 지역 담당 정보 요원으로 일했다. 이재명은 2010년부터 2018년까지 성남시장이었다.[59]
- 김 모 씨는 이재명이 성남시장 재임 시절 주재한 성남시 통합방위협의회 회의에 참석했다.[60]
- 김 모 씨는 지난 2018년 기무사를 전역한 뒤 성남시에 사무실

이재명 ✔ @Jaemyung_Lee · 5h
고맙잔아.🖤🖤🖤

⬛ @▓▓▓ · 5h
@Jaemyung_Lee 이장님!!! 뉴스댓글 걱정하지 말라잔아 가좍들이 책임진다잔아 🖤

💬 53　↻ 244　♡ 562　↑

↻ 이재명 Retweeted
⬛ @▓▓▓ · 5h
@Jaemyung_Lee
언론들의 의도가 보이는 날조 기사들....너무 많이 나와서 화나는데 다들 열심히 정화하고 있어요! 좋은거만 보게 해드리고싶어요....혜경웅니도 걱정되고 잼파파가 보고 상처받으실까 다들 걱정하는 밤이에요 사랑해요

💬 6　↻ 66　♡ 317　↑

"다들 열심히 정화하고 있어요. 혜경웅니, 잼파파 걱정되는 밤이에요"

을 둔 군납 업체에서 일했고, 2021년 12월부터는 경기도 산하기관인 경기도경제과학진흥원 비상임이사가 됐다. 임명권자는 경기도지사였다.[61]

– 이재명 측이 선관위에 제출한 정치자금 지출 내역을 보면 배우자 차량 운전기사에게 1천5백80만 원이 넘는 돈을 지급했다. 돈을 받은 당사자가 바로 김 모 씨다.[62]

자, 이런데도 김 모 씨가 이재명과 아무 상관도 없는 사람일까.

더 어이없는 건 김 모 씨가 배우자 차량을 운전했다는 언론 보도가 나간 뒤 이재명 측이 보인 반응이었다. "대선 경선 기간 김혜경 씨 차량을 운전한 사람은 전혀 다른 인물입니다. 없는 인연을 억지로 만들려는 음해와 왜곡에 강력한 유감을 표합니다." 정말일까. 김 모 씨에 대해 추가적인 보도를 이어가던 JTBC는 확실한 물증을 확보한다. 2021년 9월과 10월, 이재명 캠프에서 김 모 씨에게 1천5백80만 원을 지급할 때 그 내역에 '배우자 차량 기사'라고 쓰여 있었던 것. 사태가 여기까지 이르자 이재명 측은 사실을 말한다. "김 모 씨는 배우자실의 선행 차량을 운전했다."[63] 자, 이래도 김 모 씨가 이재명과 무관하다 말할 수 있을까? 의혹을 제기할 땐 일단 부인하고, 관련 증거를 제시하면 그제서야 인정하는 이재명식 화법은 정말이지 신물이 난다.

경찰도 문제가 없진 않다. 원래 김 모 씨가 목숨을 끊은 뒤 경찰은 "최근 참고인 신분으로 조사를 받았으나 핵심 참고인은 아니었으며 피의자로 전환될 인물도 아니었다"고 말했지만, 알고 보니 법카 유용에 더 깊이 관여된 인물이었지 않은가.

이재명의 빛나는 왜곡력

김 모 씨 사망에도 경찰은 배소현을 비공개로 불러 조사했고,

2022년 8월 4일에는 신고자인 7급 A 씨를 조사한다. 이제 남은 것은 김혜경의 소환. 경기남부경찰청은 8월 9일 그녀에게 출석요구서를 보냈다. 이재명은 페이스북에 이 사실을 알리며 "김혜경 씨는 진상을 규명하기 위한 경찰의 수사에 적극 협조하겠다고 했다"고 썼다. 하지만 김혜경이 경찰에 출석하던 8월 23일, 이재명은 페이스북에 다음과 같이 시작하는 글을 쓴다. "이 후보 배우자 김혜경 씨는… 이른바 '7만8천 원 사건' 등 법인카드 관련 조사를 위해 출석합니다." 담담히 팩트를 말하는 것처럼 보이지만, 이 한 줄에는 이재명 특유의 왜곡과 선동이 담겨 있다. 김 씨의 출석은 공직선거법 위반 혐의를 받는 7만8천 원의 식사 자리뿐 아니라, 소고기와 초밥 등을 사 먹기 위해 법카를 썼는지, 다른 사람 명의로 불법 처방전을 발급받았는지 등등에 관해 묻기 위해서였다. 경찰이 조사한 바에 따르면 법인카드 유용은 확인된 것만 150건 이상, 총액은 2천만 원을 넘었다. 그런데 이재명은 이를 '7만8천 원 사건'으로 지칭함으로써 법카 유용액이 그 정도밖에 안 된다는 착각을 유도하려 했다. 특히 그 앞에 붙인 '이른바'는 이게 자기만의 주장이 아닌, 세상 사람이 다 인정한 팩트라는 인상을 주려는 선동이었다. 여기에 개딸들이 '7만8천 원 가지고 129군데 압수수색을 하느냐'며 댓글 작업을 했으니, 뭘 잘 모르는 이들은 이재명에게 지나친 정치보복이 가해지는 게 아닌지 의심할 만도 했다.

김혜경이 5시간의 조사를 받고 나오자 이재명은 또다시 페이스북에 글을 썼다. 이 글은 이재명의 선동력이 최고조에 달했음을 보여주는 명문으로, 음미할 가치가 있다.

"아내가 오늘 법인카드 유용혐의로 5시간 경찰 조사를 받았습니다. 130회가 넘는 압수수색과 방대한 수사자료, 장기간의 수사에 경찰관 여러분 고생 많으셨습니다…제가 부하직원을 제대로 관리 못 하고 제 아내가 공무원에게 사적 도움을 받은 점은 국민께 다시 한번 깊이 사죄드립니다. 조사에서 아내는 카드를 쓴 적이 없고, 카드는 배 모 사무관이 쓴 사실도 확인되었습니다. 아내는 배 씨가 사비를 쓴 것으로 알았고, 음식값을 주었다는 점도 밝혔습니다. 경찰 조사 중 배 모 씨가 전달했다는 음식은 16건 180만 원이었다고 합니다(이것도 전부 사실도 아닙니다.)… 180만 원이 적은 돈이 아니고 불법 유용에 가담했다면 큰 잘못입니다. 그러나 법인카드를 쓰거나 부당 사용을 지시하거나 부당 사용을 알면서 용인한 것도 아닌데, 평생 한 번 있을까 말까 한 고통을 겪는 아내에게 남편으로서 한없이 미안할 뿐입니다."

요약하면 이렇다. 김혜경은 자신에게 배달되는 음식을 배소현이 자기 사비로 산 것으로 생각했다며 자기 아내를 바보로 만들고, 법카 유용액을 경찰이 파악한 2천만 원 대신 녹취파일을 통해 김혜경의 수내동 자택에 배달된 게 드러난 180만 원으로 축소했으며, 그나마도 김혜경은 이게 법카 유용이라는 걸 몰랐다며 다시금 아내를 바보로 만들었다. 그럼 사과는 왜 하느냐. 잘못은 부하직원이 저질렀지만, 내가 그 직원을 관리 못 했으니 그건 이재명 자신이 사과한다는 것. 벌린 입이 다물어지지 않는 왜곡 능력 아닌가. 이런 자들을 상대하기에 우리나라 경찰은 너무 무력했고, 8월 중순까지 결론을 내겠다는 약속을 지키지 못했다. 경찰이 본격적으로 수사에 착수한 게 3월 중

이재명 ✓
8월 23일 · 🌐

- 공지 -

이재명 후보 배우자 측에서 알려드립니다.

이 후보 배우자 김혜경 씨는 오늘(23일) 오후 2시경 경기남부경찰청에 이른바 '7만8천원 사건' 등 법인카드 관련 조사를 위해 출석합니다.

이미 알려드린바와 같이 김 씨는 지난 2021. 8. 2일 서울 모 음식점에서 당 관련 인사 3인과 함께 점심식사를 했고, '후보자나 배우자가 타인과 식사를 함께할 경우 대접하지도 대접받지도 않는다'는 명확한 캠프방침에 따라, 수행책임자 B모 변호사를 통해 자신의 식사비 2만6천원을 캠프의 정치자금카드로 적법 지불했습니다. 나머지 '3인분 식사비(7만8천원)'가 법인카드 의혹 제보자 A모 씨에 의해 경기도 업무추진비 카드로 결제됐다는 사실에 대하여, 김 씨는 전혀 알지 못했고, 현장에서 A모 씨를 보지도 못했습니다.

이 사건은 물론 그동안 김 씨는 법인카드 사용을 지시한 적 없고, 법인카드의 부당사용사실도 알지 못했습니다.

언론이 입수해 보도한 제보자 A모 씨와 배 모 사무관의 '7만8천원 사건' 관련 대화녹음을 보면 김 씨나 수행책임자 모르게 경기도 법인카드가 사용되었음을 알 수 있습니다. 대화녹음에서 A씨는 배전 사무관에게 "(법인)카드 결제는 B 변호사(수행책임자) 보고 하라고 해요? 아니면 제가 받아서 제가 할까요?"라고 물으니 배 전 사무관이 "너가. B는 잘 몰라, 그거(법인카드로 계산하는 거)"라고 말합니다.

김 씨 측은 "이번 '7만8천원 사건'에서도 김 씨가 법인카드 사용여부를 몰랐다는 확실한 증거가 있는데 경찰이 소환조사까지 하는 것에 대하여 유감이다"고 밝혔습니다.

👍😠😢   7.1천명   댓글 814개 공유 551회

👍 좋아요   💬 댓글 달기   ↪ 공유하기

순인 걸 고려하면, 5개월 동안 대체 뭘 한 것인지 아쉽기만 하다.

이제 검찰의 시간

조사가 미진한 상태에서 경찰은 배소현을 상대로 구속영장을 신청했다. 법원은 이를 기각했다. '구속의 필요성과 상당성이 충분히 소명됐다고 보기 어렵다'는 게 그 이유였다.[64] 한 마디로 수사를 너무 못했다는 얘기. 결국 경찰은 8월 31일, 김혜경과 배소현을 업무상 배임 및 공직선거법 위반 혐의로 검찰에 불구속 송치하는데, 여기서 김혜경은 '공모공동정범'으로 적시됐다. "경찰은 법인카드 직접 사용자인 배 씨와 '윗선'으로 의심받아온 김 씨 사이에 범행에 대한 묵시적 모의가 있었다고 보고, 김 씨를 이 사건 공모공동정범으로 검찰에 넘겼다. 공모공동정범이란 2명 이상이 범죄를 공모한 뒤 그 공모자 중 일부만 실행에 나아간 경우 실행을 담당하지 않은 사람에게도 공동으로 범죄 책임이 있다는 법리다."[65]

경찰 수사가 미진한 대목은 검찰이 다시 수사하면 될 일이지만, 잃어버린 시간을 되돌릴 수는 없었다. 특히 공직선거법 위반은 공소시효가 9월 9일이기에, 열흘 안에 검찰이 수사를 마무리해 기소해야 했다. 이를 위해 검찰은 추석 연휴를 이틀 앞둔 9월 7일, 김혜경을 소환하지만, 민주당은 이게 정치보복이며, 왜 하필 명절을 앞두고 소환하느냐, 의도가 있는 게 아니냐고 목소리를 높였다. 시간이 부족한 탓에 김혜경까지 공직선거법 혐의로 기소하지 못했지만, 검찰은 배소현을 공직선거법상 허위사실 공표와 기부행위 금지 등의 혐의로 불구속 기소한다. "직제상 경기도청 총무과 소속이었지만 실제로는 김 씨 지시를 받아 그 가족의 식사 등의 제공, 모임 주선, 병원 방문 등 외부 활동에 필요한 차량 준비 등 다양한 사적 영역의 업무들을 관리·지원하는 역할을 담당했"으며, "비서실 소속 직원으로부터 받은 호르몬 약을 자신이 먹은 것이 아니라 김 씨에게 전달했다"는 것이다. 그러면서도 "이 후보 가족을 위해 사적 용무를 처리한 사실이 없다", "제가 복용할 목적으로 다른 사람이 처방받은 약을 구하려 한 것"이라고 해명했으니, 이는 공직선거법상 허위사실 공표라는 것이다.[66] 김혜경에 대한 기소는 아직 이루어지지 않았지만, 공소장에는 배 씨가 김 씨의 지시로 사적인 업무를 처리했다는 내용이 적시돼 있는 거로 보아, 김혜경의 기소는 시간문제일 듯싶다.

마지막으로 한 가지 더. 2021년 12월 28일 이재명은 페이스북에 "공무원(배 모 씨)을 배우자 수행비서로 채용한 사실이 없다. 아내 의전용으로 누구를 뽑았다는 것은 황당한 일"이라는 글을 썼다가 잽싸게 지운 바 있다. 하지만 수원지검은 여기에 대해 "배 씨는 다른 공무원의 힘을 빌려 김 씨 가사·개인 사무를 도왔다는 사실이 인정되고 이는 책임하에서 행해진 공적인 업무"라며 "배 씨는 임용 당시 김 씨 비서 업무를 수행했다고 봄이 상당하다"고 말했다. 이는 공직선거법상 허위사실 공표에 해당하지만, 공소시효 문제로 증거불충분 결정을 내릴 수밖에 없었다. 이게 아쉬울 분들이 계시겠지만, 너무 안타까워하지 말자. "그에게는 아직 대장동과 성남FC, 변호사비 대납, 백현동 개발이 남아 있습니다."

3장

대장동 개발사업
특혜 의혹
1

01
대장동을 이슈화시키다

조국 사태 이후 내가 몸담았던 진보 진영을 비판했다. 그 과정에서 마음을 다친 적은 있어도, 신변 위협을 걱정한 적은 없다. 하지만 이재명은 급이 달랐다. 2021년 9월, 대장동 비리를 이슈화시키며 이재명과의 싸움을 시작한 이래, 난 이따금씩 나와 내 가족의 생명과 안전을 걱정했다. 그는 내가 싸운 어느 누구보다 더 악에 가까운 분이었으니까. 예컨대 2022년 7월 28일, 이재명이 경기도지사 시절 공공기관 비상임이사로 임명했던 기무사 출신 김 모 씨가 경찰로부터 참고인 조사를 받은 뒤 극단적 선택을 했다. 후속 언론 보도에 따르면 그는 김혜경 법인카드 유용 당시 배소현에게 자기 개인카드를 빌려준 이. 그가 스스로 목숨을 끊은 걸 보면 뭔가 더 있지 않을까, 의심이 든다.

이재명과 연관된 이가 유명을 달리한 것은 대장동 핵심인 유한기와 김문기 그리고 '변호사비 대납 의혹' 제보자 이병철 씨에 이어 네 번째다. 엘리자베스 문이 쓴 《어둠의 속도》에는 이런 말이 나온다. "한 번은 사고, 두 번은 우연, 세 번은 적대적 행위라고 합니다. 그러니 당신을 겨냥했을 수밖에 없는 사건이 세 번 일어났다면, 누군가 당신을 쫓고 있다고 여길 때가 된 겁니다." 이 말대로라면 이재명 주변 사람들의 잇따른 죽음은 결코 우연이 아니다.

하지만 이재명은 성남시장 당시 성남도시개발공사 간부였던 김문기를 모르는 사람이라 했고, 이번 김 모 씨에 대해서도 다음과 같이 발뺌했다. "(나와) 아무 관계도 없는 사람이 검찰, 경찰의 강압 수사를 견디지 못하고 돌아가셨다. 그게 이재명과 무슨 상관이 있는가. 참 어처구니없다."[1] 이 정도 멘탈이면 진짜 어떤 일도 할 수 있지 않을까. 이런 생각을 나만 하는 건 아니었다. 대선을 앞둔 2022년 2월 말, 기생충 박사 서민 형이 공포에 질려 전화를 한 적이 있다. 이재명이 자기한테 직접 전화를 걸었다는 것이다.

나 받지 말지 그랬어.

서민 안 받았더니 문자를 보내더라고. 거기에 답을 하니까 바로 전화가 왔는데, 어떻게 안 받아.

나 뭐라고 그랬어?

서민 내가 자기편이 아닌 게 아쉽다고. 근데 난 이게 왜 협박으로 들리지?

　나중에 알고 보니 진중권 선생도 이재명한테 그런 전화를 받았다. "여러분 같은 분들을 우리 품을 떠나게 해서 미안하게 됐다"기에, "너무 늦었다"고 답했다나.[2] 진 선생은 이재명의 말을 액면 그대로 알아듣고 침착하게 대응했지만, 서민 형은 그게 협박이라 느껴 통화하는 내내 주눅이 들었고, 통화 후 두려움에 잠을 설쳤단다. 어느 쪽이 맞을까? 나는 민이 형의 손을 들어주겠다. 기자들한테 들은 얘기인데, 이재명은 기자들에게도 곧잘 전화한단다. 특별한 말을 하는 건 아니지만, 그런 전화를 받고 나면 비판 기사를 쓸 때 한번 망설이게 된다고 했다. 하기야, 국민이 다 보는 생방송 인터뷰 도중 "예의가 없어"라며 전화를 끊어버리는 이재명이라면, 남들이 안 볼 때는 더한 것도 할 수 있을 것이다. 조폭 출신의 측근 백종선으로 하여금 자기 형님과 그 가족들을 괴롭힌 일도 있지 않은가? 그렇게 본다면 이재명의 가장 큰 아킬레스건이라 할 대장동을 건드리는 건 위험한 일일 수도 있었다. 내가 아직 살아서 이 책을 쓰는 건 참으로 다행스러운 일이다.

2012년, 대장동 그 시작

2012년 4월 26일, 〈머니투데이〉가 「판교 턱밑 분당 대장동 개발사업, 7년 만에 볕들까」라는 제목의 기사를 쓴다. 참고로 〈머니투데이〉는 훗날 유명해지는 대장동 개발사업의 핵심 김만배가 있던 곳, 기사 내용은 다음과 같다.

"경기 성남시 분당구 대장동 91만㎡ 일대에 조성되는 도시개발사업이 민관합동으로 추진된다. 2005년 성남시와 대한주택공사(현 LH)는 고급 주택단지 조성을 추진했으나 투기 조성 우려 등으로 중단됐고 이후 LH에서 자체 진행을 검토하다 자금난을 겪어 포기하기도 했다. 지난해 성남시는 공공개발 방식을 통해 지구지정을 마쳤으나, 민간개발을 원하는 주민들의 반발로 갈등을 빚어왔다. 유동규 기획본부장은 '현재는 공공개발이 아닌 민관합동방식으로 진행한다는 큰 줄기만 정해진 상태'라며 '공공이 독자적으로 추진하는 것보다 사업 리스크를 줄일 수 있는 장점이 있다'고 말했다."³

이 기사에서 짚고 넘어갈 대목이 두 가지 있다. 첫째, 기사대로라면 민관합동개발을 제일 먼저 주장한 이는 유동규 기획본부장이었다. 원래 이재명 성남시장은 "반드시 공영개발을 통해 명품 새도시로 개발하겠다"고 밝힌 바 있다. 당시 공사의 주체였던 성남시설관리공단 역시 그렇게 알고 있었지만, 유동규는 성남시설관리공단 사장이 미국에 간 틈에 민관합동개발을 주장한다. 5월 21일 자 기사를 보면 유동규의 주장이 관철된 것을 알 수 있다. "4조 원대 개발사업으로 추정되는 경기도 성남시 분당구 '대장동 미니 새도시'가 애초 성남시 자체 공영개발 방식에서 민간자본이 참여하는 '민관결합개발' 형태로 가닥을 잡은 것으로 확인됐다."⁴ 당시 〈한겨레〉는 기사에서 유동규를 "이 시장의 측근으로 불리는 인사"라고 표현했다.⁵ 장영하 변호사가 공개한, 이재명의 형님 이재선 녹취록에 보면 다음과 같은 말도 나온다. "'내(가) 문자 보니까 (이재명 당시 성남시장이) 유동규 엄청 사랑합디다.' 훗날 이재명은 경기도지사가 된 뒤 유동규를 차관급인 경기관광공사 사장으로 임명하기도 한다. 물론 대장동이 사건화됐을 때 이재명이 유동규를 가리켜 "제 측근이라고 하는 건 지나친 것 같다"고 말하지만, 당시 성남시에서 둘 사이의 브로맨스를 의심하는 이는 없었을 듯하다. 측근이란 윗사람의 심기를 살펴거기 맞게 행동하는 이, 이 기준대로라면 유동규가 이재명의 말을 정면으로 거스르는 건 매우 이례적이다. 그래서 다음과 같은 추측을 할 수 있다. 유동규가 민관합동개발을 주장해 결국 관철시킨 건, 그게 원래 이재명의 뜻이었기 때문일 수도 있다고.

두 번째, 기사에선 LH가 공사에서 빠진 게 자금난 때문이라고 돼 있지만, 꼭 그런 것만은 아니다. '남판교 비버리힐스'로 불리는 대장동 개발을 맡을 경우 천문학적 이익이 보장돼 있기에, 민간업자들은 LH가 철수해 민간개발이 되길 바랐다. 실제로 2015년 구속기소된 신 모 씨는 당시 여당인 새누리당 국회의원 신영수의 보좌관으로, 그는 LH가 대장동 개발을 포기하도록 영향력을 행사해주겠다는 명목으로 민간 시행사 대표로부터 총 2억5천만 원을 받았다.[6] 훗날 대장동이 이슈화되자 이재명 측이 '대장동을 공공개발로 못한 건 신영수 때문이다'라고 주장했던 건 이 사건을 지칭한다. 물론 로비를 한 이는 신 모 씨만은 아니다. LH 본부장이던 윤 모 씨는 퇴직 후 한 달만인 2009년 11월부터 석 달간, LH가 대장동 사업을 포기하도록 로비해 주겠다며 시행사 대표에게 13억8천만 원을 받아 징역 3년형을 받았다.[7]

그리고 이 모 씨가 등장한다. 그는 2009년 대장프로젝트금융투자(대장PFV)를 만들고 11개 저축은행으로부터 1,805억 원의 대출을 받아 대장동의 민간개발을 추진한다. 부산저축은행그룹은 이 중 절반을 넘는 1,155억 원을 대출해 주고, 이 돈은 대장동 토지매입과 운영비 등 초기 사업비로 사용된다. 그런데 LH와 성남시가 공영개발 계획을 세우자 이 씨는 이를 되돌리기 위해 회삿돈을 횡령해 지역 정치인 등에게 수억 원대 뇌물을 건넸고, 결국 구속기소됐다.[8]

이런 로비가 주효했던 걸까. 결국 LH는 2010년 6월, 대장동 개발사업에서 빠진다. 이렇듯 대장동은 업자들이 보기에 천문학적 수익을 보장하는 아이템이었다. 자, 이렇듯 군침이 나오는 사업을 공영개발로 진행해서 발생하는 수익을 모조리 공공이익으로 환수당한다

김준일
2021년 9월 16일 · ◎

<이재명 '화천대유 의혹' 팩트체크>

오늘 저녁 7시 뉴스톱 유튜브에서 김경율 회계사를 모시고 최근 논란이 불거지고 있는 이재명 성남 시장 시절 남판교 대장동 개발 사업의 '화천대유 특혜 논란'에 대한 팩트체크를 하려고 합니다. 어디까지 사실이고, 어떤 의혹이 있고, 향후 쟁점이 무엇이지 정리하는 방송입니다.

김경율 회계사가 이 문제를 재점화시킨 당사자이고, 회계 전문가이기 때문에 많은 설명을 해주리라 생각합니다. 다른 방송들이 시간이 짧아서 단순 의혹중심으로 정리를 했다면 오늘 뉴스톱 방송에서는 이 사업의 시작부터 진행과정, 쟁점까지 다 짚을 예정입니다.

이재명 후보측에서 나오는 토론 방식이 아니기 때문에 제가 이재명측의 입장에서 질문을 던지고 답변을 받는 방식이 될 겁니다. 관심있는 분들은 많이 시청해주세요.

개인적으론 화천대유의 돈이 이재명 지사한테 흘러갔으리라 생각하지는 않습니다. 다만 과거부터 있었던 측근 챙기기 문제가 불거진 것으로 보입니다(문재인 정부에서 집값이 너무 뛰어 예상보다 이익이 몇배 나버리면서 타인의 주목을 받게 된 것 같습니다). 지금의 이재명은 대선후보가 되면서 그나마 낫지만 과거의 이재명에게는 양질의 사람이 없어서 측근 챙겨주기가 빈번했습니다. 이재명의 성남시장선거 캠프 선대본부장, 자금관리책 등이 상당수가 뇌물 받고 실형 산 것은 팩트입니다.

지금까지 나온 의혹도 의혹이지만 향후 누가 SK증권 펀드(천화동인)를 통해 3천억여원을 받아갔는지가 핵심이 될 것으로 보입니다. 수익을 땡긴 사람 중 정치권 인사가 있다면 게이트가 될 것이고, 이재명 측근이 있다면 이재명 지사의 공정성에 상당한 타격이 될 것으로 보입니다.

뉴스톱 채널
https://www.youtube.com/channel/UCGPZfEgdRwdiZ7BQiv53VJw

뉴스톱 팩트체크 NO.1 2시간 전
[김경율 회계사 출연]
오늘 저녁 7시 포크레인에서는
<이재명 경기도지사의 화천대유 특혜 의혹>에 대해 짚어보겠습니다.
대장동 개발사업 핵심 의혹 포크레인에서 정리해 보았습니다.
간략히 보기

👍   469명   댓글 88개 공유 74회

"김경율 회계사가 이 문제를 재점화시킨 당사자이고,
회계전문가이기 때문에 많은 설명을 해주리라 생각합니다"

고? 이재명을 조금만 아는 사람이라도 '에이, 이건 아니지'라고 할 것 같다. 그러니 이재명이 공공개발을 주장하고, 측근인 유동규가 '민관합동개발'로 뒤집은 건 둘 사이에 모종의 합의가 있었다고 보는 게 훨씬 합리적이다.

대장동은 윤석열 게이트?

황당한 얘기 하나만 언급하고 넘어가자. '대장동은 윤석열 게이트다.' 이재명이 대선 토론 때 한 말이다. 이걸 믿는다는 여론이 37%나 돼서 개탄했던 기억이 나는데, 상식적으로 봤을 때 이건 말이 안 된다. 대장동이 개발되던 때 대구와 대전을 떠돌며 검사로 재직했던 윤 대통령이 밤마다 성남에 와서 대장동 사업을 주관하기라도 했단 말인가? 그런데 이재명이 소시오패스일지언정 바보는 아닌 바, 아무런 근거도 없이 이런 주장을 했을 리는 없다. 그 근거는 바로 위에서 언급한, 부산저축은행 대출사건이다. 이 모 씨가 대출을 받는 데는 부산저축은행그룹의 친인척인 조우형의 도움이 결정적이었고, 조 씨는 그 대가로 대장PFV 측으로부터 10억3천만 원을 받는다. 법적으로 조 씨는 특정경제범죄가중처벌법상 알선수재 혐의가, 대주주 친인척에게 대출을 해준 경영진에게는 상호저축은행법 위반 혐의가 적용될 수 있었다.

2011년, 대검 중수부가 부산저축은행 수사에 들어간다. 이때 수사를 지휘한 검사는 중수2과장인 윤석열이었다. 어? 진짜 몸통 맞네? 이렇게 말하는 이재명 지지자들의 환호성이 들리는 듯한데, 알아둬야 할 것은 이게 조우형이 핵심적인 역할을 한 대장PFV 건이 아니라, 부산저축은행의 전반적인 경영부실에 관한 수사라는 점이다. 나무위키를 보자. "임원들이 120여 개나 되는 특수목적법인(SPC)을 설립하고 4조6천억 원의 불법 대출을 해줬다. 특수목적법인 사장에는 임원들의 친인척을 바지사장으로 앉혔고, 이들은 120여 개의 페이퍼컴퍼니에서 대량으로 월급을 타 먹었다." 이런 일이 있었는데 은행이 온전할 리가 없었다. 부산저축은행이 불안하다는 소문이 나자 예금주들이 달려와 자기 돈을 빼갔다. 전문용어로 '뱅크런'. 하지만 모든 이에게 현금을 내줄 여력은 없었기에, 은행은 결국 영업정지 처분을 받는다. 다시 나무위키의 한 대목을 인용한다. "정치인과 대주주, 지역에서 침 좀 뱉는다는 사람들은 영업정지 전날 대규모로 돈을 빼갔다는 사실이 폭로됐다." 그해 11월, 수사팀은 9조 원대의 금융 비리가 확인됐다는 최종 수사결과를 발표한다. 이 수사로 부산저축은행그룹 전·현직 임원과 정관계 인사 42명이 구속기소되는 등 총 76명이 재판에 넘겨졌다.

　　이 수사에서 조우형은 참고인으로 소환조사를 받는다. 부산저축은행그룹 김양 부회장(진짜 이름이 김양이다!)이 청와대 홍보수석 김두우에게 금품을 전달하는 과정에 관여했다는 혐의 때문이었다. 소환이 걱정됐던 조 씨는 김만배에게 연락해 자문을 구했고, 김만배는 대검 중수부 수사팀과 인연이 있는 박영수 변호사를 소개해 준다. 2016년 말 박근혜 대통령 국정농단 특검을 맡았던 바로 그 박영수 말이다. 이재명이 주장하는 '윤석열 몸통설'은 2021년 9월 25일 〈뉴스타파〉가 만든, 김만배와 〈뉴스타파〉 전문위원 신학림 간의 녹취록에 기인한다. 여기서 김만배는 이렇게 말한다. "내가 조우형을 박 변호사에게 소개해줬다. 박영수가 (조 씨 사건) 진단을 하더니 나한테 '야, 그놈 보고, 대검에서 부르면 가서 커피 한 잔 마시고 오라고 그래'(라고 했다). 그래서 나도 (조 씨한테) '야, 형님(박영수)이 그랬는데 커피 한 잔 마시고 오란다' 그러니까 진짜로 (조 씨가 검찰에) 갔더니 윤석열이가 '니가 조우형이야?' 이러면서… 커피 한 잔 주면서 몇 가지 (질문)하더니 보내주더래. 그래서 사건이 없어졌어."[9]

진짜 몸통 속으로

그 이후 조우형과 김만배, 박영수는 친분을 유지했고, 김만배는 2014년 대장동 사업에 직접 뛰어들어 천화동인 중 한 명이 된다. 그리고 박영수의 딸은 5년 가까이 화천대유에 근무하며 성과급 5억 원과 대여금 형식으로 11억 원을 지급받았다. 또한 2018년 화천대유로부터 아파트를 분양받아 8~9억 원 가량의 시세 차익을 남겼고, 여기에 성과급으로 받은 5억 원을 합치면 박영수의 딸이 얻은 이익은 총 25억 원에 달한다. 이건 나중에 밝혀진 일이고, 여기선 다시 2015년으로 되돌아가 보자. 이 모 씨에게 넘어간 부산저축은행 대출금 중 30%는 결국 회수되지 못했다. 이 모 씨 등 대장동 개발 민간업자 세력은 대장동 땅에 대한 소유권을 주장하며 2015년 만들어진 '성남의뜰' 컨소시엄에 합류한다. 그래서 이재명은 이렇게 말한다. '그 당시 조우형 등을 제대로 수사하지 않아서 그 돈이 대장동 개발에 쓰였다. 윤석열이 바로 몸통이다!'

하지만 앞에서 말한 것처럼 2011년 중수부의 수사는 대장PFV를 대상으로 한 게 아니라, 불법 대출 전반에 관한 것이었다. 문제 되는 대출은 임직원 친척이 바지사장으로 간 페이퍼컴퍼니들, 이에 비하면 이 모 씨의 대장PFV는 땅이라도 산, 실체가 있는 대출이었다. 그러니 이걸 가지고 '왜 대장PFV는 수사에서 제외했냐?'라고 따지는 건 지나치다. 대장PFV가 문제가 된 건 2014년 7월, 부산저축은행 등에서 받은 대출금 일부를 상환하지 못하자 예금보험공사가 이들을 검찰에 수사 의뢰한 이후였다. 결국 조우형은 알선수재 혐의가 적발돼 구속기소됐고, 2년 6월의 실형이 확정된다. 윤석열 측도 이렇게 해명한다. "윤석열 중수2과장은 부산저축은행 대출비리, 금감원 등 로비 의혹 부분을 맡았고, 개별 법인 수사는 담당하지 않았다. 당시 총 76명을 기소하여 주범인 박 모 회장은 징역 12년의 중형이 선고되는 등 성역 없이 수사했다. 박 모 회장에게 중형을 구형하면서 인

척을 봐줄 이유가 없다."¹⁰

그럼 윤석열 검사가 박영수의 청탁을 받고 조우형을 커피만 주고 돌려보낸 것은 맞을까? 여기에 대해서는 2021년 11월 24일, 조우형이 서울중앙지검 대장동 전담수사팀에 소환됐을 때 작성된 진술조서를 보면 된다.

검사 2011년경 부산저축 은행과 관련해 검찰 조사를 받은 적이 있느냐?

조 씨 네. 2011년 4~5월경 대검 중수부에서 3번 정도 출석해 조사를 받았습니다.

검사 당시 대검 중수부에 출석할 때 진술인이 만난 검사는 박○○ 검사뿐이냐?

조 씨 네 그렇습니다.

검사 당시 대검 중수부에서 윤석열 중수과장을 만나거나 조사받은 적이 있느냐?

조 씨 아니요. 없습니다. 저는 윤석열 검사를 만난 적이 없습니다.

검사 검찰 조사를 받은 뒤 남욱에게 그 사실을 이야기한 적이 있느냐?

조 씨 그건 잘 기억나지 않습니다.

검사 남욱에게 윤석열 중수과장이 커피를 타주고 친절하게 조사를 해줬다는 취지로 말한 적이 있느냐?

조 씨 아니요. 없습니다. 저에 대한 조사가 완전히 끝난 후 한두 달 지나서 박○○ 검사님이 저에게 사건과 관련된 일은 아니고 간단히 물어볼 게 있으니 커피 한잔 마시러 오라고 해서 제가 혼자 대검 중수부에 잠시 들린 적이 있습니다. 그리고 대검 중수부 조사실에서 박○○ 검사님이 저에게 커피 한 잔을 주면서 부산저축은행 관계자들의 가족관계 등을 물어봤는데 그에 대한 답변을 하고 귀가했던 적이 있습니다. 그리 시간도 얼마 걸리지 않았습니다. 커피라는 단어를 들으니 갑자기 위 기억이 났습니다.[11]

윤석열 몸통설의 허구는 녹취록에서도 드러난다. 〈뉴스타파〉의 녹취록은 2021년 9월 25일 만들어졌다. 그때는 이미 대장동이 이슈로 떠올랐던 시기, 게다가 〈뉴스타파〉는 윤석열 총장 시절부터 한결같이 '윤까' 스탠스를 취했고, 녹취록의 당사자 중 한 명이 〈뉴스타파〉 전문위원인 신학림이다. 그러니 이 녹취록이 '윤석열에게 혐의를 뒤집어씌우기 위해 만들어진 게 아니냐'는 의혹이 제기될 수 있지 않을까.

마지막으로 이 말만 하자. 〈뉴스타파〉는 자신들이 만든 이 녹취록을 계속 가지고 있다가 대선을 사흘 앞둔 3월 6일 밤 기사화했고, 이는 여러 인터넷 커뮤니티에 순식간에 퍼졌다. 대형 커뮤니티 중 하나인 엠팍(엠엘비파크)에선 이 기사를 다룬 글이, 새벽에 올라왔음에도 불구하고, 4만이 넘는 이례적인 추천수를 기록했다. 수상함을 느낀 유저들의 신고 결과 이는 프로그램에 의한 추천수 조작으로 밝혀졌고, 관리자는 이 사건을 경찰에 수사 의뢰했다. 〈뉴스타파〉가 5개월 가까이 녹취록을 공개 안 한 이유는 무엇일까? 결정적인 순간에 터뜨리자는 의도도 있었겠지만, 또 다른 의견도 있다. 녹취록 곳곳에 허점이 너무 많아 좀 더 일찍 내보냈다간 조작이라고 역풍을 맞을 수도 있기에, 대선이 임박한 시기에 공개함으로써 검증을 어렵게 했다는 설이다. 그럼 이제부터 대장동의 진짜 몸통 속으로 들어가 보자.

02
대장동 사업의 서막

2012년 8월 1일, 성남시는 '대장동+1공단 결합개발' 계획을 발표한다. 대장동에 5,993가구 규모의 환경친화적인 주거단지를 조성하고, 여기서 나온 개발이익으로 수정구 신흥동 1공단을 공원으로 조성한다는 내용이다.[12] 이를 위해 성남시는 성남도시개발공사(성남도개공)를 만들려고 했다. 표면적인 이유는 기존의 성남시설관리공단 체계로는 독자적인 개발사업을 시행하는 게 한계가 있지만, 공단 기능의 업그레이드 버전인 공사를 설립하면 사업도 수월한데다 이를 통해 얻은 이익을 지역에 환원시킴으로써 지역경제 활성화도 가져올 수 있다는 것. 하지만 성남도개공 설립의 진짜 이유는 따로 있었다. 도개공을 통해 민관합동 방식의 개발을 하는 것, 이 경우 성남시는 땅을 싸게 확보할 수 있고, 공공기관이 참여한 사업이기에 참여한 민간기업은 분양가상한제를 적용받지 않아 민간기업이 개발이익을 상한 없이 취득할 수 있었기 때문이었다. 또한 도시개발사업에서 가장 시간이 많이 걸리는 게 토지수용인데, 도개공을 설립함으로써 이 기간을 단축할 수 있었다. 최춘식 국민의힘 의원이 입수한 '대장동 개발사업 타당성 검토 용역 보고서'에 따르면, "(재개발 대상) 토지의 50% 이상을 성남시가 직접 출자해 참여할 경우 토지를 강제수용할 수 있다"며 "성남도공이 PFV(성남의뜰) 전체 지분의 절반 이상으로 참여해야 한다"는 내용이 담겨 있다.[13]

이런 내막을 알 리 없던 주민들은 공사 설립을 지지했는데, 당시 여론조사에 따르면 69.2%의 주민이 공사 설립에 찬성했고, 반대는 30.8%에 불과했다.[14] 문제는 시의회였다. 당시 시의회는 전체 의원 34명 중 새누리당(현 국민의힘)이 19명, 민주당이 15명으로 새누리당이 다수당이었는데, 새누리당이 도개공 설립을 반대한 것이다. 부동산 경기가 좋지 않아 사업성이 떨어지고, 재정여건이 악화될 수 있다는 걸 이유로 들었지만, 이는 설득력이 약하다. 대장동은 판교와 붙어 있어 교통을 비롯한 인프라가 좋고, 민간개발업자들도 군침을 흘리는, 성남의 마지막 남은 노른자위 땅이지 않은가. 진짜 이유는 성남도개공이 설립되면 시장과 그 측근들이 재개발 사업을 좌지우지할 것이므로, 민간이 주도하는 방식의 재개발을 원했기 때문이리라.

성남도시개발공사의 설립과 김용의 활약

성남도개공 설립은 계속 표류했다. 걸핏하면 새누리당 의원들이 의회에서 퇴장하는 바람에, 방청 온 시민들 80여 명이 출입구를 봉쇄해 억지로 표결을 하는 을씨년스러운 광경이 연출되기도 했다.[15] 그런데 2013년 2월 28일, 도개공 설립 조례안은 찬성 17표 (기권 1표)가 나오면서 극적으로 의회를 통과하는 일이 발생한다. 새누리당 의원 대다수가 퇴장한 가운데, 2명의 새누리당 의원과 무소속 최윤길 의장이 표결에 참여한 결과였다. 이 과정에서 눈부신 활약을 보인 이가 바로 김용 민주당 시의원이었다. 매화마을 2단지 리모델링 추진위원장을 하다 이재명과 연을 맺고 성남시의회 의원이 된 그는 새누리당 의원들이 도개공 설립 조례안을 표결에 부치는 것을 반대하던 그때, 갑자기 "조례 통과를 무기명 투표에 부치자"고 주장했다. 새누리당 의원들이 당론을 거슬러 투표할 수 있게 하기 위함이었는데, 문제는 조례 통과 등 의회 표결은 기명 투표가 원칙이었고, 시의회 의장도 2012년까지 새누리당 소속이었던 최윤길 의원이었다는 점이었다. 이론적으로는 김용의 주장이 받아들여지지 못할 상황, 하지만 놀라운 일이 벌어진다. 최윤길 의장이 "투표 방법에 대해서는 의장이 의사정리권으로 결정하겠다. 투표는 무기명 투표로 표결하겠다"고 한 것. 다른 새누리당 의원이 반대했지만, 김용은 "개인의 소신을 당론으로 구속해서는 안 된다"고 재차 거든다. 결국 이 사안은 표결

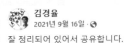

김경율
2021년 9월 16일 · 🌐

잘 정리되어 있어서 공유합니다.

LINK.NAVER.COM
김경율 "870만원 투자, 100억 배당...화천대유 누구 겁니까"
"위험은 왜 공공(公共)이 지고 수익은 민간이 가져갑니까?" 참여연대 출신 회계사인 김경율 경...

👍 338명 　　　　　　　　　　　　댓글 6개　공유 26회

👍 좋아요　　　　　💬 댓글 달기　　　　　↗ 공유하기

"대장동 화천대유 누구 겁니까"

에 부쳐졌고, 34명의 의원 중 19명이 무기명 투표에 찬성하면서 무기
명 투표안이 가결된다. 여기에 반발한 새누리당 의원들은 성남도개
공 설립 조례안 표결에 참석하지 않고 빠져나왔지만, 의원 중 2명은
자리에 남아 투표에 참여했고, 덕분에 조례안은 찬성 17명, 기권 1명
으로 통과된다.

　여기서 궁금한 것은 한때 새누리당 소속이었고, 줄곧 대장동 개
발을 반대했던 최윤길이 왜 갑자기 무기명 투표에 찬성했는가다. 계
기는 2012년 7월, 시의회 의장 선거였다. 최윤길은 당내 의장 후보 경
선에서 탈락했지만, 이에 불복하고 선거에 도전했다. 당시 새누리당
은 다른 사람(박권종 의원)을 의장 후보로 밀고 있었는데, 새누리당
이 다수당임을 감안하면 박 의원이 의장이 되는 건 당연해 보였다.
하지만 이변이 일어났다. 최윤길이 19표를 얻음으로써 14표를 얻은
박권종을 꺾고 의장에 당선된 것이다. 어떻게 이럴 수 있었을까. 민
주당 의원들이 최윤길을 압도적으로 지지했던 게 그 비결일 텐데, 이
과정에서 이재명의 복심인 김용이 모종의 역할을 했으리라는 추측
이 제기된다. 자리에 남아 조례안에 투표한 새누리당 A 의원의 행보
도 수상쩍다. 다른 한 명은 원래 대장동 개발에 찬성하던 이었으니
그러려니 하지만, A 의원은 민관합동 방식의 개발을 줄곧 반대해 왔
기 때문이었다. 그래서 세간에는, 물론 본인은 부인하지만, A 의원이
로비를 받았다는 주장이 퍼지기도 했다.[16]

　2013년 3월, 성남도개공은 우여곡절 끝에 닻을 올렸다. 성남시

설관리공단 기획본부장이던 유동규는 성남도개공이 성남시설관리공단의 인력을 흡수한다는 조례에 따라 성남도개공 기획본부장으로 자리를 옮긴다. 민관합동개발을 통해 대장동에서 천문학적 수익을 빼낼 기초가 마련된 셈. 그 와중에 새누리당이 곤란할 만한 사건이 터졌다. 새누리당의 반대로 성남시가 포기한 위례신도시 일부 지역에서 민간개발로 진행된 아파트 분양이 수백 대 일의 대박을 터뜨린 것이다. 이때 이재명은 SNS에 다음과 같은 게시물을 올린다. "아, 아깝다. 날아가 버린 2천억 원…새누리 의원님들 말 좀 해 보세요."[17] 이게 새누리당에게 부담이 된 것일까. 결국 성남시의회는 성남도개공 설립에 필요한 예산안을 통과시켜줌으로써 이를 둘러싼 마지막 절차에 종지부를 찍는다.

"전국에서 도시개발공사 설립 때마다 건전재정 운영과 투명한 인사 관철 등을 약속하지만 실상은 그렇지 않아 국민들 시선이 그리 곱지 않다. '재정 파탄', '인사 비리' 등 전철을 밟지 않도록 여야, 시 집행부, 시민단체, 시민 등 각계가 의기투합해 투명의 성을 쌓아가야 하지 않을까. 시민들은 건전한 재정운영과 명쾌한 인사 등을 통해 전국 지방공사의 모범 사례로 일궈 성남시가 우뚝 서기를 학수고대할 것이다…이재명 시장이 솔선수범해야 한다. 조직의 성패는 사람에 달렸다. 이제 새누리당의 박수를 이끌어내야 할 때다. 정실 배제 원칙 하에 소수 정예의 실력자로 진용을 짜야 할 것이다…"[18]

성남도개공 조례안이 통과된 뒤 〈경기신문〉에 실린 칼럼이다. 이재명이 이 말을 새겨들었다면 좋았을 테지만, 그는 그럴 마음이 전혀 없었다. 그가 성남도개공 설립 후 했던 일들이 이를 입증한다.

위례신도시, 대장동의 예행연습

대장동 개발 비리를 이해하고 싶은데 SPC, AMC 같은 용어에 지레 겁을 먹고 포기한 분들, 꽤 있을 것이다. 하지만 어느 분야나 전문용어 몇 개만 이해하면 그다음부터는 쉬우니, 잠깐만 설명을 들어보시라. (이게 귀찮으시면, 135쪽 위례신도시사업으로 넘어가셔도 됩니다.)

부동산 개발은 대개 시행사가 토지를 매입한 뒤 시공사와 금융기관에 의뢰해 사업을 진행한다. 그런데 A라는 회사가 시행사가 됐는데 사업이 잘 안 돼 손해를 보면 A회사 전체가 위험에 빠질 수 있으니, '이 프로젝트 하나만 담당한다'는 페이퍼컴퍼니를 만들어 시행사 역할을 맡김으로써 위험을 회피하고, 그곳에 투자한 이들끼리 수익도 나눌 수 있게 한다. 이걸 특수목적법인(SPC, Special Purpose Company)이라 부른다. 그런데 사업 기간과 규모가 엄청 크다면 SPC의 규모도 커야 '쟤들이 사업을 제대로 하겠구나'는 신뢰감을 가질 수 있지 않겠는가. 그래서 자본금도 50억 원 이상이고 그중 5% 이상이 금융기관 자본금이어야 한다는 조건을 요구하게 되는데, 이를 충족하는 회사를 프로젝트금융투자회사(PFV, Project Financing Vehicle)라 부른다. PFV의 좋은 점은, SPC로 사업을 하면 사업이익을 남겼을 때 법인세를 납부하고 주주에게 배당을 하지만, PFV는 이익의 90% 이상을 배당한 경우 법인세가 면제된다는 점이다. 하지만 PFV도 엄연히 SPC의 일종이라, PFV 대신 SPC라고 써도 그냥 그렇게 이해해 주시면 좋겠다. 마지막으로 자산관리회사를 보자. SPC나 PFV는 페이퍼컴퍼니이기에 직원을 둘 수 없다. 그래서 실질적인 사업추진 & 자산관리 업무를 수행할 회사가 필요한데, 그게 바로 자산관리회사(AMC, Asset Management Company)다. 대장동으로 유명해진 화천대유가 바로 자산관리회사다.

자, 이제 위례신도시사업으로 들어가 보자. 성남도개공이 만들어지자마자 이재명은 자신의 꿈을 펼친다. 첫 단계는 이전에 포기했던 위례신도시사업의 재추진이었다.[19] 새누리당 반대로 민간개발로 진행된 곳도 있지만, 원래 성남시가 하려던 A2-8블록은 개발이 안 된 채 남아 있었다. 새누리당은 안 한다고 했다가 다시 하는 건 무슨 경우냐며 반발했지만, 이재명의 강력한 의지를 꺾을 수는 없었다. 훗날 밝혀진 바에 따르면 위례신도시는 대장동에서 한탕을 하기 전에 시행한, 일종의 예행연습이었다. 위례와 대장동의 대략적인 사업 개요를 보면 이를 짐작할 수 있으리라.

1) 위례신도시는 대장동과 마찬가지로 민관합동으로 추진됐다.

2) 위례신도시를 위해 설립된, 총 자본금 50억 원 규모의 특수목적법인(SPC) '푸른위례프로젝트'(이하 푸른위례)가 토지대금과 사업비를 조달했다. 푸른위례는 호반건설이 세운 회사로, 호반건설은 이 사업의 시공사가 됐다; 대장동에서는 '성남의뜰'이 SPC였고, 시공사는 대우건설, 포스코, 현대건설, 진흥기업 등이다.

3) 푸른위례는 성남 수정구 창곡동에 있는 토지(A2-8블록)를 사

성남시 위례신도시 A2-8블록 사업의 배당 지분율

단위:%

출자자	출자 지분율	배당 지분율
성남도시개발공사	5.0	50
부국증권	19.4	0
미래에셋증권	2.5	0
위례자산관리	13.5	10
메리츠 위례투자특정금전신탁	14.9	10
아이비케이 위례투자특정금전신탁	14.9	10
유진 위례투자특정금전신탁	14.9	10
에스케이 위례투자특정금전신탁	14.9	10

자료: 금융감독원 전자공시, 이기인 의원실

들여 아파트(위례호반베르디움) 총 1,137가구를 건설·분양했다; 성남의뜰은 대장동 일대의 땅을 사들여 총 5,993가구를 건설·분양했다.

4) 푸른위례의 자산관리회사(AMC)는 '위례자산관리'라는 신생회사(지분 13.5%)가 맡았다; 성남의뜰은 화천대유를 AMC로 세웠는데, 지분은 1%였다.

마법의 손, 특정금전신탁

좀 귀찮더라도 꼭 알아야 할 단어가 있으니, 바로 '특정금전신탁'이다. 쉽게 말해, 돈 가진 이들이 증권회사더러 "이 SPC에 투자해 달라"고 돈을 맡기면, 증권회사가 투자자 이름을 숨긴 채 돈을 투자한 뒤 나중에 이익금을 투자자들에게 지급하는 시스템을 말한다. 위례신도시 SPC인 푸른위례에는 메리츠와 SK증권을 비롯한 증권사 4곳이 특정금전신탁 형태로 투자했는데, 이들의 이름은 위례투자 1, 2호와 위례파트너 3호, 에이치위례피엠으로, 각각의 출자 지분율은 14.9%, 배당 지분율은 각각 10%씩이었다.[20] 이는 훗날 대장동에서 큰 활약을 하는 천화동인 1~7호와 비슷한 개념인데, 대장동에도 나오는 남욱 변호사의 부인 정 모 씨가 위례투자 2호, 정영학 회계사의 부인 김 모 씨가 위례파트너 3호라는 걸 알면 고개가 끄덕여질 것이다. 대장동 개발이 비리의 온상이 된 것은 천화동인 7명이 모두 합쳐 4천억 원이 넘는 돈을 챙겼기 때문. 그런데 이는 바로 특정금전신탁이라는 마법의 손 덕분에 가능했다. 이해를 돕기 위해 대장동에서 특정금전신탁이 어떻게 이용됐는지 알아보자.

대장동 사업에서 배당이익 대부분은 외견상 화천대유와 SK증권에게 갔다. "화천대유? 뭐, 자산관리회사니까 그럴 수 있어. 근데 SK증권? 얘들은 여기서 뭘 했지? 그래도 SK니까, 뭐라도 했겠지." 하지만 실상은, 돈이 화천대유와 SK증권이 아니라 특정금전신탁 방식을 이용해 천화동인이라는 별도의 주주 7명에게 간 것이다. 다시 말해 SK증권이 실제 이익을 가져가는 주주 7명의 신원을 감춰주는 역할을 한 것. 이런 의문을 제기할 만하다. SK면 그래도 대기업인데, 대체 무슨 이득이 있어서 실제 수혜자들을 가려주는 역할을 한 것일까? 천화동인 1호부터 7호가 투자한 돈은 총 3억 원, 특정금전신탁의 수수료율은 보통 0.2%~2.8%다. 만일 이 금융상품이 대박이 나서 100%의 이익이 났다고 쳐도, SK가 가져가는 돈은, 최대 수수료율을 적용해 대략 3%라 치면, '3억 원 × 0.03=900만 원' 이게 전부다. 대기업인 SK가 900만 원을 벌자고 이 짓을 할 필요가 있을까. 없다. 그런데 이익이 100%가 아니라 이보다 훨씬 많다면? 예를 들어 원금의 1,000배가 넘는 4천억 원을 벌었다면, SK가 가져가는 돈은 '4천억 원 × 0.03=120억 원', 이건 해봄직한 일이 된다. 혹시 SK증권은 대장동 사업이 대박이 날 것을 미리 알았기에, 특정금전신탁을 통해 실제 수혜자를 가려주는 역할을 수행한 건 아닐까?

이와 비슷한 일이 위례신도시에서도 벌어졌다. 이 사업에서 발생한 배당 수익 306억 원 중 절반인 155억 원이 특정금전신탁을 통해 민간으로 흘러 들어간 것이다. 이 중 정 씨와 김 씨 몫으로 책정된 배당금이 얼마인지는 드러나지 않았으나, 대장동 사례를 통해 추정해보면 적지 않을 것으로 예상된다.[21]

하지만 이런 수익 분배는 이재명 입장에선 '실패'였다. 겨우 155억 원의 배당 수익을 얻기엔, 이재명의 그릇이 너무 컸다. 이재명은 이를 시공사인 호반건설이 특수목적법인(SPC)인 푸른위례를 설립하는 등 개발사업 전반에 걸쳐 영향력을 행사한 탓으로 봤고, 추후 대장동 개발을 할 때는 컨소시엄 구성 단계에서 건설사를 아예 배제해 버린다. 그는 "건설회사가 사업시행자인 PFV(성남의뜰)에 지분 참여를 하게 되면 사업시행자와 시공사 사이에 이해 상충 문제가 발생할 수 있어 배제된 것"이라고 밝혔지만, 실상은 민간업자가 더 쉽게, 더 많은 돈을 가져가게 하기 위함이었다. 예행연습의 열매는 달았다. 대장동 개발 결과 자본금 50억 원 중 25억 원(50%)을 출자한 성남도개공은 1,822억 원을 배당받았지만, 1%의 지분을 보유한 화천대유는 557억 원, 6% 지분을 가진 천화동인이 3,463억 원의 배당금을 챙기는 기적을 연출하니 말이다.[22] 여기엔 뒤에서 설명할 초과이익 환수조항의 삭제도 영향을 미쳤지만, 그것 역시 컨소시엄에서 건설사를 배제하는 작업이 없었다면 가능하지 못했을 테니, 이재명 팀은 1단계 작업을 성공적으로 수행했다고 할 수 있다.

대장동 사업의 시작

2014년 1월, 성남도시개발공사(성남도개공)가 공식 출범했다. 초대 사장인 황무성은 대장동 사업을 위해 유한기가 초빙한 인물로, 현대건설과 GS건설 부사장 등등 건설업계에서 풍부한 관록을 지닌 이였다. 그는 성남도개공이 출범하기 전인 2013년 9월부터 실질적으로 사장직을 수행하고 있었고, 임기는 3년이지만 그 뒤 1년씩 연장할 수 있다는 조건이었다. 하지만 그는 알지 못했다. 대장동 사업을 시작할 때쯤, 자신이 사장 자리에서 쫓겨난다는 사실을. 이 얘기는 나중에 하고, 그 해 치른 지방선거 이야기를 좀 하자. 2014년 6월 4일 거행된 지방선거에서 이재명은 55.1%를 얻어 새누리당 신영수를 꺾고 성남시장에 재선된다. 그에게 더 희소식은, 시의원 34명 중 민주당이 18명으로 다수당을 차지한 일이었다. 그동안 다수당이었던 새누리당의 반대로 이재명이 토건 사업을 하는 데 지장이 많았지만, 이제 그 장벽이 사라진 것이다.[23] 이재명의 꿈은 이제 날개를 달았다.

- 2015년 2월 2일, 성남시는 '대장동 제1공단 결합도시개발사업 신규 투자 동의안'과 '특수목적법인(SPC) 출자 동의안'을 시의회에 제출했다. 이 동의안이 통과되면 민간사업자 공모를 통해 3월 우선협상대상자를 선정하고, 4월에 사전협약체결 및 SPC 설립이 이어진다.

공사는 2016년 시작돼 2020년에 마무리하며, 사업비는 총 1조 1,333억 원이다.[24]

 – 2015년 3월 30일, 성남도개공은 신청서를 제출한 3개 컨소시엄 중 우선협상대상자로 '성남의뜰 컨소시엄'을 선정했다. 성남의뜰 컨소시엄에는 하나은행 등 금융기관 6개 사가 참여했다. 사업은 특수목적법인(SPC) 설립을 통한 민관합동방식으로 진행되며, 공사가 SPC에 50% 초과 지분을 현금 출자해 공동출자자로 참여하게 된다.[25]

2015년 6월 16일, 성남시는 '대장동·제1공단 결합 도시개발구역 개발계획'을 고시했다. 이는 거리가 떨어진 두 지역을 묶어 개발하는 전국 최초의 사업이다. 대장지구는 91만3천㎡ 부지에 수용인구 1만 6천 명 규모의 아파트와 단독주택이 들어선다. 대장천을 끼고 공원, 녹지, 도로, 주차장, 초·중학교 등의 기반시설을 갖추도록 하는 친환경 주거단지로 계획됐다. 대장동과 직선거리로 10㎞ 떨어진 수정구 신흥동 1공단 부지는 결합개발을 통해 근린공원 등으로 조성된다. 하지만 원래 하려던 결합개발은 계획이 바뀌어 별개의 사업으로 진행하게 됐다. 원래 신흥동 1공단 터를 개발하겠다고 나선 업체가 있었는데, 이를 취소하려는 성남시와 업체 간의 소송전이 벌어진 게 그 이유였다.[26]

내친김에 대장동의 위치를 그림으로 보자. 이걸 보면 대장동이 왜 남판교로 불리는지 알 수 있다. 다만 교통이 좀 불편해 용인~서울 간 고속도로 서판교 나들목(IC)을 통하거나 우회도로를 이용해야 하지만, 이를 해소하는 차원에서 대장지구와 판교 중심지를 직접 연결하는 '서판교 터널'을 만들 계획이라, 대장지구는 서판교 생활권에 포함되게 된다.[27] 판교 대장지구는 2021년 5월, 판교 더샵 포레스

성남시 대장동과 판교 신도시

트(11단지, 12단지), 판교 퍼스트힐 푸르지오(A1블록, A2블록)부터 입주가 시작됐으며, 서판교 터널은 2021년 5월 31일 0시를 기해 임시개통됐다.

황무성 사장을 잘라라

아주 오래된 영화라 젊은 분들은 모를 수 있겠지만, 〈다이하드 2〉라는 영화가 있다. 테러리스트들이 자신들의 보스를 구하기 위해 공항을 점거하고, 일당백의 경찰 존 맥클레인(브루스 윌리스)이 거의 혼자서 이들을 일망타진한다는 시나리오다. 거기서 인상적인 장면이 하나 나온다. 정부에서 테러범을 물리치기 위해 특공대를 보내는데, 그 특공대원 중에는 온 지 얼마 안 되는 이가 하나 있었다. 특공대는 출동하자마자 그 신참을 죽인다. 왜? 알고 보니 해당 특공대는 테러범과 한패였기에, 이번에 출동한 김에 테러범과 손잡고 보스를 구할 계획이었다. 그런데 이 계획을 모르는 신참이 있다면, 미리 제거하는 게 낫지 않겠는가. 대장동에서도 비슷한 일이 벌어진다. 성남시가 대장동 개발을 위한 SPC에 돈을 낸다는 동의안을 시의회에 제출한 것은 2015년 2월이니, 대장동 사업은 이때부터 본격적으로 시작됐다고 할 수 있다. 이재명의 목표가 이 사업을 통해 최대한 많은 돈을 '땡기는' 것이라면, 여기에 걸림돌이 되는 이를 미리 제거할 필요가 있다. 그 인물이 바로 대장동 개발을 위해 영입된 황무성 사장이었다.

"대형건설사를 컨소시엄에 넣으라고 계속 (얘기)했는데 (당시) 이재명 성남시장은 '빼라'고 했다. 이 시장과 반대 의견을 내니 제가 걸리적거리잖나."[28]

2022년 4월 1일, 황무성 전 성남도시개발공사 사장은 대장동 개발사업 특혜 및 로비 의혹 사건 재판에 증인으로 출석해 "(2015년 2월 6일 유한기 전 성남도시개발공사 개발사업본부장이) '시장님 지시로 다 이야기됐다'며 사직서 내라고 세 번 찾아와서 서명했다"고 말했다. 황무성은 이게 나중에 문제 될 수 있다고 여겨 대화를 몰래 녹취했는데, 유한기와의 대화가 담긴 이 녹취록에는 성남시장이 7번, 정진상 전 성남시 정책실장이 8번, 유동규 성남도개공 본부장이 12번 언급된다. 녹취록의 한 대목만 여기 옮긴다.[29]

유한기 저도 답답해서 여기 나온 겁니다. 이런 추한 모습으로 보이지 말자고.
황무성 어떤 게 추한 모습인데.
유한기 이미 다 결론 난 것을 왜 그리 연연하시는지 그게 그런 모습이 저는.

황무성 알았어. 내가 알아서 할 테니까.

유한기 아니 어떻게 알아서 어떻게 됩니까 그건.

황무성 아니 내가 내 발로 나가면 될 거 아니야 그냥. 뭘 달라는 거야. 그거 웃기잖아, 그걸 달라는 게.

유한기 이미 사장님 오실 때도 썼지 않습니까. 근데 그걸 왜 못 씁니까.

(……)

유한기 제가 한 것 제가 마무리 져야죠. 제가 시작했으니까

황무성 뭐를 마무리를 져.

유한기 제가 모시고 왔으니까 끝까지.

황무성 아 당신한테 떠다미는 거야?

유한기 그러고 있어요. 그러니까 양쪽 다.

황무성 그래? 정 실장도 그러고 유동규도 그러고?

유한기 예.

황무성 당신보고 책임지라고?

유한기 내가 모셔왔으니까.

황무성 알았어. 그래 알았어. 내주에 내가 해줄게.

유한기 아닙니다. 오늘 아니면, 오늘 해야 됩니다. 오늘 아니면 사장님이나 저나 다 박살 납니다. 아주 꼴이 꼴이 아닙니다.

황무성 알았어. 이따 보자. 이따가. 나 화장실 좀 갔다가.

유한기 오늘 해야 됩니다. 오늘 때를 놓치면.

왜 그만두는 거지?

황무성도 자신의 운명을 어렴풋이 짐작하고 있었던 것 같다. 대장동 개발을 앞둔 2015년 1월, 성남도개공의 핵심 인력들이 이재명 성남시장과 함께 호주와 뉴질랜드로 출장을 갔는데, 여기서 사장인 자신이 배제됐으니 말이다. 일행이 출장에서 돌아오고 난 직후 유한기는 황무성을 찾아와 사표를 종용한다. 그 뒤 성남도개공 본부장이었던 유동규가 사장 직무대리가 돼 대장동 사업의 핵심 부문을 설계했으니, 황무성의 제거는 그들에게 꼭 필요한 부분이었다.

황무성의 직감대로 대장동 사건은 2021년 가을부터 큰 이슈가 됐는데, 그가 자신의 녹취록을 공개한 것은 2021년 10월 25일이었다. 이날은 이재명이 대선에 나가기 위해 경기도지사를 그만둔다고 발표하는 날. 이재명은 이 녹취록에 대한 질문에 다음과 같이 답한다. "(황 사장의) 중도사퇴를 종용했다는 건 전혀 사실이 아니다. 황 전 사장이 그만둘 때 퇴임 인사를 하러 왔는데, 저는 그때 '왜 그만두는 거지?'(라고) 생각했다. 잘 안 맞아서 그랬던 건지 아쉬워했던 기억이 있다."[30] 회사 알바가 그만둔다 해도 왜 그만두냐고 묻는 게 인지상정인데, 이재명은 자신의 야심작 대장동 사업을 위해 영입한 사람이 사업 시작을 앞두고 그만둔다는데도 '왜 그만두는 거지?'라고 생각했을 뿐, 이유를 묻지 않았다. 이것만 보면 굉장히 쿨한 분 같지만, 그 뒤 언행을 보면 쿨함과는 거리가 멀다. 사퇴를 종용한 당사자인 유한기가 '황무성이 당시 사기 사건으로 재판을 받고 있다는 걸 알았기에, 명예를 위해 그만두라 했다'고 말한 것이다.[31]

사기 사건이라니, 무슨 일일까? 황무성은 우즈베키스탄에서 이루어진 사업 수주 명목으로 모 건설사 사장에게 3억5천만 원을 가로챈 혐의를 받았다. 황무성의 설명은 이렇다. 지인에게 투자자를 소개해줬는데, 지인으로부터 돈을 돌려받지 못한 투자자가 황무성을 고소했다는 것. 2017년 대법원에서 징역 6개월에 집행유예 2년형이 선고된 걸 보면, 약간 문제는 있었던 것 같다. 그런데 유한기가 이 사실을 미리 알고 사퇴하라고 한 건 맞을까? 황무성은 전혀 그렇지 않다고 말한다. "사직서는 2015년 2월에 제출했고, 1심은 2016년 8월 24일에 이뤄졌⋯사기 혐의로 재판을 받았다는 사실은 집사람도 몰랐는데, 유한기가 어떻게 알았겠느냐. 유한기도 언론 보도를 보고 처음 알았던 것이다.", "유한기가 내 재판을 진작 알고 있었다면 지난 25일에 녹취록이 공개되자마자 얘기했어야 했다. 그런데 언론이 털어서 재판기록이 나오니까 그제야 그 핑계를 대고 입장을 발표한 것"이다.[32] 하지만 건수를 잡은 이재명은 이걸 물고 늘어졌다. 그의 말을 들어보자. "(황무성은) 이상한 사기죄로 재판받으며 그만둔 사람이다. 그런데 검찰이 그 사람 이야기로 도배하고, 이상한 이야기를 침소봉대한다."[33]

녹취록이 터지자 보수 측 고발전문단체인 사준모(사법시험준비생모임)는 이재명과 유동규, 유한기, 그리고 정진상을 직권남용 혐의로 고발하지만, 그해 12월 유한기가 극단적 선택을 하는 바람에 수사는 난항에 부딪혔고, 결국 검찰은 이재명 등을 모두 무혐의 처분하며 사건을 종결짓는다. 여기에 대해 황무성은 이렇게 말한다. "자기들이 다 그만두라고 한 건데 녹취록 말고 뭐가 더 필요하냐? 녹취록이 40분 동안 계속되면서 싸움하듯이 (얘기)했는데 그게 증거가 아니면 뭐냐?"[34] 황무성의 사퇴는 대장동의 마지막 걸림돌이 제거됨을 뜻했다. 이제 남은 일은 계획대로 사업을 진행하고 그 이익금을 나눠 먹는 것뿐.

4장

대장동 개발사업
특혜 의혹
2

01
유동규와 이재명의 콜라보

"유동규가 뭐 하던 사람이냐? 한양대 음대 나와서 건축사무소 '삐끼' 하다가 분당에 세 개 있는 리모델링하다가 왔다. 이재명이 옆에는 전부 이런 사람만 있어요. 협박하고… 동생이 유동규를 끔찍이 사랑합디다."(이재명의 형 故 이재선이 김혜경에게 통화 중 했던 말)[1]

성남도시개발공사(성남도개공) 초대 사장인 황무성이 그만둔 건 2015년 2월이다. 2대 사장은 성남시에서 도시주택국장 등을 역임한 황호양인데, 그가 취임한 것은 그해 7월, 그때까지 5개월간 성남도개공을 이끈 이는 유동규 본부장이었다. 그가 사장 직무대리가 된 뒤 성남의뜰이 대장동 사업의 SPC로 선정됐다. 천화동인의 천문학적 수익을 가능하게 만든 '초과이익 환수조항 삭제'가 일어난 것도 이 시기였다. 초대 사장인 황무성의 말을 다시 들어보자.

"황 전 사장은 '2015년 1월 26일 투자심의위원회, 같은 달 27일 이사회, 2월 4일 시의회 보고 등 세 번 모두 공사가 50%의 수익을 보장받는 조항이 있었다'며 '100만 성남시민과의 약속이었는데 어떻게 공모지침서의 내용을 제 마음대로 바꾸느냐'고 증언했다. 하지만 황 전 사장이 사직서에 서명하고 일주일 뒤인 2015년 2월 13일 공고된 공모지침서에는 공사의 이익이 사업 수익의 50%를 받는다는 조항이 삭제되고 지분에 따른 배당이 아닌 확정 이익을 받는 것으로 변경됐다"고 말했다.[2]

유동규의 등장

대장동 개발 얘기를 잠시 미루고, 그 핵심인물인 유동규에 대해 알아보기로 하자. 유동규가 이재명과 처음 인연을 맺은 것은 2010년, 당시 그는 분당구 정자2동 아파트단지 리모델링 추진위원장을 맡고 있었다. 그 해 열린 지방선거에서 유동규는 성남시장에 출마한 이재명을 지지한다고 선언했고, 선거를 열심히 도왔다. 한 분석에 따르면 보수 지지세가 강한 성남에서 정자2동은 이재명이 이긴 몇 안 되는 선거구였다.[3] 시장에 당선된 뒤 이재명은 유동규에게 인수위원회 도시건설분과 간사 자리를 맡겼고, 인수위가 종료된 뒤에는 성남도개공의 전신인 성남시설관리공단의 기획본부장으로 임명했다. 그 이전까지 이렇다 할 경력이 없었던 유동규가 일약 공공기관 간부가 된 셈이다. 코미디 같은 일은 2014년 벌어졌다. 이재명이 성남시장 재선에 도전한 그해, 유동규는 공무원을 그만두고 선거를 도운 것이다. 선거 이후 성남도개공 본부장으로 컴백한 유동규는 위에서 언급한 것처럼 대장동 설계가 이루어지던 그 시기, 사장 직무대리로 자신에게 부여된 미션을 수행한다. 유동규는 이재명이 경기도지사에 도전한 2018년, 다시 직장을 그만두고 선거캠프에 합류했다. 이재명 당선 이후 그는 경기주택도시공사 사장을 원했지만, 자격이 안돼 연봉 1억5천만 원, 차관급 대우를 받는 경기관광공사 사장이 된다.[4] 음대를 나온 것 말고는 문화예술 분야 경력이 전무한 그가 관광공사 사장이 되자 직원들의 반발이 있었지만, 경기도지사의 측근 중 측근인 데다, '장비'라 불릴 만큼 기골이 장대하고 폭력성까지 있는 그에게 누가 감히 돌을 던지겠는가? 〈월간조선〉 기사를 보자.

"남 변호사는 2014년 2월 말경 술자리에서 발생한 유 전 본부장의 폭행으로 인해 그와 연락을 끊은 상태였다. 당시 남 변호사는 유 전 본부장에게 몇 대인지 셀 수 없을 만큼의 따귀를 맞았다고 한다. 위례 신도시 개발사업과 관련, 심기가 불편해진 유 전 본부장은 남 변호사를 폭행했다. 그 자리에 동석했던 정영학 회계사도 맞았다고 한다."[5]

김경율
2021년 9월 27일 · 🌐

얼마 전 유동규 씨가 성남도시개발 공사 직원들의 증언을 부인하는 인터뷰를 했죠.
재반박하는 직원들의 발언입니다.
항상 유니콘과 같은 전설속 인물들의 발언은 새겨 들으셔야 합니다.
#입만_벌리면_ㄱㅈㅁ

JOONGANG.CO.KR
"대장동, 유동규가 독재...민간특혜 지적하자 자리 빼더라"
관계자 2명은 유 전 본부장의 해명을 반박했다.

👍 532명   댓글 7개 공유 29회

👍 좋아요   💬 댓글 달기   ↪ 공유하기

"입만 벌리면 ㄱㅈㅁ"

이재명 측근의 자격?

셀 수 없이 따귀를 때리다니, 나도 그에 관해 깐죽거리는 SNS 게시물을 여럿 쓰긴 했지만, 직접 만나면 "아이고 동규 형님!" 이러면서 머리를 조아릴 것 같다. 화가 나는 지점은 지난 십 년간 이렇게 충성을 다한 유동규를 이재명이 측근이 아니라고 한 대목이다. 2021년 9월 30일, TV조선이 주최한 민주당 경선토론에서 벌어진 공방을 보자. 이재명은 유동규가 자신의 측근이라는 박용진 후보의 질문에 발끈하며 "그 사람이 제 선거를 도와줬나 아니면 저의 사무실 집기 사는 것을 도왔나. 그런 것을 한 적이 없지 않으냐"고 했다. 하지만 우리가 짚어봤듯 유동규는 총 3번의 선거에서 이재명을 도왔던 사람. 갑자기 이 사실이 기억났는지 이재명은 "이분이 원래 리모델링하던 분인데 선거를 도와주셨고"라며 말을 뒤집었다. 선거를 도와주면 측근이라는 이재명식 정의에 따르면 유동규는 '빼박 측근'인 셈, 하지만 이재명은 여전히 측근설을 부인했다.[6]

> **박용진** (그 자리가) 원래 좀 측근들이 가는 자리 아니에요?
> **이재명** 정부 산하기관의 중간간부가 다 측근이면, 측근 미어터지겠죠.[7]

그는 유동규가 대장동 사업에 관여한 게 내부문건으로 확인됐다는 추미애의 질문에도 "측근이라고 하는 건 지나치다"고 답한다. 대장동 사건 주범으로 몰린 것도 억울한데, 몸 바쳐 충성을 바친 주군은 자신을 모른 척한다? 2021년 9월 29일 검찰이 유동규의 사무실에 압수수색을 갔을 당시 극단적 선택을 기도한 것은 이런 억울함의 발로일 수 있다. 물론 그가 진짜로 죽으려 한 것은 아닐 것이다. 이재명이 대통령만 된다면 자신이 지금 겪는 고통도 다 추억이 될 텐데 왜 죽겠는가? 아마도 그는 자살하는 시늉을 함으로써 자신의 억울한 심경을 이재명에게 전하려 했던 것 같다. 다행스럽게도 유동규의 메시지는 이재명에게 잘 전달이 된 모양이다. 2021년 10월 20일 열린 경기도청 국정감사에서 이재명은 다음과 같이 말한다. "제가 들은 바로는 유 전 본부장이 압수수색 당시에 자살한다고 약을 먹었다고 한다. 작년부터 이혼 문제 때문에 집안에 너무 문제가 있었다고 한다. 그래서 (유 전 본부장이) 침대에 드러누워 있었다는 보도가 나왔다. 둘러둘러 가며 들어보니깐 자살한다고 약을 먹었다고 한다."[8]

김은혜 당시 국민의힘 의원은 이 말에 깜짝 놀랐다. 유동규의 자살 기도는 어떤 언론매체에도 나오지 않았기 때문이었다. 그녀의 날카로운 추궁이 이어진다.

김은혜 유 전 본부장이 자살한다고 약 먹고 누워 있었다는 걸 어떻게 그렇게 잘 아시나요?

이재명 그분이 우리하고 전혀 인연 없는 분 아닌데, 제가 가까이 있는 사람과 아는 사이 아니겠어요?

김은혜 (자살 기도를) 누가 보고해주셨나요?

이재명 기억이 안 납니다.

김은혜 (유 전 본부장 압수수색이) 얼마 되지도 않았는데…유 전 본부장과는 다른 사람 폰으로도 통화한 적 없습니까?

이재명 없어요.

그러면서 이재명은 유동규의 자살 기도를 "한때 같이 일하던 사람, 신문 보고 알았다"고 말한다. 하지만 이 사실을 보도한 기사는 찾아볼 수 없었다. 혹시 유동규가 이재명에게 직접 '나 그렇게 막 대하면 죽어버릴 거예요'라고 알렸거나, '나 죽는다고 이재명한테 전해!'라고 다른 이에게 지시한 게 아닐까. 이재명이 곤란한 지경에 빠지면서까지 유동규의 자살에 관해 언급한 건, '네 억울함은 잘 알고 있다'는, 유동규에게 보내는 이재명의 메시지가 아니었을까.

유동규의 구속과 출소, 그리고 폭탄 발언

검찰의 압수수색 당시 유동규가 창밖으로 휴대폰을 던진 이유도 따져볼 필요가 있다. 사무실에 별 증거가 남아 있지 않은 것으로 보아 압수수색을 미리 알고 있었던 것 같은데, 검찰이 들이닥친 뒤에야 휴대폰을 던진 이유는 뭘까? 밖으로 던져봤자 검찰이 쉽게 찾을 것이고, 휴대폰이 깨져도 얼마든지 복원이 가능한 세상이지 않은가. 게다가 그가 던진 휴대폰은 불과 보름 전에 개통해, 증거라고 할 것도 없는 상태였다. 그래서 혹자는 다음과 같은 주장을 한다. '증거인멸과 도주'는 수사할 때 인신을 구속하는 가장 중요한 사유. 유동규는 휴대폰을 던짐으로써 구속되려 했다는 것이다. 유한기와 김문기 등 대장동 개발에 몸담은 이들이 연달아 극단적 선택을 한 걸 보면, 감방 안이 더 안전하다는 주장도 설득력이 있다.

결국, 2021년 10월 21일 유동규는 '특정경제범죄가중처벌법상 배임' 혐의로 기소되었다. 2015년 대장동 개발을 하면서 김만배, 남욱, 정영학 등과 공모해 다음과 같은 일을 했다는 것이다.

- 특정 민간업체(화천대유 등)에 유리하게 공모지침을 만듦
- 그 업체가 우선협상자로 선정되도록 불공정하게 배점을 조정
- 그 업체가 막대한 이익을 얻도록 분배구조를 조정함으로써 성남도개공에 손해를 끼침

형사소송법상 기소된 날로부터 피고인을 구속할 수 있는 기간은 1심에서 최대 6개월, 유동규가 구속된 것은 2021년 10월 21일이

니, 원래대로라면 올해 4월 20일엔 풀려나는 게 맞다. 하지만 유동규는 그로부터 6개월 뒤인 10월 20일 오전 0시 4분에야 출소한다. 구속 기간이 끝나기 전 검찰이 증거인멸교사 혐의로 추가 구속했기 때문이다.[9] 압수수색 직전 지인(사실혼 배우자)에게 전화해 자신이 맡긴 휴대폰을 버리라고 지시한 게 그 이유라는데, 추가 구속 기간도 6개월인지라 10월 20일에 출소한 것이다. 검찰은 유동규를 더 붙잡아두기 위해 '위례신도시 개발비리'로 그를 추가 기소했지만, 법원이 이를 기존 재판과 병합시키지 않는 바람에 풀려날 수밖에 없었다. 그런데 풀려난 후의 유동규는 과거와 전혀 다른 모습이었다. 〈한국일보〉와 가진 인터뷰에서 유동규가 한 말을 들어보자.[10]

- 지금까지 들어간 돈이 얼마라고 생각하면 되나.
= 들어간 돈? 예를 들어서 유흥주점에서 술을 한 100번 먹었는데 술값 한 번 낸 적이 없다. (김용 부원장이? 정진상 실장이?) 정진상. 그것만 해도 얼마일까. 내가 벌을 받을 건 벌을 받고. (형량) 깎아주는 거 원하지도 않는다. 내가 지은 죄만큼. 가족들한테 우리 아이들 오래 좀 맡아줘야 될 것 같다고 말했다. 내가 빠져나가려고 그런다고? 그렇게 안 된다. 그냥 같이 지은 죄는 같이 벌을 받고. 내가 안 한 거는 덮어쓰면 안 되고. 이재명 (대표) 명령으로 한 거는 이재명이가 써야 될 거고. 그렇지 않나. 이게 맞는 거 아닌가.

- 민주당에선 증언만 있고 증거는 없다고 한다. 검찰이 증거를 갖고 있는 건가.

= 다 확보했다.

- 민주당에선 당신을 지칭해 '핵심 주범'이라고 했다.

= 웃기다. 재밌다. 옛날에는 동지였는데. 그 사람들이 중심이 아니라 내가 중심이 돼 버렸다. 1년 동안 감옥 생활하면서 천장만 쳐다보고 2개월은 눈물을 흘렸고, 그러다가 책을 보고 성경도 읽고. 참 많은 책을 읽었다. 나중에 또 우울증이 오더라. 그래서 우울증약 먹고 버티고 그랬다. 그들은 나에게 뭐라고 했느냐. 내가 숨길 수 없는 '시작'이라고 생각하시면 된다.

- 시작이라는 게 무슨 의미인가.

= 작은 돌 하나 던지는데 저렇게 안달이다. 정말 큰 돌 날아가면 어떡하려고. 정치적인 거 따지지 않는다. 내가 한동안 그렇게 살았던 게 참 바보 같고 후회스럽다. 내 가족도 못 지켰다. 내 재산을 검찰이 다 뒤져보니까 3,000만 원 나오더라. 김용하고 정진상은 월급 300만 원인데 여의도로 이사 가고, 정진상은 빚도 하나 없이 아파트 얻었다고 한다. 그게 가능한가. 나는 월급을 1,000만 원씩 받았는데 남은 게 3,000만 원이고 빚은 7,000만 원이다. 감옥 안에서 '저승사자가 있으면 빨리 나타나라. 한 번 좀 보자'고 생각했다. 내가 두려운 게 있겠

느냐. 회유? 협박? 웃기는 소리 좀 하지 말라고 해라. 내가 밝힐 거다. 구역질이 난다.

  - 작년 대장동 수사 초기엔 지금과 입장이 달랐던 것 같은데.
  = 지켜주려고 그랬다. 그들이 처음에 나를 회유하고 했던 건. 감옥 안에 있는데 가짜 변호사 보내 가지고. 내가 검찰 가면 무슨 말하나. 동정이나 살피고.

  - 그래서 마음을 바꾼 건가.
  = 내가 쓸데없는 걸 지키려고 내 가족을 포기했다는 생각이 들었다. 그리고 한 만큼 벌을 받는 건 누구나 다 공정이라고 말하지 않았나. 벌을 받아야지. 근데 왜 그걸 가지고 안 받으려고 피하려고. 10원 하나 받은 게 없다? 초밥이 10원은 넘을 거다. 그걸 몰랐다고? 그것만 몰랐을까? 10원 한 장 받은 거 없다? 내가 검찰에서 다 이야기할 거다.

  - (김용 부원장이나 정진상 실장 등에게 돈이 건너가는 걸) 이재명 대표가 알았다는 말인가.
  = 모르는 게 있겠느냐. 정진상이 몰랐겠느냐. 나하고 술을 100번, 1,000번 마셨는데. 손바닥으로 하늘은 가릴 수 있어도 숨길 수 없는 게 행적이다. 눈앞에 찍힌 발자국을 어떻게 숨기나. 힘으로 누

르겠다? 눌러보라고 해라.

유동규의 폭탄 발언에 당황한 민주당은 그가 석방을 전제로 검찰의 회유에 넘어갔다고 주장한다. 하지만 위에서 말한 것처럼 그건 아닌 것 같다. 유동규는 법적으로 정해진 구속 기간을 다 채웠고, 검찰은 그를 더 붙잡아두려 나름 애썼으니 말이다. 국정감사에서 김의겸 민주당 의원은 유동규의 변호사가 접견을 시도했다가 거부당했다며, 이것이야말로 유동규가 회유당한 증거라고 말했다. 하지만 검찰은 (외부에서) 변호인을 통해 유동규를 회유하려 했으며, 유동규 본인의 의사에 따라 접견을 거부한 것이라 반박했다. 그 후 행보를 보면 검찰 측 말이 맞는 것 같다. 〈한국일보〉 인터뷰에서도 '가짜 변호사를 보내가지고'란 말이 나오지 않은가. 그보단 유동규가 왜 마음을 바꿨는지가 더 궁금해진다. 그러기 위해선 다음 사건을 먼저 알아봐야 한다. 바로 김문기 전 처장의 죽음 말이다.

초과이익 환수조항과 김문기

2021년 12월 21일, 성남도개공 개발1처장으로 대장동 개발을 수행한 김문기가 사무실에서 극단적 선택을 했다. 그는 대장동 개발사업 우선협상자 평가 때 20점 만점인 '자산관리회사(AMC) 설립 및 운영계획'에서 성남의뜰 컨소시엄에 점수를 몰아줬으며, 가장 큰 쟁점인 초과이익 환수조항에도 관여한 인물로 알려져 있었다. 다들 알다시피 대장동 사업은 민관이 절반씩 담당했는데, 이익이 예상보다 더 발생할 경우 이를 어떻게 배분하느냐는 매우 중요한 문제였다. 그런데 첫 번째 협약서에는 초과이익 환수조항이 없어서, 이익이 아무리 발생해도 성남도개공은 1,822억 원밖에 받지 못하게 돼 있었다. 대장동 개발의 예상수익이 1조5천억 원을 넘는다는 점에서, 이는 매우 불합리한 조건이었다. 2015년 5월 27일 10시 37분, 김문기는 이를 수정해 '추가이익금은 출자지분율에 따라 별도로 나눈다'고 고친 뒤 결재 안 검토를 요청한다. 그날 오후 두 시, 이를 검토하는 회의가 열리고, 회의 결과 김문기가 삽입한 초과이익 환수조항은 삭제된다. 이 협약서는 유동규가 '큰 문제가 없다'며 승인해 최종 확정되고, 그 덕분에 화천대유와 천화동인은 3억5천만 원을 투자해 4천억 원을 버는 신기의 투자술을 선보일 수 있었다.[11] 그러니 김문기는 초과이익 환수조항과 관련된 가장 중요한 증인이었던 셈이다.

유서라고 할 수는 없지만, 경찰은 그가 죽기 한 달여 전에 써놓은 편지를 발견한다. 받는 이는 윤정수 성남도개공 사장이고, 편지 제목은 '사장님께 드리는 호소의 글', 내용은 다음과 같았다.

"대장동 관련 사업에 대해 일선 부서장으로서 일에 최선을 다했는데도 금번과 같은 일들이 발생해 안타까움을 금할 수 없습니

김경율
1월 19일 · 🌐

아래는 기사 중 일부

김 처장은 이 글에서 "회사에서 정해준 기준을 넘어 초과이익 부분 삽입을 세 차례나 제안했는데도 반영되지 않고, 당시 임원들은 공모지침서 기준과 입찰계획서 기준대로 의사 결정을 했다"라고 밝혔습니다.

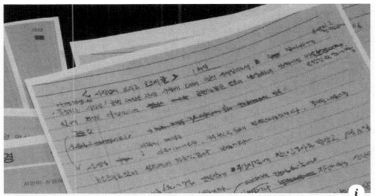

NEWS.KBS.CO.KR
[단독] '대장동 실무' 故 김문기 유서 입수..."초과이익 환수 세 차례 제안"
고(故) 김문기 성남도시개발공사 개발사업1처장이 대장동 개발 사업협약서에 '초과이익 환수 ...

👍😮 350명   공유 21회

👍 좋아요   💬 댓글 달기   ↪ 공유하기

"초과이익 환수 세 차례 제안했는데도…"

다…저는 지난 10월 6~7일 양일간 중앙지검에서 참고인 조사를 받았고 10월 13일 세 번째 참고인 조사를 받았습니다. 그러나 회사의 어느 누구도 이에 대해 관심을 갖거나 지원해 주는 동료들이 없습니다. 저는 너무나 억울합니다…회사에서 정해준 기준을 넘어 **초과이익 (환수조항) 부분 삽입을 세 차례나 제안했는데도 반영되지 않았고**…저는 그 결정 기준대로 지난 3월까지 최선을 다했는데 마치 제가 지시를 받고 불법행위를 저지른 것처럼 여론몰이가 되고 검찰 조사도 그렇게 되어가는 느낌입니다. 저는 대장동 일을 하면서 유동규 BBJ(본부장)이나 정민용 팀장으로부터 어떠한 지시나 압력 부당한 요구를 받은 적이 없습니다…그들 (민간사업자)로부터 뇌물이나 특혜를 받은 적도 없습니다."[12]

여기서 말하는 정민용 팀장은 당시 기획본부 산하 전략사업팀 소속의 변호사로, 이재명 측근 중 하나다. 유동규가 압수수색 직전 통화한 이들 중 한 명도 바로 정민용이다. 편지에 쓴 대로라면 김문기는 초과이익 환수조항을 삽입하자고 세 차례나 제안했다니, 이 말이 맞다면 억울할 만도 하다. 그는 자신이 유동규 등으로부터 부당한 요구를 받은 적이 없다고 했다. 그런데 그는 초과이익 환수조항을 넣자는 자신의 제안이 왜 거부당했는지에 대해 편지에서 밝히지 않았다. 이 대목도 좀 써 줬다면 좋을 텐데, 아쉬운 부분이다. 김문기는 왜 스스로 목숨을 끊었을까. 사망 당일인 2021년 12월 21일 오전,

김문기는 성남도개공에서 중징계 처분을 받는다. 대장동 사건이 이슈화된 9월, 검찰수사를 앞두고 공사를 퇴직한 정민용 변호사에게 대장동 민간사업자 평가채점표 등 비공개 자료를 보여준 게 이유였다. 여기에 관해 김문기는 감사를 받는 도중이었고, 언론이 제기한 의혹의 사실 관계를 파악해 답변서를 작성해야 했기 때문에 정민용의 요청을 받아들였다고 해명했다. 해당 서류가 기밀인지도 몰랐으며, 이후 검찰에서 드러난 정민용의 혐의도 알지 못했다고 한다.[13] 그런데 성남도개공이 중징계와 더불어 형사 고발까지 한다니, 억울하기도 했으리라.

죽기 전 쓴 편지에서 김문기는 유동규에게 압력을 받은 적이 없다고 했다. 그런데 그의 동생이 장례식장에서 연 기자회견을 보면 꼭 그런 것 같진 않다. "그것(초과이익 환수) 때문에 구속된 (유동규) 전 본부장과 다툼이 있었다. 수차례 유 전 본부장에게 환수 의견을 냈다가 따귀까지 맞았다."[14] 다 큰 어른이 따귀를 맞는 건 자존심이 상하는 일이다. 게다가 유동규가 손이 크고 힘도 세니, 아픔도 만만치 않았을 것이다. 하지만 이건 어디까지나 동생의 증언일 뿐, 이를 밝혀줄 김문기는 이제 세상에 없다. 대장동 수사가 난항을 거듭할 수밖에 없는 이유다.

유동규가 측근이 아니라 한 것처럼, 이재명은 김문기가 사망한 뒤 그를 모른다고 해서 한바탕 논란이 있었다. 성남시장 시절 그의 최대 치적인 대장동 개발의 핵심 인사인 데다, 사업 시작을 앞두고 호주·뉴질랜드로 9박 11일 동안 같이 출장을 다녀오기까지 했는데 말이다. 출장 도중 그가 딸에게 보낸 영상에는 다음과 같은 말도 있었다. "오늘 시장님(이재명)하고 본부장님하고 골프까지 쳤다. 오늘 너무 재밌었고 좋은 시간이었어."[15] 물론 '모를 수도 있다'는 주장도 숱하게 많다. 이재명 지지자들은 대장동 핵심 인사만 간 해외 출장을 패키지 투어에 비유하며 "여행 같이 갔다고 다 아냐?"고 하던데, 이들의 응원에 힘을 얻어서인지 이재명은 김문기의 빈소조차 찾지 않음으로써 모르는 사람에 대한 예의를 지켰다.

거짓말을 하면 당장의 위기는 벗어날 수 있을지 몰라도, 결국엔 그 대가를 치르기 마련이다. 첫 번째 대가, 이재명은 추석을 하루 앞둔 2022년 9월 8일, 공직선거법상 허위사실 공표 혐의로 기소된다. 백현동 개발 당시 국토부한테 용도변경에 관해 협박을 받았다는 주장, 그리고 대장동 관련해서 김문기를 모른다고 한 것이 허위사실이란 것이다. 검찰의 공소장을 보면 이재명은 성남시장 당시 "제1시책으로 평가받던 대장동 개발사업과 관련해 주요 현안을 김문기 처장으로부터 수 차례 대면보고 받았다"고 적시돼 있다.[16] 2016년 1월 12일을 비롯해 10번이나 보고를 받았고, 그 날짜까지 공소장에 기록돼 있던데, 이런 증거 앞에서도 이재명이 계속 '몰랐다'고 버틸 수 있을지 궁금하다. 두 번째 대가, 감옥 안에 있던 유동규가 마음을 바꿨다. 유동규는 이재명이 김문기 공사 개발1처장을 모른다고 발언한 뒤 주변에 섭섭함을 토로했단다. 그전까지만 해도 본인이 '의리를 지키겠다'며 입을 다물고 있던 유 전 본부장은 이 일을 계기로 심경에 변화가 생겼다는 것이다. 구린 일을 시킨 게 탄로 나자 '측근이 아니다'며 모른 체하는 이에게 의리를 지킬 필요가 있느냐는 뜻. 이재명으로선 대장동 개발의 키맨이었던 유동규의 폭로에 어떻게 대응할지 고민하느라 밤잠을 설칠 것 같다. 그런데 유동규의 폭로는 대장동 개발이 드러나고 한참 후의 일, 시간을 되돌려 대장동 사건이 드러나던 시점으로 돌아가보자.

초과이익을 다 몰아준 모범 사례

"대장동 개발은 제가 성남시장이 되면서 성남시 공공개발로 전환해 개발이익 5,503억 원을 성남시로 환수한 대표적 모범 개발행정 사례." 이재명이 대장동 개발에 대해 내린 나름의 정의다. 실제로 화천대유와 천화동인이 이슈가 되기 전까지, 대장동 사업을 의심의 눈으로 바라본 이는 거의 없다시피 했다. 그 당시 언론 기사를 두 개만 보자.

- 2017년 3월 7일 〈뉴시스〉. "경기 성남시 구시가지 숙원사업이던 '제1공단 공원조성사업'이 본격화됐다. 이재명 성남시장은 7일 시청 한누리실에서 기자회견을 열고 '성남시가 대장동 개발이익을 환

수해 제1공단 공원조성사업을 본격적으로 추진하게 됐다'고 밝혔다…제1공단 부지 가운데 4만8000㎡는 공원으로, 나머지 3만3000㎡는 법조단지(공공청사)로 예정돼 있다. 시는 대장동 도시개발사업에서 5,500억 원 규모의 개발이익을 환수할 예정이다. 환수한 개발이익금은 제1공단 조성사업비 2,761억 원을 비롯해 대장동 인근 터널 공사 등 기반시설 투자비 920억 원, 대장동 A10블럭 임대부지 매입비 1,822억 원(산정가) 등에 투입된다."[17]

- 2018년 1월 29일 〈프레시안〉. "이재명 성남시장이 공영개발로 환수된 1,800억여 원의 '불로소득'을 성남시민들에게 지역 화폐로 배당하겠다는 구상을 밝혀 주목된다. 세수 확보에 의한 복지 확대가 아니라, 비리 사업을 정상화하는 과정에서 생긴 공적 이익을 직접 주권자인 시민들에게 배당한다는 것이다."[18]

이때는 이미 이재명이 대선주자급으로 부상한 뒤라 댓글도 제법 많이 달렸는데, 대부분이 긍정적인 내용이다.

물론 그의 행보에 이의를 제기한 기사도 있다. 2018년 2월 4일 〈한국일보〉는 「이재명의 1,800억 배당, 그게 최선입니까?」라는 제목의 기사를 올린다. 이재명이 성남시 주민들에게 나눠주겠다고 한 1,822억 원이 원래 임대아파트 부지를 매입할 돈이었다며, 이거야말로 서민의 희생을 담보로 한 포퓰리즘이라 비판한 것이다.[19] 하지만

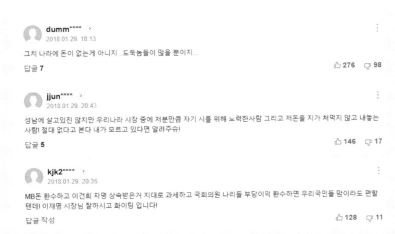

이 기사는 그다지 주목받지 못했고, 이재명은 그해 6월 치러진 지방
선거에서 무난히 경기도지사에 당선된다. 그 뒤 대장동이 다시 언급
된 것은 이재명이 경기지사 시절 받은 재판에서였다. 그가 기소된 것
은 총 4가지 혐의였다.

　- 대장동 개발업적을 과장함으로써 허위사실을 유포했다.

　- 자신이 과거에 저지른 검사사칭죄와 관련해 선거 기간중 허위
사실을 유포했다.

　- 친형을 강제입원시켜 직권 남용을 저질렀다.

　- 경기도지사 선거 당시 TV 토론회에서 친형 강제입원 시도에

관련된 김영환 후보(현 충북지사)의 질문에 **"사실이 아니다"라며 허위
사실을 유포했다.**

　이 챕터가 대장동 관련이니 이것부터 보자. 이재명은 경기도지
사 선거를 앞둔 2018년 5월, 대장동 개발과 관련된 수익금이 발생한
사실이 없는데 선거공보물과 유세 등에서 "개발이익금 5,503억 원
을 고스란히 시민 몫으로 환수했다"고 떠들었다. 고발인 측은 이게
허위사실 공표라는 것이다. 그런데 이건 곧 실현될 이익을 당겨 말한
것이라는 시각이 지배적이어서, 이게 유죄가 될 것이라 보는 이는 없
었다. 다른 두 가지도 유죄 가능성은 없어 보였다. 물론 이재명이 친
형을 강제로 입원시킨 건 당시 수정구 보건소장인 구 모 소장 등의
증언에 의해 사실로 드러났지만, 당시 그가 성남시장이었던 만큼 이
걸 직권남용으로 보기엔 어렵다는 분위기였다. 이건 검사사칭에 관
한 항목도 마찬가지였기에, 실질적인 쟁점은 맨 마지막 항목, 이재명
이 친형 강제입원에 대해 '그런 적 없다'고 방송에서 거짓말을 한 게
과연 죄가 되느냐, 였다. 당시 대화를 복원해 보자.

　김영환 형님을 정신병원에 입원시키려고 하셨죠?
　이재명 저는 그런 일 없습니다.
　김영환 왜 없습니까? 그 보건소장 통해서 하지 않았습니까?
　이재명 그런 일 없습니다. 어머니, 저희 큰형님, 저희 누님, 저희

형님, 제 여동생, 제 남동생, 여기서 진단을 의뢰했던 겁니다. 그런데 저는 그걸 직접 요청할 수 없는 입장이고…[20]

이건 공직선거법상 허위사실 유포 혐의인지라 벌금 100만 원 이상이 나오면 경기도지사 당선이 무효가 되고, 이재명은 대선 레이스에서 탈락한다. 2019년 5월, 1심은 무죄, 그러니까 이재명 측의 승리였지만, 같은 해 9월의 2심은 300만 원의 벌금을 선고함으로써 검찰의 손을 들어준다.[21] "(강제 입원) 절차 일부가 진행되기도 한 사실을 숨긴 채 발언해 선거인의 공정한 판단을 그르치게 할 정도로 사실을 왜곡하는 정도에 이르렀으므로, 피고인의 발언은 허위사실 공표에 해당한다." 이제 남은 것은 대법원 판결, 그때까지 이재명의 정치 인생에서 이것만큼 중요한 문제는 없었다.

구원투수 권순일 대법관

이재명의 허위사실 유포 혐의는 1심에서 무죄, 2심에서는 유죄였다. 그러니 대법원에서 어떤 판결이 나오든 그게 대장동과 관련이 있을 것으로 생각하는 이는 없었다. 이건 우리 착각이었다. 대법원 판결 이후 대장동과 관련된 또 다른 조력자가 등장하니, 그건 바로 권순일 대법관이었다. 그 얘기를 하기 전에 재판 얘기부터 하는 게 순서일 것 같다. 2심 유죄판결 직후 이재명은 대법원에 상고한다. 대법원은 3심을 전원합의체에 회부하기로 한다. 무슨 말일까? "사회적으로 논란이 되거나 소부에서 합의가 쉽지 않은 사건은 대법원장과 12명의 대법관이 참여하는 전원합의체로 넘겨 최종 판결하는 것이다."²² 대법원 선고는 2심 선고일로부터 10개월이 지난 2020년 7월 16일 내려졌다. 판결은 무죄 취지의 파기환송, 하지만 그 과정은 대법관 12명이 7명 (파기환송) 대 5명 (유죄)으로 나누어졌을 정도로 아슬아슬했다. 재판부의 말을 들어보자.

"해당 발언은 토론회의 주제나 맥락과 관련 없이 어떤 사실을 적극적이고 일방적으로 널리 드러내어 알리려는 의도에서 한 공표행위라고 볼 수 없다. 상대 후보자의 공격적 질문에 대해 소극적으로 회피하거나 방어하는 취지의 답변 또는 일부 부정확하거나 다의적으로 해석할 여지가 있는 표현을 넘어서 적극적으로 반대 사실을 공표했거나 전체 진술을 허위라고 평가할 수 없다."²³

하지만 유죄에 표를 던진 박상옥 대법관은 그 이유를 이렇게 밝혔다. "후보자 토론회는 선거운동 방법의 하나로써 유권자들에게 매우 강력한 파급력과 영향력을 갖고 있다. 다수 의견과 같이 토론 과정 중 일방적으로 표명하는 것이 아닌 한 허위사실 공표로 처벌하지 않고 일률적으로 면죄부를 준다면 결과적으로 토론회 의의를 소멸

시켜 형식적으로 운영될 수밖에 없다."[24]

그로부터 석 달 후, 파기환송심은 이재명의 무죄를 선고했다. 이재명은 이렇게 부활했다. 여기까지 읽은 분들은 이렇게 말할 것이다. '아니, 이게 대장동이랑 무슨 상관이야? 그리고 권순일은 또 누구야?' 권순일은 당시 대법관으로, 이재명이 무죄라고 한 7명 중 한 명이다. 대법원 전원합의체는 대법관들이 임명된 순서대로 한 명씩 의견을 표명한다. 권순일은 11번째였는데, 하필이면 그 이전까지 무죄와 유죄가 5대 5로 동수였다. 여기서 권순일은 무죄에 표를 던졌다. 6대 5가 되는 순간, 맨 마지막에 의견을 말하는 대법원장(김명수)은 우세한 쪽의 편을 들어주는 게 관례였기에, 권순일의 의견은 이재명의 무죄에 결정적인 역할을 했다. 소신껏 판결했으니 그럴 수 있지 않으냐, 순서가 11번째인 걸 왜 권순일 탓을 하느냐, 같은 항변을 하고 싶겠지만, 다음 얘기를 들어보면 생각이 달라질 것이다.

– 권순일은 2015년 10월, 방송토론회에서 허위사실을 공표한 혐의를 받던 박경철 익산시장의 담당 대법관이었다. 당시 그는 허위사실 공표가 유권자들의 선택을 오도한다며 벌금 500만 원을 선고한 원심을 확정했다. 그로부터 5년 후, 권순일은 정반대 의견을 냈다.[25]

– 대장동의 주역 중 한 명인 김만배는 대법원 판결을 전후로 권순일을 총 8차례 만났다. 김만배는 대법원 구내 이발소에 간 건데 편의상 권순일 이름을 적은 것이라 했지만, 외부인 출입 시 보안 직원

은 해당 집무실에 전화해 외부인과 약속이 있는지 확인하기 때문에, 이 해명은 '구라'다.[26]

– 이재명의 성남시장 선거캠프 출신이자 인수위원이었던 임 모 씨는 2020년 6월 24일, 은수미 시장 측 이 모 비서관과의 통화에서 이재명 사건의 대법원 선고 결과를 사전에 파악하고 있다는 취지의 말을 했다. 녹취록에 따르면 당시 임 씨는 "(이재명) 지사님 (사건)은 (대법원 내부) 잠정 표결을 한 모양이야. 잘됐다는 쪽으로 가닥이 잡힌 것 같네. 7월 16일 결과가 나온 모양이야. 만장일치는 아닌 것 같고, 8대 5나 예를 들어"라고 했다는데, 실제 대법원 전원합의체는 이해충돌 소지가 있던 한 명이 기권하고 나머지 12명의 의견이 7대 5였다. 이재명의 수행비서였던 백종선도 2020년 2월 13일 이 모 비서관과 통화하면서 "대법원 라인 우리한테 싹 있어. 우리가 대법원 하잖아. 그동안 작업해 놓은 게 너무 많아 가지고"라고 말한 바 있다.[27]

– 권순일은 이재명의 역사적인 판결이 난 두 달 후 대법관에서 퇴직하는데, 그 후 얻은 자리가 화천대유 고문이다. 보통 대법관 퇴임 후에는 사회 환원 차원에서 자원봉사 같은 걸 하는데, 어디 붙어 있는지도 모르는 화천대유에 들어갔다는 건 매우 쇼킹한 일이다. 월급은 1,500만 원이었는데, 현행 변호사법상 대한변호사협회에 등록하지 않은 변호사가 법률 상담, 사건 수임 등을 하는 것은 불법이다.[28] 이를 의식한 듯 권순일은 특별한 일을 하지 않았다고 했지만, 그렇다면 이건 대법원 판결 때 무죄 의견을 낸 것에 대한 대가 차원

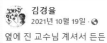

김경율
2021년 10월 19일 · 🌐

옆에 진 교수님 계셔서 든든

YOUTUBE.COM
[한판승부]"대장동? 이재명 십자가 매달기" vs "단군이래 최대 사기"
[한판승부]"대장동? 이재명 십자가 매달기" vs "단군이래 최대 사기"[한판 썰전]대장동 개발 의...

👍 　　　　　　　　514명　　　　　　　　　댓글 11개 공유 13회

👍 좋아요　　　　💬 댓글 달기　　　　↗ 공유하기

"대장동은 단군 이래 최대 사기"

으로 해석될 수도 있어서 권순일로선 진퇴양난일 듯하다.

　권순일 이외에도 화천대유에 얽힌 이들은 여럿이다. 박근혜 탄핵 당시 특별검사였던 박영수는 딸이 화천대유에 다니며 현금 11억 원과 아파트 특혜 분양을, 곽상도 국민의힘 의원은 아들이 화천대유에 근무했는데 퇴직금으로 50억 원을 받았다. 이런 걸 보면 대장동 팀이 여야를 가리지 않고 전방위적인 로비를 한 게 아닌가 의심이 든다. 나한테 이런 제안이 왔다면 어땠을까? 그 달콤한 제안을 거부하기 힘들지 않았을까. 그러고 보면 내가 별반 힘이 없는 사람이란 게 다행스럽게 느껴진다.

02
드디어 터진 대장동 개발 의혹

이재명이 재판에서 무죄를 받은 이후, 성남을 제외한 지역에서 대장동 관련 뉴스가 나온 적은 없었던 것 같다. 그도 그럴 것이, 대장동 개발은 이재명의 측근들끼리 비밀리에 이익을 나눠 먹은, 공공이익 착취의 모범 사례였기 때문이다. 전국에서 수많은 아파트가 만들어지고, 누군가가 거기서 이익을 빼먹는 대한민국에서, 유독 남판교 지역만 들여다볼 이유가 뭐가 있겠는가? 다만 전체 공사의 3분의 1 정도가 완료된 2019년 초, 원주민 중 일부가 이주 대책으로 마련된 곳의 가격이 비싸다며 집단행동에 나선 게 지역 언론에 실렸을 뿐이다.

각 건설사들은 앞서거니 뒤서거니 하면서 대장동 아파트를 일반에 분양했는데, 교통 인프라도 좋지만 인근에 테크노밸리가 위치하는 등 제반 여건이 워낙 좋아 경쟁이 치열했다. 아파트가 일반에게 분양된 2018년부터는 성남도개공에 배당이익도 들어오기 시작했다. 입주를 앞둔 2021년 3월 31일에는 이런 기사도 나왔다. "성남시에서는 오는 5월 말부터 시작되는 사업구역 내 공동주택 입주에 맞춰 사업 준공에 차질이 없도록 '공공시설 인계인수 협의체'를 구성했다."[29] 이때만 해도 대장동의 앞날은 장밋빛이었다. 이게 부러웠는지, 한 대전시의원은 유성개발이 실패로 돌아간 것을 언급하며 성남시의 사례를 배우자고 호소할 정도였다. "이제 시는 여러 가지 공영개발 방식 중에서 가장 수익을 많이 남길 수 있는 방법을 찾아내야 한다."[30]

한 지역일간지의 보도

그래서 2021년 8월 31일 오후, 〈경기경제신문〉에 실린 박종명 기자의 '기자수첩'은 충격적이었다. 간추린 내용을 살펴보자.

– '성남의뜰'에 참여하기 위해 김 모 씨(훗날 김만배로 밝혀진다)는 '화천대유'란 부동산개발 자산관리회사와 '천화동인'이라는 자회사를 2015년 2월부터 6월 사이에 7개나 설립했다.

- 부동산 개발실적이 전무한 이 7개 사는 2018년 수의계약을 통해 택지를 계약하고, 이걸 대우건설과 포스코건설 등에 팔아 3천억 원대의 수익을 냈다.

- 일반 시민들에게도 분양해 3천억 원대의 수익을 냈다. 합쳐서 6천억 원대다.

- 실적도 없는 신생업체가 대규모 개발사업의 토지를 수의계약으로 불하받았다니, 이건 특혜가 아니냐.

- 금감원 공시자료에 따르면 2020년 화천대유에 배당된 금액만 998억 원이고, 김 모 씨에게는 473억 원이 대여됐다.

- 익명의 제보자에 따르면 이 모든 것의 배후에 이재명 당시 성남시장이 있다.

- 이재명이 몸통이 아니라고 믿고 싶으니, 대선 후보로서 정직한 답변을 기다린다.

이 글엔 사실과 다른 대목이 여럿 있다. 기자 한 명이 대장동의 복잡한 진실을 파악하기 어려웠던 탓. 그래서 이 내용은 '기사'가 아닌, '기자수첩'이란 제목의 칼럼으로 쓰여졌다. 그래도 대장동 당사자라면 마지막 문장에 뜨끔했을 것 같다. "마지막으로 제보자는 이명박 후보에게 'BBK는 누구 것입니까?' 물었던 상황과 이재명 후보의 '(주)화천대유자산관리는 누구 것입니까?'라는 질문이 겹치지 않기를 바란다고 했습니다."[31]

나 김경율, 엑셀로 대장동을 밝혀내다

　지방지에 실린 탓에 당시 이 칼럼에 관심을 가진 이는 거의 없었다. 하지만 그때는 이재명과 이낙연이 민주당 대선 후보를 놓고 경쟁을 하던 시기, 아무리 같은 당이라도 서로의 흠을 잡아내려 애쓰는 게 인지상정이다. 이낙연 후보 지지자들은, 추측건대 박종명 기자의 기사 덕분인 것 같은데, SNS에 대장동에 관한 얘기들을 올렸던 것 같다. 처음엔 그다지 눈여겨보지 않고 있었는데, 나랑 친분이 있던 이민석 변호사가 이렇게 말하는 거다. "김 회계사님 이거 좀 한번 봐

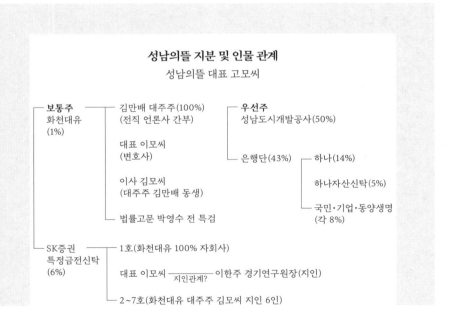

성남의뜰 지분 및 인물 관계

성남의뜰 대표 고모씨

- **보통주** 화천대유 (1%)
  - 김만배 대주주(100%) (전직 언론사 간부)
  - 대표 이모씨 (변호사)
  - 이사 김모씨 (대주주 김만배 동생)
  - 법률고문 박영수 전 특검

- **우선주** 성남도시개발공사(50%)
  - 은행단(43%)
    - 하나(14%)
      - 하나자산신탁(5%)
    - 국민·기업·동양생명 (각 8%)

- SK증권 특정금전신탁 (6%)
  - 1호(화천대유 100% 자회사)
  - 대표 이모씨 ── 지인관계? ── 이한주 경기연구원장(지인)
  - 2~7호(화천대유 대주주 김모씨 지인 6인)

보세요. 많이 수상합니다." 여기까지만 했다면 알았다고 하고 아무 것도 안 할 수도 있었지만, 다음 말은 내 구미를 확 끌어당겼다. "이런 정도라면 배임 혐의가 뚜렷해 보여요. 대기업에서 나타나는 일감 몰아주기랑 비슷한 것 같거든요." 그다음 날, 난 컴퓨터 앞에 앉았다. 회계사 생활 20여 년에서 배운 게 있다면 경제사건을 파헤칠 때는 자금흐름을 쫓아가라는 것, 그래서 난 대장동의 지배구조와 자금흐름을 엑셀로 만들었다. 그랬더니 뭔가가 보였다. 민간 주주가 있는데, 그 사람이 과도한 배당을 받아가고 있다는 사실이. 대략 5천만 원 정도 투자해 놓고선 3년 동안 받은 게 대략 500~700억 원, 이게 말이 되나 싶었다.

그때 'SK증권'이란 회사가 내 눈에 들어왔다. "응? 이건 뭐지?" 우리나라에는 금산분리 규정이 있다. 대기업이 은행을 사금고로 사용하는 것을 막으려고 만든 법으로, 제조업 회사는 은행을 소유해선 안 되며, 금융회사는 비금융회사를 지배해선 안 된다는 내용. 그런데 SK증권이 부동산회사인 화천대유에 저렇게 투자를 많이 하다니, 이게 어떻게 가능하지? 그러다 알게 된 것이 바로 화천대유의 자회사인 '천화동인' 1호였다. '하늘의 도움으로 천하를 얻는다'는 뜻. 이 회사의 감사보고서를 들여다봤더니 대장동 개발 시행사인 '성남의뜰'의 지분을 가지고 있다고 나온다. 그런데 막상 성남의뜰에 나온 주주 구성에는 천화동인 1호가 없었다. 천화동인 1호 감사보고

천화동인 1~7호 주요 주주 및 배당 현황

단위: 원

소유주	출자금(원)	배당금(원)
1호 김만배 전 머니투데이부국장	1억466만	1208억
2호 김만배 지인	872만	101억
3호 김만배 지인	872만	101억
4호 남욱 변호사	8721만	1007억
5호 정영학 회계사	5581만	644억
6호 조현성 변호사	2442만	282억
7호 배모 전 기자	1046만	121억

자료: 금융감독원

서엔 성남의뜰 지분을 갖고 있다고 나오고, 성남의뜰 보고서엔 주주 중에 천화동인이 없다니, 이거 뭐지? 한참을 헤매다 답을 알아냈다. 바로 이전에 설명했던 특정금전신탁, 그러니까 천화동인 1호~7호는 SK증권을 이용해 돈을 투자한 이들이었다. 훗날 1호는 김만배 〈머니투데이〉 기자, 2호부터 7호는 김만배의 지인들로 밝혀졌지만, 그때는 이들이 특정금전신탁을 이용해 투자했다는 사실을 알아낸 것만도 큰 성과였다. 이때 난 스스로에게, 그리고 이 모든 걸 알아볼 수 있게 해준 엑셀 프로그램에게 감사드렸다.

[공유합니다] 먼저 노랗게 칠한 부분은 법인등기부등본, 공시, 유료 신용정보 등으로 확인된 내용입니다.

{앞선 내용 상기} 성남의 뜰 보통주 주주 중 85.72%(60,000주)가 'SK증권'이라 되어 있는 바, '신탁'의 방식으로 추정되어 실제 소유자는 따로 있지 않나 싶습니다.

60,000주(금액 기준 3억 원)에 대하여 과거 3년간 배당액만 3,463억원입니다.

60,000주 중 우연히(?) 17,442주가 천화동인4호 소유라는 근거를 찾았습니다.(2~3%의 가능성으로 아닐 수 있죠)

제 생각엔 화천대유 포함 '?'로 표시된 실소유주들이 천화동인 1~7호에 투자하자 마자(이 투자의 방식도 SK증권을 이용한 특정금전신탁 방식으로 추정됩니다) 동일한 금액을 그대로 '성남의 뜰'로 투자하지 않나 싶습니다.

만약에 제 추정이 맞다면, 예컨데 천화동인 3호는 870만원을 투자하고서 3년간 101억원 배당을 받아가네요.

그리고 천화동인1호부터 7호까지 설립자본금의 합계가 JUST 3억원입니다.

제 상상이 맞다면, 성남의 뜰 주주 중 'SK증권'이라 표시된 6억 중 절반을 찾은 셈이죠. (아 물론 정확한 실소유주는 끝까지 못 찾은 거네요)

누굴까요? 천화동인 2호 ~7호까지 실소유주.

그리고 남은 3억원은 누가 밀어 넣은 걸까요?

#사목사목_쫓아가마^^

[추가] 제가 착각한 것이 천화동인1호부터 7호까지 설립자본금 총액 3억원이 정확히 성남의 뜰 주주 'SK증권'이 보유한 금액 3억원과 일치합니다. 새벽녘 작업에 잠시 착각하였습니다.

위 본문 수정하지 않은 채 그대로 둡니다.

1호 변경	천화동인1호	천화동인2호	천화동인3호	천화동인4호 엔예스제이홀딩스	천화동인5호	천화동인6호 디앤오	천화동인7호	
주식수	20,930	1,744	1,744	17,442	11,163	4,884	2,093	60,000
설립자본금	104,650,000	8,720,000	8,720,000	87,210,000	55,815,000	24,420,000	10,465,000	300,000,000
배당추정액(2019)	56,521,381,280	4,709,665,024	4,709,665,024	47,102,051,232	30,145,636,848	13,189,222,464	5,652,138,128	
배당추정액(2020)	43,283,407,440	3,606,605,952	3,606,605,952	36,070,195,536	23,085,173,304	10,100,151,072	4,328,340,744	
배당추정액(2021)	120,813,569,240	10,066,835,392	10,066,835,392	100,679,898,456	64,435,827,684	28,191,756,912	12,081,356,924	
w 특정금전신탁	화천대유	?	?	?	?	?	?	

각 사의 설립자본금은 신탁의 방식으로 성남에 틀에 투자된 것으로 추정!

2호부터 7호까지 실소유주는 누구?

![프로필] **김경율**
2021년 9월 11일 · 🌐

[성남의 뜰, 화천대유, 천화동인 중간 정리]

굳이 중간 정리를 다시 하는 이유는, 어제 새벽 2시 경 올린 내용 중 착오가 있어서입니다. 간단히 무슨 내용이냐면 '성남의뜰' 주주 중 SK증권이 6억 원 어치 지분을 가지고 있는데, 그 중 절반인 3억 원이 천화동인 1호~7호로 추정된다고 했는데, 제가 주식수와 착각을 한 겁니다.

정확히 'SK증권' 지분 보유액 3억원이 천화동인 1호~7호 설립자본금 합계 3억원과 일치합니다!!!
지금까지 파악한 내용을 간단히 정리합니다.

1. 아래 캡쳐 상단 '성남의뜰' 주주명부를 보게 되면, 외관상 민관합작의 형태를 띠며 공공성(민간 주주들도 금융권이 다수)을 띤 것처럼 보이나, 지분율과 달리 회사의 수익-과실-은 화천대유와 SK증권으로 포장된 천화동인1호~7호가 사실상 다 먹는다.(특히 2022년 이후에도 대규모 이익이 발생할 것이나, 그때부터는 더더욱 성남도시개발공사 등이 가져갈 몫은 사실상 없다고 봐도 될 것이다. BY 법인등기부등본. 제1우선주로서 성남도시개발공사는 1,800억 배당 이후는 몫이 현저히 줄어듬)

1. SK증권은 무슨 이유에서인지 단 '3억원'에 대해 상당한 역할을 해준다. 애초 화천대유가 천화동인1호에 투자할 때도 특정금전신탁의 방식으로, 그리고 성남의 뜰 주주명부로 추정컨데 천화동인1호~7호가 성남의뜰에 투자할 때도 신탁의 방식이다.

1. 천화동인1호~7호는 같은 날, 같은 장소, 같은 임원으로 만들어진다. 각각 설립자본금을 묘하게 뿌리는데 공교롭게도 그 총합이 3억원으로 '성남의뜰' 주주명부에 기재된 SK증권 3억원과 일치한다!!!!

1. 천화동인1호의 100% 주주가 화천대유이고, 천화동인의 설립자본금이 성남의뜰에 고스란히(!) 투자된 것은 공시 등으로 확인된다. 기타 2호부터 7호까지가 상당히 모호한데, 천화동인4호(현재 엔에스제이홀딩스)가 SK증권을 매개로 성남의뜰에 투자한 정황이 포착됐다!!!

1. 왜 이렇게 자금의 흐름을 숨길까??? 단돈 3억원의 포장을 몇 겹을 하고, 퀵서비스 거쳐서 서울역 임시보관센터 들렸다가, 택배를 통하고 포장 다시 뜯고 재배송하는 식이다. 왜 그랬을까?

1. 여기까지는 예선전. 본선으로 화천대유가 땅을 가지고 하는 본격 아파트 사업으로부터의 분양 수익은 장부 열어보지도 않았다.

1. 위 문장 어디에도 '이재명'을 거론하지 않았다. 따라서 내가 고소 혹은 고발될 일은 결코 있지 않을 것이다.
#머리가_나빠_대신_계속_씹는_거임_잠들기_전_벽에_붙여놓고_일어나서_또_씹고
#3억5천_투자해서_4천억_가져간_것_그게_뭐라고_저는_다_이해합니다.

구분	주주명	주식수	지분율	투자원금	배당액			
					2019	2020	2021	3년 계
보통주	(주)화천대유자산관리	9,999	14.28%	49,995,000	27,002,259,504	20,678,011,992	10,036,636,236	57,716,907,732
	베스테이츠밍 주식회사	60,000	85.72%	300,000,000	162,029,760,000	124,080,480,000	60,225,840,000	346,336,080,000
	합 계	69,999	100.00%	349,995,000	189,032,019,504	144,758,491,992	70,262,476,236	404,052,987,732
우선주	성남도시개발공사	500,001	53.76%	2,500,000,000	182,199,864,399		800,001,600	182,999,865,999
	주식회사 KEB하나은행	140,000	15.06%	700,000,000	700,000,000	175,000,000	175,000,000	1,050,000,000
	주식회사 국민은행	80,000	8.60%	400,000,000	400,000,000	100,000,000	100,000,000	600,000,000
	IBK 기업은행	80,000	8.60%	400,000,000	400,000,000	100,000,000	100,000,000	600,000,000
	동양생명보험 주식회사	80,000	8.60%	400,000,000	400,000,000	100,000,000	100,000,000	600,000,000

천화동인들 간의 투자 액수는 다 달랐다. 1호인 김만배는 1억 466억 원, 2호와 3호는 872만 원, 4호는 8,721만 원… 그런데 1호부터 7호까지 투자금을 모두 더하니 정확히 3억 원이 나왔다. 소름 돋는다는 말이 남발되는 시대지만, 이럴 때 그 말을 쓰는 건 하나도 과하지 않다. 그랬다. 천화동인 전체 투자액인 3억 원은 SK증권의 투자액 3억 원과 일치했다. 난 내가 알아낸 사실을 페이스북에 올렸다. 그랬더니 〈주간조선〉 기자가 이 자료를 들고 화천대유로 직접 물어보러 간 모양이었다. "야, 페이스북에 김경율 회계사가 이렇게 올렸던데, 이거 맞냐?" 그때 화천대유 관계자가 아니라고 했다면 어떻게 됐을까 싶은데, 정말 고맙게도 그 관계자는 "맞다"라고 확인해줬다. 기자로부터 이 얘기를 전해 듣고 나니 감이 왔다. 아, 이 사건이 내 생각보다 훨씬 커지겠구나. 하지만 실제의 대장동 사건은 그때의 내 생각보다 백 배, 아니 천 배쯤 커졌다.

박종명 기자의 승부수

갑자기 궁금증이 생겼다. 박종명 기자는 어떻게 이 사실을 알아낸 걸까? 나중에 〈월간조선〉에 보도된 걸 보니 누군가가 제보를 해준 거란다. "익명의 제보자가 '수상한 회사가 있다'고 알려왔다. '페이퍼컴퍼니 같은데 확인해 줄 수 있냐'고 물어보며 A4 한 장을 조심스럽게 전달받은 게 (취재의) 시작이었다".[32] 그가 받은 A4 용지에는 화천대유와 천화동인 1호부터 7호까지가 적혀 있었는데, 훗날 박 기자는 SNS를 통해 그 제보자가 이재명과 경선을 치르던 민주당 후보 측이라고 밝힌 바 있다.[33]

제보 내용이 사실인지 고민하던 그는 다음날인 8월 30일, 무작정 화천대유 사무실로 찾아갔고, 박 모 이사란 분과 대화를 하고 난 뒤 여기에 뭔가가 있다고 생각한다. 그의 말을 들어보자. "일단 성남도시개발공사에서 대장동 개발공사를 한다고 민간사업자 공모를 한다는데, 기존 자산관리회사들도 많은데 갑자기 신생 화천대유라는 자산관리를 세우고 또 페이퍼컴퍼니 같은 회사를 같은 주소로 해서 7~8개씩 한꺼번에 설립했다는 거에 대해서는 이건 상당히 좀 문제점이 있는 거 아니냐. 또 이렇게까지 설립을 했다는 것 자체가 뭔가 특정 특혜 이런 게 약정이 되지 않으면 함부로 할 수 있는 사안이 아니다. 시간, 시차를 두고 좀 설립을 했다고 하면 좀 납득이 가는데 한꺼번에 7개, 8개 한꺼번에 다 했다는 게 도저히 납득할 수가 없었습니다."[34]

그 뒤 그는 혼자 힘으로 자료를 수집하는데, 회계사인 나도 꼬박 일주일을 쏟아부어 알아낸 사실을 기자가 파악하는 데는 한계가 있었다. 그래서 그는 승부수를 띄운다. 앞서 소개한 박 기자의 '기자 수첩'은 화천대유와 성남시, 그리고 경기도의 반응을 보기 위해 기자가 던진 승부수였던 것. "사실 언론사는 자금흐름을 확인할 수 있는 방법이 없잖아요. 그래서 위험부담을 감수하고 돌파구를 찾을 수밖에 없었습니다."[35] 그래서 어떻게 됐을까? 힘없는 지방지에 실렸을지라도, 당사자는 제 발이 저리기 마련이다. 다시 박 기자의 말을 들어보자. "반응은 생각보다 빠르게 왔다. 화천대유뿐만 아니라 화천대유와 관련된 회사, 경기도에서 연락이 왔다. 사실과 다른 부분에 대해 반론 기사를 게재해 주겠다고 했지만 화천대유 측 변호인은 이를 무시하고 기사 발행 다음날 바로 고소했다."[36]

'반론권은 필요 없다, 무조건 고소다'는 원칙은 이재명이 그간 보인 전형적인 행태였다. 대선이 워낙 큰 이벤트이다 보니 고소·고발이 난무하는 게 당연한 일이지만, 이재명 측의 고소·고발이 주로 언론, 특히 대장동 보도에 집중된 건 특기할 만하다. 가장 황당한 게 바로 이충상 경북대 법학전문대학원 교수에 대한 고발이었다. 2021년 9월 24일 〈조선일보〉는 「단군 이래 최대 5,503억 공익환수 이재명 주장 따져보니」라는 제목의 기사를 실었는데, 해당 기사를 쓴 기자를 고소한 거야 그렇다 쳐도, 여기에 코멘트를 한 이충상 교수까지 고발 대상에 포함시킨 것이다.[37] 그렇다고 그가 틀린 말을 한 것도 아니었다. "대장동에서 이익을 환수해 공원과 터널 등으로 시민에게 돌려줬다고 주장하는데 이는 '이익'이 아니라 도시개발에 필수적인 기반시설로 사업 주체가 부담해야 하는 '비용'에 속한다. 이를 마치 이익으로 환수해 다시 투자했다는 것은 국민들을 속이는 기만적 행태"라는 게 그의 말, 이재명 측은 이 정도 말을 가지고 이 교수를 고발한 것이다. 대장동 사건이 터지기 전까지 듣도 보도 못한 잡스러운 회사였던 화천대유가 무려 권순일 전 대법관을 영입하고, 박영수 변호사의 딸과 곽상도 의원의 아들을 채용한 뒤 돈 공세를 펴부은 것도 이렇게 언론에 재갈을 물리려는 취지일 터. 하지만 아무리 유능한 이들로 변호인단을 꾸린다 해도, 대장동 의혹을 다 덮을 수는 없었다. 박종명 기자가 고소당한 것에 주눅 들지 않고 대장동 관련한 기자수첩 2, 3호를 연이어 내보낸 데 이어, 메이저언론사인 〈조선일보〉도 주간지 〈주간조선〉을 통해 대장동에 관한 보도를 시작했으니 말이다.

대장동 화약고가 터지다

"이재명 경기도지사가 2018년 도지사 선거에서 공직선거법 위반 혐의로 재판까지 가는 데에 빌미가 됐던 '성남시 대장동 개발' 관련 논란이 새 국면을 맞고 있다…최근 성남시 안팎에선 이 사업에 참여한 주요 주주 사이에서 불분명한 자금이 오갔다는 의혹이 일면서 파장이 다시 이 지사를 향하고 있다. 이 개발사업에 참여한 신생 시행업체는 불과 5천만 원을 출자해놓고 매해 수백억 원의 순이익을 올리고 있으며, 이 업체의 주요 인사가 이 지사와 얽혀 있을 것으로 추정되는 정황들도 흘러나오고 있다."[38]

2021년 9월 10일, 대장동에 관한 〈주간조선〉의 보도다. 기사는 직원이 16명에 불과한 화천대유와 그 자회사인 직원 5명인 천화동인 1호가 2019년과 2020년, 2년 동안 각각 999억 원과 847억 원이라는, 말도 안 되는 배당 수익을 냈다며 추가적인 조사를 촉구하고 있는데, 정말 뿌듯한 것은 이 대부분이 내가 알아낸 사실들이라는 점이다. 물론 〈주간조선〉의 노력을 폄하할 생각은 없다. 어렵게 알아낸 진실이 아무도 보도하지 않아 묻히는 경우가 한두 번인가. 게다가 이 기사가 겨눈 표적이 여권 대통령 후보인 이재명이라는 점에서, 대장동의 본격적인 서막을 연 〈주간조선〉의 용기는 아무리 칭찬해도 지나치지 않다.

둑이 터지자 갇혀있던 물들이 쏟아져 나왔다.

- 9월 13일 문화일보, '대장동 개발, 특정업체 4000억 배당' 의혹
- 9월 13일 중앙일보, '화천대유는 누구 것-이낙연 협공…이재명 후보 비방죄'
- 9월 13일 TV조선, '이재명표 대장동 개발 참여 신생업체에 577억 배당'
- 9월 14일 조선일보, '화천대유 실소유주와 지인 6명, 정체 숨기고 이례적 신탁'

자료가 쌓일수록 알아낼 수 있는 게 많아지는 법. 시간이 지날수록 언론 보도는 사건의 핵심으로 향했다. 특히 2021년 9월 14일 〈조선일보〉 보도는 대장동의 모든 것을 말해주고 있다. 좀 길지만, 그대로 인용한다.

"대장동 사업 시행사인 '성남의뜰'은 최근 3년간 지분 50%를 보유한 대주주 성남도시개발공사에 1,830억 원을 배당했다. 그런데 그보다 훨씬 적은 지분을 보유한 화천대유(1%)와 SK증권(6%)에는 같은 기간 577억 원과 3,460억 원을 배당한 것으로 나타났다. 성남의뜰 법인 등기부를 보면 우선주의 53.76%를 보유한 성남도시개발공사는 누적 배당금이 1,822억 원이 될 때까지 1순위로 배당받고, 우선주에 주고 남는 이익금은 모두 보통주에 배당하게 돼 있다. 이에 따라 보통주를 각각 14.28%와 85.72%를 가진 화천대유와 SK증권도 성남도시개발 못지않게 배당을 받게 된 것이다. 정상적인 계약에 따른 배당이지만, 성남의뜰 지분을 보유한 SK증권이 개인 투자자 7명으로 구성된 '특정금전신탁'인 것으로 확인되면서 논란이 일고 있다. 실제 소유주는 SK증권이 아니라 SK증권에 '성남의뜰에 투자해달라'고 돈을 맡긴 투자자 7명이라는 것이다. 이 7명은 화천대유 지분 100%를 소유한 언론인 출신 A 씨와 그가 모집한 개인 투자자 6명인 것으로 알려졌다. 사실상 A 씨와 관련된 인물이 모두 성남의뜰 보통주를 보유하고 4,000억 원이 넘는 배당금을 나눠 갖는 구조다."[39]

자, 사건의 핵심이 이렇다면, 이런 구도를 만든 이가 누군지를 알아내는 게 그다음, 난 9월 16일 '이슈포청천'이란 〈조선일보〉 유튜브에 나가 이런 말을 한다. "저는 이런 사업을 할 때 이 규정을 누가 만들었느냐? 이게 저는 굉장히 중요하다고 생각을 하는데요. 지금 시중에 돌아다니는 얘기로는 '황교익 씨가 가려고 했다가 좌절된 자리 경기관광공사, 여기에 가 있는 유동규 사장이 이 사업의 굉장한 핵심이다. 이렇게 얘기가 나오더라고요."⁴⁰ 알다시피 그 후 유동규는 대장동의 핵심인 게 인정돼 구속되었다.

쏟아지는 추가 의혹들

유동규의 이름을 언급한 것 말고도 '이슈포청천'에서 나온 얘기들 중엔 대장동의 핵심을 관통하는 것들이 제법 많다. 몇 개만 옮겨본다.

1) 성남시가 성남의뜰을 우선협상대상자로 선정할 때, 성남의뜰도 들어오고 A사도 들어오고 B사도 들어왔는데, 접수 마감하고 바로 다음 날 성남의뜰이 선정됐다. 서류 접수 받아서 검토하고 선정하려면 최소 2주, 길게는 최장 1개월은 걸리는데, 하루 만에 되는 건 이례적으로 빠른 것이다. 이쯤 되면 뽑힐 업체가 미리 선정돼 있었던

게 아닌가 의심이 든다.

2) 이재명 측은 이 사업이 하이 리스크, 하이 리턴, 즉 위험이 큰 만큼 이득이 컸다고 주장하지만, 대장지구는 위치도 좋고 인근에 사람들도 많이 산다. 아파트를 지어도 분양이 안 될 염려는 없다는 얘기다. 게다가 업체가 리스크를 감당할 이유도 없다. 아파트단지 개발은 크게 두 단계로 나뉘는데, 바로 택지조성 단계와 아파트 건설&분양 단계다. 여기서 어려운 게 택지개발. 땅 주인이 땅을 팔아야 그 땅을 수용할 수 있는데, 어떤 이유로든 땅 수용에 협조하지 않는 땅 주인이 나오기 마련이다. 이럴 때 민간개발업자는 골머리를 앓아야 한다. 땅값을 세게 부르는 주인에게 원하는 대로 돈을 주기도 쉽지 않고, 돈이 문제가 아니라며 땅을 안 파는 이도 있을 수 있으니 말이다. 하지만 '관'이 개입하면 일이 쉬워진다. 민간업자가 아닌 성남시가 주도한다면, 주민들의 저항이 약해질 테니 말이다. 그러니까 대장동 개발은 '리스크'는 극히 미미한 반면, '리턴'은 아주 큰, 황금알을 낳는 거위였다.

3) 대장동 개발 당시 택지조성 단계를 담당한 건 성남의뜰(시행사)이고, 알다시피 화천대유는 성남도시개발공사와 함께 성남의뜰 주주다. 그리고 택지조성이 다 되면 시행사인 성남의뜰이 이 땅을 시공사에게 줘서 아파트를 짓게 하는 2단계가 시작된다. 그런데 화천대유는 여기서도 엄청난 특혜를 입었다.

3)번에 대해 좀 더 자세히 살펴보자. 대장동 개발지구 내 주택부지는 모두 15개, 이 중 아파트 부지는 12개 블록(A1~A12)이고 연립주택 부지는 3개 블록(B1~B3)이다.(성남 대장지구 위치도 참조). 아파트 부지 중 A9와 A10은 임대주택을 위한 땅이니 제외하고, 나머지 10개 블록을 놓고 건설사들이 경쟁을 벌였는데, 화천대유는 아파트 중 A1·A2와 A11·A12 총 4개 블록을, 연립주택 부지 중 B1을 수의계약으로 우선 공급받았다. A5·A7·A8 블록이 182대 1의 경쟁률을 보였다는 걸 감안하면, 이런 필지 5개를 수의계약으로 따낸 화천대유는 엄청난 특혜를 받은 셈이다.

독자들은 궁금할 것이다. "그래서 화천대유가 얼마나 벌었냐고!" 화천대유는 2018년 12월, A1·A2블록에서 '판교 퍼스트힐 푸르지오'를, A11·A12블록에서 '판교 더샵 포레스트'를 분양했다. 2021년 9월엔 B1블록에서 '판교 SK뷰 테라스'를 분양한다. 전부 합치면 2,256가구로, 대장동에 계획된 전체 물량 5,993가구 중 38%를 차지한다.⁴¹ 감사보고서에 따르면 화천대유가 2020년까지 올린 누적 분양 매출은 1조 981억 원, 토지비·공사비·금융비용을 뺀 수익금은 2,352억 원이다. 여기에 미집행된 분양계약 잔액(3,190억 원)과 2021년 9월, B1블록에서 분양한 도시형 생활주택 예상 매출액 3,500억 원을 합치면, 화천대유는 분양을 통해서만 1조 8,000억 원 매출에 4,500~4,800억 원 상당을 벌어들일 것으로 추정된다. 하지만 이건 어디까지나 공사를 해서 얻은 수익이다. 대장동 개발이 의혹의 뇌관

성남 대장지구 위치도

용인~서울 고속도로

A1 A2 판교 퍼스트힐 푸르지오
A3 A4 A6 힐스테이트 판교 엘포레
A11 A12 판교 더샵 포레스트
A5 A7 A8 판교 풍경채 어바니티

A2
A1
B1
B2
A6
B3
A3
A10
A7
A11
A8
A4
A9
A12
A5
서분당IC
대장IC

이 됐던 건 화천대유와 천화동인이 받은 천문학적인 배당금이 아니었던가. 이것까지 합치면 1조는 족히 될 테니, 화천대유는 아파트 분양 역사상 최고의 특혜를 받았다 해도 과언이 아니다. 물론 이재명 측은 화천대유가 전혀 특혜를 받은 게 아니라고 말한다. '시행자가 토지를 사용하는 경우 입찰 공고 등을 통한 분양대상이 아니라는 국토교통부 답변을 받았다'는 게 그의 주장이지만, 개딸들을 제외하면 이 말에 설득될 이들은 없을 것 같다.[42]

나머지 블록도 수상하긴 하다. 182대 1의 경쟁을 뚫고 A5·7·8 블록을 낙찰받은 제일건설은 당시 시공능력 평가순위가 37위였다. 성남의뜰이 2015년 제출한 개발사업계획서에는 시평순위 10위권 건설사를 유치하겠다고 나와 있지만, 듣도 보도 못했던 화천대유와 시평순위가 낮은 제일건설이 대부분의 분양을 책임진 것이다. 그런 가 하면 A3·4·6블록을 낙찰받은 HMG는 화천대유와 인연이 있다. HMG 회장은 광주대동고를 나왔는데, 천화동인 5호 소유주 정영학 회계사가 이 학교 출신이다.[43] 물론 이것만으로 의혹을 제기하는 건 억울할 수 있지만, 아버지가 김만배 누나한테 집을 팔았다는 이유로 졸지에 대장동 몸통이 된 윤석열 대통령을 떠올리면, 이 정도 억울

화천대유가 분양한 공동주택 분양가 (공급면적기준)

블록명	유형	단지명	대지면적 (m2)	가구수	분양가 총액(원)	평당 분양가(원)
A1	아파트	판교 퍼스트힐 푸르지오	3만 1334	529	3713억	2026만
A2	아파트	판교 퍼스트힐 푸르지오	2만 6374	445	3143억	2036만
A11	아파트	판교 더샵 포레스트	2만 5982	448	3149억	2073만
A12	아파트	판교 더샵 포레스트	3만 1980	542	3886억	2085만
B1	도시형 생활주택	SK뷰테라스	3만 4439	292	3500억	3440만
총			15만 109	2256	1조 7391억	

자료: 입주자모집공고문

함은 감당해야지 않겠는가. 한 가지만 더 이야기하자. 도시개발법에 따르면 성남도개공 같이 공공이 50% 이상 출자한 공공 시행사는 건설 물량의 25% 이상을 임대주택으로 공급해야 한다.[44] 그런데 그렇게 서민의 이익을 강조하는 이재명의 대장동에선 임대주택 비율이, 정말 놀랍게도, 6%에 불과하다. 대장동 개발계획이 승인된 2015년 6월만 해도 임대주택을 15% 짓겠다고 했지만, 이마저도 지켜지지 않은 것이다.[45] 그는 정말 서민의 주거에 관심이 있는 걸까.

이재명, 대장동 몸통으로 떠오르다

이재명 측은 성남의뜰 지분구조에 대해 '우리들은 공익적 구조로 설계돼 있다'고 주장한다. '성남도시개발공사가 50%+1주를 가지고 있고, 나머지 민간 주주 중에서도 금융회사가 43%를 가지고 있다'며 '실제 개인 민간 주주는 7%에 불과하다'는 것이다. 그런데 중요한 것은 경제적 실익이 누구한테 가느냐다. 7%에 불과한 개인 민간 주주가 배당에 있어서 80%를 가져가는 게 도대체 말이 되는가. 앞에서 말한 하이 리스크, 하이 리턴이 제대로 작동한다면 '리스크'를 담당한 성남도시개발공사가 수익을 더 많이 가져가야 옳지만, 위험을 부담하기는커녕 택지를 수의계약으로 낙찰받는 특혜까지 누린 화천대유 일당이 대부분 수익을 가져갔다. 그래도 화천대유는 아파트 공사라도 했지만, SK증권 뒤에 숨은 천화동인 일당들은 아무런 일도 하지 않은 채 천문학적 이익을 남겼으니, 여기에 무슨 공정과 상식이 있는가?

대장동 의혹이 터진 2021년 9월 14일, 이재명은 기자회견을 열어 다음과 같이 반박했다. "대장동 개발은 민간특혜개발사업을 막고, 5,503억 원을 시민 이익으로 환수한 모범적 공익사업이었다.", "성남시는 돈 한 푼 투자하거나 위험부담 없이 인허가권 행사만으로 무려 5,503억 원 상당의 개발이익을 환수했다."[46] 하지만 우리는 이제 알게 됐다. 그가 말한, 단군 이래 최대의 공익환수사업이라는 5,503억 원은 아파트단지 건설에 으레 따르기 마련인 기부채납이며, 이를

이재명 더불어민주당 대선 예비 후보 | 지난 14일
사실 이 설계는 제가 한 겁니다.
유동규 사장이 실무자로 당시에 도시주택공사 담당 임원이었죠.

"사실 이 설계는 제가 한 겁니다"

제외하면 성남시가 실제 챙긴 돈은 1,822억 원에 불과하다는 것을. 그리고 이건 1,822억 원을 초과하는 이익을 지분 7%짜리 민간 주주가 다 쓸어가도록 만든 잘못된 구조 탓이라는 것을. 그렇다면 이 구조를 만든 이가 누구인지 찾아내야 한다. 그가 알고도 이런 짓을 했다면 공공으로 가야 할 돈을 빼돌린 주범이 될 것이며, 몰랐다면 공공의 이익을 외면한 배임이 될 테니 말이다. 고맙게도 이재명은 2021년 9월 14일 기자회견에서 이게 자신의 짓임을 자백한다.

"(유 전 사장은) 퇴직했고…사실 이 설계는 제가 한 겁니다. 유동규 사장이 실무자로 당시에 도시주택공사 담당 임원이었죠."[47]

하지만 대장동 문제가 심각해지자 이재명은 초과이익 환수조항이 삭제된 게 자신과 아무런 상관이 없다고 말한다. "초과이익 환수조항은 처음부터 없었으니 '삭제'할 수 없다. 초과이익 환수 추가 의견을 '미채택'했다고 하는 것이 맞다. 언론인 여러분은 팩트에 기반해 '초과이익 환수조항 삭제'가 아니라 '초과이익 환수의견 미채택'으로 보도하고 기존 보도는 정정해 주기 바란다."[48] 직원이 초과이익 환수조항을 넣자는데 그걸 들어주지 않았으니 난 죄가 없다? 대장동 사업의 책임자치곤 말이 너무 궁색해 보인다. 그러거나 말거나 윤석열 후보를 비롯한 국민의힘에선 이재명이 대장동 몸통이라며 공세를 폈고, 측근인 유동규가 구속된 뒤엔 이재명에게 대선 후보 사퇴를 요구했다. 이재명은 "지휘하던 직원이 제가 소관한 사무에서 불미스러운 일에 연루한 점에 대해 안타깝게 생각한다"면서도 "한전 직원이 뇌물 받고, 부정행위를 하면 대통령이 사퇴하느냐"며 사퇴 요구를 반박했다.[49] 늘 느끼는 것이지만 이재명은 전혀 공감 안 되는 비유를 통해 위기를 모면하려 한다. 이재명 측근인 유동규가 뇌물을 받아 구속된 걸 대통령과 한전 직원의 관계로 치환하는 게 말이 되는가? 그보다는 대통령 측근인 국토부 장관이 땅 투기를 하다 걸렸다는 게 훨씬 더 그럴듯하다.

이재명의 국감 정면승부

유동규의 구속에도 불구하고 이재명은 여전히 대장동 개발이 "사과할 일이 아니라 칭찬받아야 할 일이라고 확신한다"고 말한다. 하지만 상황은 점점 심각해졌다. 천화동인 5호 정영학 회계사가 제출한 녹취록에서 김만배(천화동인 1호)가 "천화동인 1호 배당금 절반은 그분 것"이라는 내용이 있다는 게 알려진다.[50] 친정권 검찰의 표상인 중앙지검장 이정수는 '그분'이 정치인이 아니라고 수습해 봤지만, 대부분의 국민은 '그분'이 이재명이라고 믿었다. 야당의 공세도 더 심해졌다. 당시 윤석열 대선 후보의 말이다. "이 지사는 본인이 '그분'임을 고백하고 당당하게 특검 수사를 자청, 심판을 받아야 한다."[51]

해마다 10월이면 국정감사가 열린다. 야당이 질의를 통해 정부·여당의 잘잘못을 따지는 자리. 때가 때인 만큼 2021년 국감은 대장동 국감이 될 터였다. 그래서 캠프 사람들은 이재명에게 조언했다. 경기도지사를 사퇴함으로써 국정감사를 피해 가라고. 이재명은 그 제안을 거부하고 승부수를 던졌다. 국감에 당당히 출석해 의혹을 털고 가겠다고 한 것이다. 반면 국민의힘은 파상 공세를 예고했다. 김기현 당시 원내대표는 "이재명의 추악한 아수라 가면을 벗겨낼 것"이라고 장담하기까지 했다.[52] 행정안전위의 경기도 국감이 열리는 10월 18일, 국감장엔 전운이 감돌았다.

하지만 국감이 진행될수록, 야당 지지자들의 얼굴엔 실망감이 감돌았다. 대장동의 진실을 밝혀줄 것으로 기대한 국민의힘이 너무 무력해서였다. 그들은 "이익을 '몰빵'해서 주자고 한 것은 여러분 소속이던 국민의힘", "국민의힘 시의회가 민간 개발하라고 4년간 저를 괴롭혔다" 같은 이재명의 본질 흐리기에 효과적으로 대응하지 못했고, 이재명을 꼼짝 못 하게 만들 한방도 갖고 있지 않았다.[53] 김용판 국민의힘 의원은 이재명이 조직폭력배로부터 20억 원을 받았다며 현금다발 사진을 공개했고, 서범수 의원은 "이재명 씨, 당신 그런 사람 아니었잖아. 당신 나쁜 사람이야. 그 정도로 후진 놈이었어"라는 말이 담긴 김부선 씨의 녹취록을 틀려다 민주당의 반발로 무산되자, 직접 육성 메시지를 읽기도 했다.[54] 이런 공격이 의미가 없는 건 아니겠지만, 대장동 의혹과 전혀 상관없는 이런 공격은 국민에게 반감만 불러일으켰을 뿐이었다.

반면 이재명은 시종일관 여유 있게 자신을 겨누던 의혹에 대해 해명했다. 자신의 설계자 발언에 대해서는 "성남시 내부 이익환수 방법, 절차, 보장책 등을 설계했다는 것"[55]이라고 했고, 배임 책임에 대해선 다음과 같이 말했다. "다른 개발사업은 전부 민간에 개발 허가를 해주고 있었는데, 내가 거의 처음으로 공공개발을 시도했다. 공공개발 못 해서 민관합작으로 절반은 환수한 것이다."[56] 물론 이번 국감에서 국민의힘이 불리하긴 했다. 국힘이 신청한 증인 20여 명은 모조리 거부됐으며, 이재명 측은 자료제출 요구에 모르쇠로 일관하다 막판에, 그것도 일부만을 제출했을 뿐이다.[57] 또한 위원장을 맡은 민주당 서영교는 국힘 의원들의 질문이 끝날 때마다 이재명에게 충분한 답변 시간을 보장해 줬다. 하지만 이런 불리함으로 감추기엔 국힘의 무능이 너무 컸다. '대장동 1타 강사'로 이름을 날린 원희룡이 저 자리에 있었다면 조금은 나았을 테지만, 안타깝게도 그는 의원 신분이 아니었다. 결국 국정감사에서 국민의 답답함을 약간이나마 풀어준 이는 정의당 이은주 의원의 다음 발언이었다. "성과는 내 공로이고, 불법행위는 모르는 일이고, 상상을 초월한 이익은 예측할 수 없었다, 그건 아니지 않습니까."[58]

검찰수사와 특검 사이

대장동 국감이 시작되던 2021년 10월 18일 새벽, 남욱 변호사가 귀국했다. 천화동인 4호 실소유주로 8,721만 원을 성남의뜰에 투자해 1천억 원가량의 배당금을 받은 인물. 그는 대장동 수사가 시작되자마자 미국으로 튀었다가, 검찰이 여권 무효화 조치를 하자 견디지 못하고 귀국한 것이다. 남욱은 공항에 내리자마자 검찰에 체포됐는데, 검찰은 이틀간 조사 후 남욱을 석방해 버린다. 10월 14일 김만배에 대해 구속영장을 청구했다가 기각된 데 이어 남욱까지 풀어주자, 검찰에 대한 비판의 목소리가 커졌다. 핵심 피의자를 체포할 정도라면 사전에 준비를 철저히 해야 했는데, 준비가 전혀 안 된 티가 팍팍 나서였다.

놀랍게도 박범계 법무부 장관은 이런 검찰을 두둔했다. 이미 미국으로 도망갔다 어쩔 수 없이 귀국한 남욱을 가리켜 "스스로 국내에 입국했다는 측면에서 도주 우려가 없어 보인다"며 검찰이 석방한 게 문제없다고 하더니, "수사팀의 능력과 의지를 믿고 있"단다.[59] 앞으로도 계속 수사를 대충하라는, 법무부 장관의 수사개입 같은데, 박범계와 달리 국민들 사이에선 특검에 대한 요구가 들불처럼 일었다. 검찰총장 김오수, 중앙지검장 이정수 등 소위 친정권 검사들은 실력도 실력이지만 수사 의지조차 없어 보였기 때문이었다. 11월 4일이 돼서야 검찰은 김만배와 남욱을 구속하는 데 성공하지만, 유동규를 기소하면서 구속영장에 적시한 '수천억 원대 배임 혐의'를 제외한 걸 보면, 검찰수사에 신뢰를 갖긴 힘들어 보인다. 검찰 출신인 김종민 변호사의 말을 들어보자. "유동규를 기소하며 배임 혐의를 뺀 것은 공소권 남용 수준이다. 검찰이 '이재명 일병 구하기'에 총대를 멘 것이다."[60]

야당이 시종일관 특검을 주장한 것은 당연했다. 문제는 이재명이었다. 자기 말처럼 아무런 잘못이 없다면 특검에 임하면 될 텐데, 이재명은 특검을 거부하거나, 이런저런 조건을 달면서 사실상 특검을 회피하려 했다. 특검에 대한 이재명의 발언을 시간 순서대로 보자.

- 2021년 9월 22일 동작소방서에서 이재명, 거부: "(대장동 개발은) 객관적으로 봐도 제가 잘한 일이고, 특검이니 국정조사를 하겠다는 것은 정치 쟁점화해 의심을 확대하고 의혹을 부풀려 공격하겠다는 것 아니냐. 이미 제가 수사를 100% 동의한다고 해서 수사가 진행 중이다. (바로 특검을 한다면) 수사기관이 왜 필요하겠나⋯이런 걸 저질 정치라고 한다."[61]

- 2021년 11월 10일 관훈토론회에서 이재명, 조건부 수용: "대장동 개발 의혹과 관련해 검찰수사를 지켜보되 미진한 점이 있거나 의문이 남는다면 특검이든, 어떤 형태로든 철저한 진상 규명을 하겠다. 단 윤석열 국민의힘 대선 후보가 대장동 초기 자금 조달 관련 비리를 담당했던 주임검사일 때 이 문제(부산저축은행사건)를 알고도 덮었

다는 의혹도 수사해야 한다."[62]

　- 2021년 11월 18일 민주당사에서 이재명, 수용: "조건을 붙이지 않고 아무 때나 여야 합의해서 특검을 하는 게 바람직하다고 생각한다."[63]

　- 2021년 12월 1일 법사위, 민주당 거부: 민주당이 이재명 특검법을 상정 안건에서 누락시키자 국민의힘 의원들이 항의하며 퇴장함. 민주당은 "여야 지도부 합의가 필요하다"는 걸 이유로 댔지만, 국민의힘은 계속 특검을 요구했기 때문에 이는 특검을 하기 싫다는 핑계에 불과. 조건 없는 특검수용을 얘기한 이재명은 여기에 대해 침묵함.[64]

　- 2021년 12월 10일 유한기 본부장 사망 직후 이재명, 다시 특검하자 주장: "고인의 극단적 선택에 대해 비통한 심정"이라며 "실체적 진실을 밝히기 위해서라도 조속히 특검을 추진해야 할 것."[65]

　- 2021년 12월 12일 대구·경북 방문 때 이재명, 특검하자: "처음부터 끝까지 성역 없이 수사하는 특검이 반드시 필요하다."[66]

　- 2022년 3월 2일 대선 TV토론 이재명, 특검하자: "대선 끝나고 특검하자고 동의해 주시고, 문제가 드러나면 당선돼도 책임지자. 동의하십니까? 동의하십니까? 동의하십니까? 동의하십니까? 동의하십니까?"[67]

　국민이 원했던 건 대선 전에 특검에 돌입해 수사를 끝내는 것.

하지만 여기엔 시간이 많이 소요된다. 특검법을 통과시켜도 수사를 담당할 특검을 구성해야 하고, 수사 기간도 최소 2~3개월 정도는 필요하기 때문이다. 여기에 매 단계마다 반복될 여야의 싸움까지 합치면, 9월에 시작해야 대선 전에 수사를 겨우 마칠 수 있다. 일각에서 제기되는 상설특검을 하는 경우 시간은 좀 단축되겠지만, 그래봤자 최소 4개월이다.[68] 처음에 특검을 이리저리 피하던 이재명이 시간이 갈수록 특검에 호의적이 되고, 대선을 일주일 앞두고선 "동의하느냐"를 다섯 번 외칠 정도로 공세적으로 된 데는 '이 정도 버텼으면 남은 시간으로 보아 특검이 불가능하겠지'란 나름의 계산이 작용했으리라.

결국 특검은 시작도 못 한 채 대선이 치러졌지만, 이재명은 선거에서 졌다. 민주당이 여전히 다수 의석이라 특검을 하는 건 어렵겠지만, 현재 검찰이 대장동 의혹을 수사 중이니, 조만간 피의자로 검찰에 출석하는 이재명의 모습을 볼 수 있으리라. 대선 전에는 특검만이 답이라고 생각했지만, 현 검찰이 많은 성과를 내는 걸 보니 이젠 굳이 그럴 필요는 없어 보인다. 내 바람은 딱 두 가지다. 첫째, 대장동 수사가 일사천리로 진행돼 사건의 주범들이 단죄되는 것. 둘째, 세상 사람들 중 단 몇 명이라도 이렇게 말해주는 거다. "대장동 사건, 김경율이 일주일 동안 엑셀 보면서 진상을 밝혀냈잖아!"

김용의 구속

유동규가 대장동 핵심으로 떠오르던 2021년 10월 3일, 이재명 당시 경기지사는 유동규가 측근이라는 세간의 설을 부정하며 다음과 같이 말했다. "(유동규가) 선거를 도와준 것은 맞다. 하지만 선거를 도와준 사람이라고 다 측근이라고 해야 하냐…(측근이라면) 비서실 등 지근거리에서 보좌를 하던지 정진상, 김용 정도는 돼야 하지 않나." 실제로 김용은 이재명이 경기도지사를 하던 시절 경기도 대변인이었고, 대선후보 땐 선거대책위원회 조직부본부장을 맡은 최측근이었다. 2020년 1월에는 김용이 총선 출마를 염두에 두고 마련한 출판기념회에서 "제 분신과 같은 사람"이라고 한 적도 있다.[69] 그 김용이 2022년 10월 19일 오전, 체포됐다. 당시 기사를 보자.

"서울중앙지검 반부패수사3부(부장검사 강백신)는 이날 오전 김 부원장 자택을 압수수색하며 체포영장을 집행했다. 김 부원장은 유전 본부장 등 대장동 및 위례 개발 민간사업자들로부터 8억 원가량의 불법자금을 수수한 혐의(정치자금법 위반)를 받는다."[70]

전달체계를 보면 다음과 같다.

- 김용이 유동규에게 20억 원을 요구한다.

- 유동규는 천화동인 4호 남욱 변호사를 시켜 돈을 만들라고 한다.
　- 남욱은 사업상 친분이 있는 이 모 씨를 시켜서 돈을 만든다.
　- 남욱은 대장동 실무를 담당한 정민용 변호사에게 돈을 건넨다.
　- 정민용은 다시 유동규에게 돈을 건넸다.
　- 이런 식으로 유동규는 김용에게 2021년 4~8월 사이 3차례에 걸쳐 현금 8억 원을 전달한다.

　다시 말해 대장동 일당들이 현금을 만들어 전달한 것. 이걸 이리도 은밀하게 했던 이유는 이 돈이 대선자금으로 쓰인 게 아니냐는 게 검찰의 추측이다. 돈이 전달된 시점이 이재명이 민주당 경선에 뛰어든 것과 일치하니, 이 추측은 충분히 일리가 있다. 여기에 단서를 제공한 이는 자금 전달책 중 하나인 이 모 씨, 그는 8억 원을 언제, 어디서, 어떻게 정 변호사에게 전달했는지를 구체적으로 기록한 '메모'를 작성했는데, 그가 남욱과 함께 이 메모를 검찰에 자발적으로 제출했단다. 법원에서 김용에 대한 체포영장이 발부된 것은 바로 이 점을 고려했기 때문인데, 이걸 보면 유동규 말고 남욱마저도 심경의 변화를 일으킨 게 아닌가 의심된다.[71]
　급기야 검찰은 체포영장을 집행한 그날, 김용이 근무했던 민주연구원에 대한 압수수색을 시도했다. '급기야'라는 표현을 쓴 이유는 민주연구원이 민주당사 8층에 위치했기 때문인데, 잘 모르는 사람이 보면 제1야당의 당사에 검찰이 쳐들어간 걸로 비춰질 수 있었다. 당연한 얘기지만 민주당은 이걸 빌미로 검찰의 진입을 막았다. 박홍근 원내대표는 국정감사를 하던 의원들에게 이 소식을 전하며 당사로 집결할 것을 요구했고, 그 결과 오후 세시 경부터 밤 10시 47분까지 민주당과 검찰의 대치가 이어졌다. 이 과정에서 호승진 검사는 검찰 출신 민주당 의원인 김교흥 의원과 설전을 벌이던 중 다음과 같은 말로 심금을 울렸다. "저는 예나 지금이나 똑같은 검사고 똑같은 일을 하고 있습니다. 불과 몇 년 전에 제가 어떤 사건을 수사할 때는 민주당 의원님들 박수치시고 잘하고 있다, 하던 분들이 왜 이제는 정치검찰이라고 하십니까?"[72]

이해 안 가는 대목이 있다. 민주당의 주장대로 김용이 연구원에 근무한 지 얼마 되지도 않았고, 가봐야 아무것도 없을 거라면 그냥 들어가게 하는 게 낫지 않을까? 그런데도 현역 의원 30여 명이 국감을 내팽개친 채 당사를 막았고—고민정은 막은 게 아니라 그냥 서 있었던 것이라는 희대의 변명을 했다—그 과정에서 한 의원은 "증거는 벌써 치웠다"는 망언까지 했다. 민주당의 방해로 검찰의 압수수색은 끝내 무산됐지만, 이건 실패가 아니었다. 구속 사유 중 가장 중요한 게 도주와 증거인멸의 우려, 법원으로서는 당사 진입을 결사적으로 막는 민주당의 모습에서 증거인멸의 기운을 느끼지 않았을까? 실제로 법원은 10월 22일 새벽 김용의 구속영장을 발부했는데, 그 이유가 "증거인멸 우려가 있다"였으니, 검찰의 시도는 성공적이었

다.[73]

궁금했다. 김용에겐 측근이 아니란 변명도 통하지 않을 텐데, 이재명은 이를 어떻게 돌파할까? 놀랍게도 그가 택한 방법은 '특검을 하자'였다. 특검은 검찰수사가 지지부진할 때, 또는 정권 내부의 비리가 있어서 검찰이 중립적인 수사를 하지 못할 때 하는 것인데, 지금은 검찰수사가 속도를 내고 있는 데다 수사 대상이 제1야당의 대표. 그러니 국민 세금을 들여 특검을 할 이유는 없다. 게다가 특검 대상이 대장동과 더불어 '윤 대통령은 왜 김만배 누나에게 집을 팔았는가'와 '부산저축은행 부실수사'라니, 이 책을 읽는 독자들은 이재명의 주장에 코웃음을 칠 것 같다. 조금만 참으시라. 대장동의 진실이 낱낱이 밝혀지고, 그 일을 벌인 일당들이 단죄되는 그날이 이제 멀지 않았다.

5장

쌍방울 변호사비
대납 의혹

01
죄는 내가 짓고,
변호사비는 남이 낸다?

"쌍방울과의 인연은 내복 하나 사 입은 것밖에 없다."[1] 2022년 9월 1일, 민주당 대표가 된 이재명은 자신과 쌍방울의 수상한 관계를 언급한 권성동 국민의힘 원내대표의 말에 웃기지도 않는 농담으로 응수했다. '쌍방울'이란 이름 때문에 '남성 속옷을 겨냥해 이름을 그렇게 지은 게 아니냐'는 오해를 받지만, 쌍방울의 어원은 회사를 창업한 두 형제의 이름에 '방울'을 뜻하는 '령(鈴)'이 들어간 데서 기인한다. 최고의 히트상품은 바로 트라이(TRY), 나이가 좀 있는 분들은 미녀가 탄 엘리베이터 문이 닫힌 뒤 이덕화가 속상해하며 문을 손으로 치는 CF를 기억할 것이다. 그 시대를 치열하게 산 아재라면, '지금 이 순간, 여유로 다가와 날 부르는 그대. 오~ 트라이'란 시엠송까지 떠올릴 것이다. 그러니 이재명이 쌍방울 내복을 샀다 해도, 그게 문제될 이유는 없다.

쌍방울에 무슨 일이?

권성동이 지적한 건 다른 데 있다. TRY 속옷을 만들어 대박을 터뜨리고, 프로야구팀 '쌍방울 레이더스'를 창단하는 등 호남에 연고를 둔 기업으로 군림하던 쌍방울은 1997년 IMF 외환위기를 이기지 못하고 법정관리에 돌입한다. 그 뒤 경영권이 몇 차례 넘어갔지만, 2010년부터는 김성태—자유한국당 원내대표를 지낸 그분 아님—가 실소유주로 알려져 있다. 호남 지역 조폭 출신이란 의혹을 받고 있는 그는 2014년 조폭 조직원들과 시세 조종을 공모한 혐의로 재판에 넘겨져 징역 3년에 집행유예 5년을 선고받은 바 있다.[2] 그래, 범죄 한번 저지를 수 있지. 그 뒤 개과천선해서 떳떳하게 살면 되는 거 아닌가?

그런데 금융정보분석원(FIU)의 조사에 따르면 김성태는 여전히 '바른 생활'과는 거리가 먼 모양이다. 그가 소유한 쌍방울에서 수상한 일이 자주 벌어져서다. 예컨대 지난 2020년 4월, 쌍방울은 전환사채 45억 원어치를 발행한다. 전환사채란 당장 쓸 돈을 빌리기 위해 발행하는 채권, 이를 통해 쌍방울은 45억 원의 현금을 확보하고 전환사채를 산 사람은 장차 현금이나 주식으로 돌려받을 수 있다. 그런데 뭔가 이상했다. 그로부터 11개월이 지난 2021년 3월, 쌍방울은 자신들이 발행했던 전환사채를 다시 사들인다. 이게 뭐야, 라고 의아해하던 6월 10일, 쌍방울은 신원을 알 수 없는 5명에게 이 전환사채 45억 원어치를 팔고, 전환사채를 산 개인 5명은 당일에 바로 쌍방울 주식으로 바꿔버렸다. 문제는 다음이었다. 당시 쌍방울은 이스타항공 인수에 참여한다는 소문 때문에 주가가 급등하고 있었기에, 그 개인 5명이 얻은 주식의 가치는 종가 기준 무려 100억 원이나 됐다.[3] 단 하루 동안의 거래를 통해 이들이 챙긴 건 무려 55억 원, 관계 당국이 이 거래를 수상하게 여긴 건 당연한 일이었다. 이 다섯 명은 누구며, 이들이 차익으로 남긴 55억 원은 어디로 흘러간 걸까. 혹자는 이런 의심을 했다. 혹시 이재명의 변호사비로 쓰인 건 아닐까?

이재명의 변호사비에 대해선 예전부터 말이 있었다. 이재명은 유독 재판을 많이 경험한 정치인. 예컨대 지방선거에서 친형 강제입원에 관한 허위사실을 유포했다는 혐의만 해도 1심, 2심, 3심은 물론 파기환송심까지, 2년이 넘는 기간 동안 정말 많은 재판을 치렀다. 그 기간 이재명은 전직 대법관 등 고위 법관 출신이거나 대형로펌 에이스들이 주축을 이룬 28명의 초호화 변호인단을 구성했다. 법조계에서는 이 정도의 변호인단을 꾸리려면 100억 원 정도는 들 거라고 추측했으니, 집안이 거덜 나는 게 맞다. 그런데 실상은 전혀 달랐다. 재판 직전인 2017년 신고한 이재명의 재산은 26억8천만 원인데, 재판이 끝난 2021년도에는 28억6천만 원으로 오히려 1억8천만 원이 증가한 것이다. 이재명과 민주당 대선 경선에서 대결한 이낙연 측은 그래서 이런 공세를 폈다. "상상조차 하기 싫지만, 만약 (변호사비) 대납의 경우라면 상당히 문제가 중대하다. 이명박 전 대통령도 변호사비

	이재명 지사 재판별 변호사 명단
대법원 (3심)	• 변호사 김&장 법률사무소(담당변호사 : 이상훈) • 법무법인 엘케이비앤파트너스(담당변호사 : 김종근, 정진열, 신재연) • 법무법인 화우(담당변호사 : 이홍훈, 차지훈, 김성식, 조희환) • 법무법인 양재(담당변호사 : 최병모) • 법무법인 한결(담당변호사 : 송두환) • 변호사 나승철 • 법무법인 덕수(담당변호사 : 김형태) • 법무법인 경(담당변호사 : 백승헌)
수원고법 (파기환송)	• 법무법인 엘케이비앤파트너스 　(담당변호사 : 김종근, 정진열, 신재연, 이힘찬, 이평희) • 변호사 나승철 • 변호사 이태형 • 법무법인 중원(담당변호사 : 권재칠, 박현민, 김태연, 박영섭)
수원고법 (2심)	• 법무법인 엘케이비앤파트너스 　(담당변호사 : 김종근, 이승엽, 정진열, 신재연, 이힘찬, 이평희) • 변호사 나승철 • 변호사 이태형 • 법무법인 중원(담당변호사 : 권재칠, 박현민, 김태연, 박영섭)
수원지법 (1심)	• 법무법인 평상(담당변호사 : 강찬우, 하지인, 신성윤) • 변호사 이태형 • 법무법인 엘케이비앤파트너스 　(담당변호사 : 김종근, 이힘찬, 이승엽, 정진열, 이평희) • 변호사 나승철 • 법무법인 소백(담당변호사 : 황정근, 최원재, 황수림) • 변호사 김준엽

대납 문제로 실형을 선고받았던 사례가 있다."[4]

내복 한 벌로 퉁칠 수 없는 이유 - 이화영

물론 이재명은 이게 다 사실이 아니라고 말한다. 자신이 변호사
비로 쓴 돈은 2억5천만 원에 불과하며, 재산이 증가한 건 부동산 가
격이 오른 탓이란다. 그러면서 그는 이렇게 말한다. "내가 정말로 변
호사비를 불법으로 받았으면 나를 구속하라." 그런데 내복 한 벌 말
고도 이재명과 쌍방울 간에 모종의 관계가 있다는 게 드러나 버렸
다. 쌍방울그룹의 비리 의혹을 수사하던 검찰이 이화영 전 킨텍스
대표이사의 뇌물수수 의혹을 포착한 것이다.

이화영은 이재명이 경기도지사를 하던 2018년 8월부터 3년간
평화부지사를 지낸, 측근 중의 측근이다. 그런데 이화영은 2017년 3
월부터 쌍방울 사외이사로 근무하다, 이재명이 경기도지사에 당선
된 2018년 6월, 사외이사를 그만둔다. 사외이사를 그만뒀다면 그 혜
택도 받지 말아야 하는데, 이화영은 2019년 1월부터 매달 수백만 원
씩 쌍방울 법인카드를 썼다.[5] 2020년 9월엔 이화영의 직위가 평화부
지사에서 킨텍스 대표이사로 바뀌었지만, 생활비를 쌍방울 법카에
의존하는 건 여전했다. 휴대전화 요금부터 호텔비, 마사지 비용, 개
인 병원비에 가전제품 구입까지 법인카드로 계산했다는데, 2021년

9월까지 그가 쓴 법인카드 총액은 2억2천만 원에 달했다. 같은 기간 그가 개인카드로 쓴 돈은 달랑 571만 원이라니, 법인카드로 생활을 했다고 해도 지나치지 않다. 이는 지난 대선 때도 문제가 됐다. 김병민 당시 국민의힘 대변인이 2021년 11월 25일 낸 성명을 보자. "이 후보의 최측근 정치인인 이화영 킨텍스 대표는 쌍방울그룹에서 사외이사로 법인카드를 받아 흥청망청 썼다고 한다. 이해찬 전 대표의 비서실장 출신인 정치인도 쌍방울그룹으로부터 돈을 받았다는 의혹도 제기됐다."[6]

그런데 2021년 9월, 이화영은 갑자기 법인카드 사용을 중단한다. 뒤늦게 양심의 소리에 굴복했을 수도 있지만, 2021년 9월이 이재명의 변호사비 대납 의혹이 제기된 때라는 게 더 합리적인 이유가 아닐까? 이유가 뭐든 이화영은 2022년 9월 28일, 법카와 외제차 제공 등 총 2억5천만 원의 뇌물을 받은 혐의로 구속됐다. 뇌물을 받은 것도 모자라 이화영은 자신의 측근을 쌍방울 직원으로 허위 등재해 임금 9천여만 원을 지급받도록 한 혐의도 받고 있다.[7] 그런데 법인카드를 통해 뇌물을 공여한 쌍방울은 뭘 얻었을까? 검찰에 따르면 쌍방울이 2019년 1월과 5월, 중국 선양에서 북측 조선아시아태평양평화위원회 및 민족경제협력연합회 등과 경제협력사업 관련 합의서를 작성하는 데 이화영이 핵심적인 역할을 했다. 몇억의 뇌물을 준 덕에 쌍방울 계열사가 북한의 희토류를 포함한 광물에 대한 사업권을 약정받았고, 관련 주식이 폭등하기까지 했다니, 그리 손해 보는 장

사는 아니었을 것 같다.

사실 이화영은 좀 억울할 수 있다. 검찰이 이재명의 변호사비 대납 의혹을 수사하는 과정에서 자신이 법카를 쓴 게 탄로 났으니 말이다. 그렇다고 이화영도 마냥 억울해해서는 안 된다. 한번 껌을 씹었다 하면 단물을 다 빨아먹을 때까지 씹는 게 이 바닥 인간들의 특징, 이화영도 여러 가지 명목으로 쌍방울로부터 돈을 뜯어냈으니 말이다. 예컨대 이화영이 평화부지사로 재직하던 시절, 경기도는 민간단체인 아태평화교류협회(아태협)와 함께 '아시아·태평양의 평화 번영을 위한 국제대회'를 빙자한 대북사업지원 행사를 연다. 2018년 11월엔 고양시, 2019년 7월에는 필리핀에서 행사가 열렸는데, 경기도는 도의회 반대를 무릅쓰고 두 대회에 남북협력기금 3억 원씩, 총 6억 원을 지원했다. 그리고 쌍방울은 아태협을 통해 나머지 수억 원의 비용을 부담했다.[8]

갑자기 대북지원 단체가 된 아태협

변호사비 대납과는 직접적인 상관은 없지만, 아태협에 대해 잠시 알아보고 싶어진다. 원래 아태협은 그 이름처럼 동북아 평화를 위한 단체, 하지만 이재명이 경기도지사가 된 후 아태협은 갑자기 대북사업지원단체로 지정받는다. 정체를 알 수 없는 단체에 경기도민의 세금 6억 원을 지원하다니, 민주당 도의원조차 이를 이해할 수 없었다. 2019년 11월 13일 경기도의회 회의록에 나온 도의원 김강식의 말을 들어보자.

"이 단체가 주로 했던 사업들은 어떤 사업인지 아시죠? 그거는 동북아 전쟁에 대한 부분들 속에서의 평화에 대한 얘기를 하고 있는 것 같아요. 그런데 어느 날 갑자기 이 단체가 홈페이지에 보니까 남북협력사업을 한다고 했는데 자기네들이 한다고 적혀 있어요. 3월 8일 날 (통일부로부터 대북지원사업자로) 지정이 됐더라고요…대북지원사업자 지정을 받으려면 보니까 3년 동안 이런 실적들이 있어야지만 이걸 지정을 받더라고요. 그래서 이 부분들의 실적이나 내용이 있는지 확인 좀 해달라고 했는데 없어서…남북교류협력기금들을 사용할 때에는 그런 목적, 경험들이나 어떤 노하우들이 있는 부분들에 대해서 쓰여야지 이 부분들이 투명하게 정리될 수 있는데 안 그러면 자칫 잘못하면 진짜 곶감 빼먹듯이 그냥 이용될 수도 있다는 우려 때문에 이런 내용을 이야기를 해 드렸습니다."[9]

요약하면 대북지원사업에 관한 실적이 전무한 단체에 남북교류협력기금을 사용하는 게 말이 되느냐는 것. 심지어 필리핀 행사 때도 미숙한 점이 많아, 교류가 될 수 있을지 김강식은 의구심이 들었단다. 그런데도 아태협은 승승장구했다. 경기도가 상세 내역을 제출하지 않아 정확한 건 알 수 없지만, 2019년 북한 묘목 지원, 어린이 영양식 지원 등을 하겠다며 경기도로부터 17억7천만 원의 보조금을 받은 적도 있다니 말이다. 쌍방울도 가만있지 않았다. 2018년부터 2020년까지 쌍방울그룹과 나노스 등의 계열사가 아태협에 준 기부금은 17억 원이나 된다. 쌍방울과 아태협이 원래부터 끈끈한 관계였다면 모를까, 2017년까지 쌍방울은 아태협에 한 푼도 준 적이 없었다. 그런데 이재명의 측근인 이화영이 평화부지사로 오자마자 이런 은총이 쏟아진 것이다. 돈을 직접 주는 것 말고도 쌍방울은 물심양면 아태협을 지원했다. 아태협 대표 안 모 씨의 말을 들어보자. "쌍방울그룹 김성태 회장이 있어요. 그분이 배려해서 제가 거기 사무실을 무상으로 쓰고 있어요."¹⁰ 2019년 1월 26일에는 서울 청담동 호텔에서 아태협 안 모 대표가 책 출판기념회를 열었는데, 이 자리엔 쌍방울 임원들이 대거 참석했다. 이것 가지고도 부족했는지 쌍방울은 계열사 중 하나인 나노스 사내이사를 안 대표에게 맡긴다.

대체 왜 이러는 걸까? 세간에선 쌍방울이 아태협을 통해 대북 사업권을 따내려 했다고 추측한다. 2018년 당시만 해도 문재인 전 대통령이 김정은과 정상회담을 하는 등 남북관계가 장밋빛으로 물들었을 때니, 쌍방울이 이러는 것도 이해가 된다. 훗날 JTBC 보도에 따르면 2019년 7월 필리핀에서 열린 아태협 행사에선 '블록체인'이 언급됐단다. "남과 북은 이미 손을 잡고 블록체인 기술 기반으로 문화와 관광, 스마트시티와 에너지, 자원과 국토개발, 물류와 유통사업 등을 시작하기로 했습니다."¹¹ 2020년 4월, 아태협은 실제로 코인 사업을 시작하는데, 그들이 붙인 코인 이름 APP427 중 APP는 아태협의 약자고, 427은 남북정상회담이 열린 4월 27일을 뜻한다. 아태협은 이 코인을 한반도 사업과 북한의 기준 화폐로 자리 잡게 하겠다고 설명하는데, 이들이 그 뒤 무엇을 했는지는 알려지지 않았지만, 얼마간의 자금이 북한으로 들어갔을 가능성도 있다.

이건 이화영의 비리일 뿐, 이재명이랑 무슨 상관이 있느냐고 따질 분들이 계실 것 같다. 그럼 다음은 어떨까. 아태협 간부들이 지난 대선 때 이재명 후보를 위해 불법 선거운동을 한 혐의로 재판에 넘겨진다.[12] 대전·충남지역에서 현행법상 허용되지 않는, 포럼 형태의 불법 소규모 조직을 만들어 선거운동을 벌인 혐의, 이 중 분과위원장 이 씨는 "범죄혐의가 소명되고 증거인멸의 우려가 있다"며 구속됐다. 쌍방울한테 기부금을 받은 대북지원단체가 왜 이재명을 지원한 것일까? 이재명이 무슨 북한이라도 되는 걸까?

간접지원만 하다 목이 탔는지, 쌍방울은 이재명에게 돈까지 낸다. 대선을 앞둔 2021년 10월, 쌍방울 양선길 회장 등 임원 4명은 이재명에게 법정 한도액인 1천만 원씩, 총 4천만 원을 후원한다.[13] 그런가 하면 쌍방울 실소유주 김성태와 쌍방울 부회장 출신의 방 모 씨는 비슷한 시기 민주당 대선 후보 김동연(현 경기도지사)에게 1천만 원씩, 총 2천만 원의 정치후원금을 낸다. 알다시피 김동연과 이재명은 대선을 일주일 앞둔 2022년 3월 2일, 후보 단일화를 선언한다. 쌍방울로 맺어진 인연이 하나가 되는 아름다운 장면. 아무래도 이재명과 쌍방울의 관계가 내복 한 벌로 퉁치기에는 너무 끈끈한 것 같다.

내복 한 벌로 퉁칠 수 없는 이유 - 수상한 변호사들

이재명의 인생 재판인 친형 강제입원 관련 허위사실 공표 사건을 비롯해 거의 모든 재판에서 변호를 맡은 이는 법무법인 M 소속의 이태형 변호사. 그런데 이분은 2019년부터 쌍방울 계열사인 비비안의 사외이사로 선임됐다가 이재명 캠프에서 활동하기 위해 2021년 1월 사임했다.[14] 이태형 말고도 법무법인 M에는 그룹 사외이사를 할 만한 훌륭한 변호사들이 많은 모양이다. 대검 중수부 검사를 지냈던 이남석 변호사는 쌍방울 사외이사, 전 대전지검 검사 김인숙은 계열사인 디모아 사외이사, 전 의정부지법 판사 임동규는 비비안 사외이사로 근무했다. 희한하게도 이들은 변호사비 대납 의혹이 불거진 2021년 이후 일신상 이유로 사임했다.[15] 법무법인 M 소속은 아니지만 강인철 전 전북경찰청장(아이오케이컴퍼니)과 안호봉 전 서울중앙지법 판사(디모아)도 쌍방울 사외이사로 근무했다. 그러니까 2020~2022년, 총 7명의 검사 출신 변호사가 쌍방울 사외이사로 재직했다. 전직 검찰수사관 3명도 쌍방울그룹에 몸담고 있으니, 검찰 관계자 10명이 쌍방울이란 기업에 모여 있었던 것이다. 아무리 대기업이라 해도 검사 출신 사외이사는 많아야 2~3명이라는데, 자산규모 1,800억 원대에 불과한 쌍방울이 저리도 많은 전직 검사들을 임원으로 모시는 건 충분히 이상하다. 게다가 저들이 현역 때 기업 수사를 전문으로 했던 금융·특수통, 이쯤 되면 쌍방울이 뭔가를 꾸미는 게 아니냐는 의심이 들 만하다.

쌍방울 얘기를 하는데 나승철 변호사를 빼놓을 수는 없다. 그는 자타공인하는 이재명의 심복으로, 대선 캠프에 참여한 것 말고도 엄청난 활약을 했다. 첫째, 경기도지사 선거 당시 이재명의 법률지원단장을 맡아 불륜설을 제기한 김부선을 고발했다. 둘째, 이재명의 조폭 연루설을 제기한 〈그것이 알고싶다〉 제작진과 SBS 대표를 고발했다. 셋째, 혜경궁 김 씨 사건, 즉 김혜경이 해당 트위터 계정의 주인이라는 의혹이 일었을 때 이를 변호해 무혐의를 이끌어 냈다. 넷째, 법무법인 M 이태형 변호사와 함께 친형 강제입원 허위사실 공표 사건의 변호를 맡아 무죄 취지의 파기환송심을 이끌어 냈다. 다섯째, 지난 대선 때 이재명의 조카가 헤어지자는 여자친구와 그 어머니를 칼로 수십 번 찔러 죽인 사건이 이슈가 됐다. 당시 이재명은 이를 '데이트폭력'이라 말했는데, 격분한 유족들은 이재명을 상대로 손해배상 청구소송을 제기한다. 이때 변호사로 선임된 이도 나승철이다.

물론 이재명이 나승철의 헌신을 모른 체한 건 아니다. 경기도청 자료에 따르면 나승철은 2019년 1월부터 2021년 12월까지 경기도와 경기주택도시공사(GH), 경기아트센터 등에서 고문 변호사로 활동하며 자문료 2,198만 원을 받았다. 건당 자문료가 20만~30만 원이라는 점을 감안하면, 자문을 거의 독식했다고 할 수 있겠다. 지자체 관계자의 말이다. "규모가 큰 지자체에선 수십 명의 변호사와 고문 계약을 맺게 되는데, 이 중에는 자문료로 한 푼도 못 받는 사람도 있지만 수천만 원을 챙겨 가는 사람도 있다. 누구에게 자문을 맡길 것인지는 전적으로 지자체장 선택에 달려 있기 때문에 선임 과정은 대부분 비공개다."¹⁶ '지자체장의 선택'이란 글귀가 보는 이의 마음을 따뜻하게 한다.

하지만 감동하기엔 아직 이르다. 지자체마다 송사가 있기 마련인데, 이재명은 이를 이용해 나승철에게 보은했으니까. 이승엽, 강찬우, 이태형 변호사가 자문료와 수임료 명목으로 각각 9,504만 원, 1,561만 원, 754만 원가량을 받은 반면, 나승철이 경기도와 경기경제과학진흥원 등에서 받은 소송 수임료만 2억 819만 원이다. 이 정도만으로도 충성에 대한 대가는 충분할 것 같지만, 엉뚱하게도 쌍방울이 끼어든다. 나승철에게 연봉 3,200만 원에 달하는, 계열사 '나노스'의 사외이사 자리를 선사한 것이다.¹⁷ 이재명이야 받은 게 많으니 보은하는 게 당연하지만, 쌍방울은 왜 끼어든 걸까? 내가 경기지사라면 다음과 같은 생각을 했을 것 같다. '저리도 오지랖 넓은 기업에게 기회를 줘야겠어. 내가 내야 할 변호사비를 쌍방울한테 대신 내달라고 하면 좋아하겠지? 역시 난 천사야.'

변호사비 대납 의혹, 녹취록이 나오다

앞에서 말했듯, 이재명은 자신이 쓴 변호사비가 2억5천여만 원

김경율
2021년 10월 28일 · 🌐

페친이신 이창원님이 잘못 알고 계신데
조관합... 아니 민관합동 모형의 기업운영 방식입니다.
기업의 이윤을 공익목적으로 환수하는 모델이기도 합니다.

#정권_바뀌면_빤스는_반드시_두개_겹으로_입을_것!
#노팬티는_극형에_처함

이화영 전 의원; 이재명 경기지사 선대본부장, 이해찬 측근
최OO 전 대표; 김만배와 호형호제, 천화동인서 20억 빌려 5억 갚아
이태형 변호사; 이재명 1심~파기환송심 변호인, 이재명 캠프 법률지원단장
나승철 변호사; 이재명 1심~파기환송심 변호인, 이재명 캠프 법률지원
임동규 변호사; 이태형 법무법인 엠 소속 변호사
김인숙 변호사; 이태형 법무법인 엠 소속 변호사, 경기도 고문 변호사
김방림 전 의원; 박지원 국정원장 측근
안부수 아태평화교류협회장; 이재명 외곽조직 발기인
김형기 전 통일부 차관; 문재인 대선후보 자문단
김영수 전 국회 대변인; 정세균 총리 공보실장
김태랑 민주당 고문; 친 김두관계 민주당 인사
방용철 민화협 공동의장; S사 그룹 계열사 대표 역임
장영달 전 의원; S사 그룹 계열사 사외이사, 추미애 후원회장
서갑원 전 의원; S사 그룹 복수 계열사 사외이사
김영현 변호사; S사 그룹 계열사 사외이사, 이재명 선거법 화우 출신
양재식 전 특검보; 박영수 전 특검의 오른팔
맹주천 변호사; 박영수 법무법인 강남 소속 변호사
이남석 변호사; 맹주천 변호사와 같은날 사외이사 취임
S사 그룹 오너 K회장; 불법대부, 주가조작 혐의로 유죄 판결

쌍방울 사외이사 명단

이라고 말한다. 이건 재판에 참여한 변호사들의 이름값에 비하면 터무니없이 싸다. 그런데 여기서 돌발사건이 터진다. 변호사비 대납을 의심할 만한 녹취록이 나온 것이다. 녹취록은 5분짜리, 21분짜리, 48분짜리 등 여러 버전이 있으며, 등장인물은 이재명의 전담 변호사 이태형, 더불어민주당 당원으로 시민단체 대표인 이병철, 이병철과 동업하는 온라인 제작 전문가 최 대표, 이렇게 셋이다.

셋의 관계는 다음과 같다. 최 대표는 이태형과 친분이 있으며, 이병철의 지인(혹은 동생) 변론과 관련해 이병철에게 이태형을 연결해 줬다. 녹취한 이는 이병철로, 이유는 이태형이 최 대표에게 한 말 때문이었다. 자신이 혜경궁 김 씨 사건을 맡았을 때 현금 3억 원과 상장사 주식 22억 원을 받았다는 것이다. 최 대표를 통해 이 얘기를 들은 이병철은 '이런 사람이 대통령이 되면 안 되겠다'는 생각에 2021년 6월, 이를 세상에 알리고자 지인이 사건을 의뢰하는 것처럼 꾸며 녹취록을 만든다. 그 후 이병철은 이 녹취록을 친문 단체인 깨어있는시민연대당(깨시연)에 전달한 바 있으니, 협박용으로 만든 것은 아니다. 다음은 〈주간조선〉이 입수한 녹취록 요약이다.

• 5분짜리 녹취록
이건 이병철과 이태형의 통화녹취로, 둘만 등장한다. 이병철이 자신의 지인 관련 사건을 이태형에게 맡기면서 수임료를 논의하는 내용이다. 여기서 전제는 '이태형 변호사가 이재명 당시 경기도지사 변호 수임료로 20억 원을 받았다'는 것.

이병철 지난달에 최 대표님하고 같이, 친구(이병철의 지인) 사건 때문에 기억나시죠. 사투리 많이 쓰는 사람…그때 착수금 3억에 성공보수 5억이라고 말씀하셨잖아요.

이태형 예.

이병철 …제가 금액(이재명 당시 도지사 수임료로 추정되는)을 이야기를 안 했어요. 그래서 내가 금액이 이제 25억 들었고 여기까지 이야기하니까 마음의 준비를 하고 있는데.

이태형 예.

이병철 동생(지인을 동생으로 부른 것 같다)이 고소하려는 금액은 한 150억 정도 되는 모양이어요. 그걸 검찰 단계에서 갚은 거로 처리해주는 조건으로 3억을 하시고, 집행유예 놓으면 한 5억 정도 더 받으시고. 왜냐면 이재명 지사 25억이니까, 충분히 맞는 금액이거든요.

이태형 예예. 잠깐만 25억이 뭐라고요?

이병철 최 대표가 이재명 지사 그거 빼 주는 것으로 그거 들었다고 그랬잖아요.

이태형 아, 예예.

이병철 그러니까 자기(동생)도 한 10억 이상 들 거라고 예상을 하고 있거든요. 성공보수로 3억. 그거는 50억 밑으로 나오는 거. 집행유예 나오면 한 5억 더. 이렇게 딜을 했으면 싶은데.

이태형 착수금은 1억은 받아야 할 거예요.[18]

이 녹취록에 따르면 이재명 경기도지사의 변호 비용은 20여억 원 정도, 그러니까 이재명이 "변호인단 비용은 총 2억5천6백만 원"이라고 한 주장은 거짓말이 된다.

• 21분짜리 녹취록
최 대표와 이병철 사이의 통화를 녹취했다.

이병철 제가 이태형 변호사님하고 친구(지인)하고 약속을 잡았거든요. 친구가 금액은 불만이 없는데, 현금을 너무 많이 동원하다 보니까 5억까지는 좀 부담스러운가 봐요.

최 대표 예.

이병철 4억은 그렇게 현금으로 주고, 내가 이재명 지사 하는 거 똑같이 3억, 그때 20억, 이렇게 했잖아요.

최 대표 예.

이병철 3억하고 주식 20억 했으니까 저도 그 이야기를 들으라니까 이제 아이디어 들어가지고. 자기 회사 주식으로 일단 (하고) 이제 1년 후에 환매부로 되사는 걸로. 왜냐하면 자기가 대표이사 계속 하면 회삿돈으로 자기가 갖고 있는 회사 주식을 주고, 그런데 이게 비상장 회사니까 처분은 못 하잖아요. 1년 후에 회사에서 회삿돈으로 사주면 되잖아. 그래서 이렇게 한번 제안을 해봐라 하는데, 괜찮을까?

최 대표 그거는 직접 아예 대놓고 이렇게 얘기를 하는 것보다, 이태형 변호사님한테 같이 가서 얘기를 하는 게 더 편해요.

이병철 그거 이재명 지사 관련 받은 주식도 3년 있다가 파는 조건이 있으니까 조건은 큰 차이 없잖아요.

최 대표 그것도 제가 정확히 모르겠는데 근데 그걸 알고 계시면 안 되는 거잖아요. 원래.

이병철 근데 그때도 우리 만났을 때도 이야기했잖아요.

최 대표 아니 근데 그런 거를 그러니까 얘기를 하면 안 되는 게, 그럼 제가 다 얘기를 하고 다니는 게 되잖아요.

이병철 근데 얘가 (지인이) 이재명 지사 편이야.

최 대표 (이태형 변호사가) 졸라 뭐라 그래요…자기가 어떻게 하는지 다 주변에 얘기하고 다닌다는 소리가 들리잖아요. 저도 그거 얘기한 거는 이 대표님밖에 없어요…다른 데로 또 퍼질지 어떻게 알아요…현금이 아니고 다른 것도 받는 변호사가 돼버리잖아요. 어떻게 보면 이재명 씨가 저건데, 특별 케이스였던 건데. 다 특별 케이스로 해달라고 그러면…일을 안 받고 말죠. 이재명 씨를 변호한 것까지는 오케이인데, 대금 받는 부분은 얘기하면 안 되는 부분이었죠.

이병철 그냥 25억만 이야기할 걸. 주식 이야기….

최 대표 네. 주식 얘기는 왜 나갔는지 저 지금 이해를 못 하는

거예요.[19]

여기서도 이태형이 이재명 변호를 할 때 3억 원은 현금, 20억 원은 주식으로 받은 정황을 볼 수 있다. 그런데 이병철이 이걸 자기 지인에게 이야기하고 이재명과 똑같이 해달라고 하니, 이태형은 왜 소문을 내고 다니냐고 불쾌해한다. 마지막으로 48분짜리 녹취록은 위두 녹취록보다 한 달 빠른, 2021년 5월에 녹취됐다. 저기 적힌 등장인물 세 명이 모두 모인 이 자리에서 이병철은 최 대표에게 들은 내용을 바탕으로 이재명이 현금 3억 원에 주식 23억 원을 받지 않았냐고 말한다. 이태형은 수긍하는 대신 '착수금을 5천만 원은 받아야 한다, 성공보수는 억 단위'라고만 답했다.

전 정권 검찰의 따뜻한 배려

2021년 10월, 녹취록을 전달받은 깨시연은 이재명을 공직선거법상 허위사실 유포 혐의로 검찰에 고발했다. 변호사비가 2억5천6백만 원이라고 한 게 거짓말이라는 것이다. 하도 여러 번 봐왔기에 우리는 이 사건에 대해 이재명이 어떻게 반응할지 짐작할 수 있다. 여기서 갑자기 줄 바꿈을 하는 건, 읽는 걸 잠시 중단하고 한번 맞춰보라는 의미다.

많은 분들이 맞췄을 거라고 생각한다. "제3자 간의 대화 내용", "명백한 조작 사건"이 이재명 측의 답변이었다. 게다가 이 사건의 핵심인물인 최 대표는 자신의 발언을 뒤집고 "이태형 변호사의 이 후보 변호 수임료는 그때나 지금이나 알지 못하며 대화에서 나온 20억여 원의 수임료 발언은 허풍이었다"는 취지의 진술서를 검찰에 제출했다. 정말일까. 허풍치고는 녹취록의 발언이 너무 진지한데? 깨시연의 말을 들어보자. "실제 조작이 됐다면 이 후보 측에서 고발인들에게 무고죄 등으로 충분히 법적 조치를 취할 수 있는데 그런 시도는 전혀 없고 여론만 주도하고 있다."[20]

어쨌든 검찰은 이재명이 선임한 법무법인 10곳과 변호사 4명의 수임 내역을 확보했고, 수임 자료 분석을 마치는 대로 변호사비 대납 의혹이 불거진 관련자들에 대한 출석 조사를 진행할 방침이란다. 이게 2021년 11월 17일 기사건만, 그 뒤 정권이 바뀔 때까지 관련자들의 출석은 이루어지지 않았다. 아마도 다른 일이 많아 수임 자료 분석을 끝내지 못한 모양. 게다가 당시 검찰은 이 의혹의 핵심이라 할 쌍방울과 이태형 변호사가 근무하는 법무법인 M도 압수수색하지 않았다. 이걸 나쁘게 볼 사람이 많겠지만, 사실 이건 이재명에 대한 문재인 정부 검찰의 따뜻한 배려이리라. 날로 각박해지는 세상에서 사람을 사람이게 해주는 건 서로간의 배려이니, 무조건 욕할 필요는 없을 것 같다. 하지만 쌍방울이 변호사비를 주식 등으로 내준 게 사실이라면, 이건 이재명으로선 뇌물이고, 쌍방울에겐 횡령과 배임죄를 물어야 하는 중범죄, 이런 일까지 배려하는 건 좀 검찰로선 지나친 면이 있다. 결국 이 의혹을 밝히는 일은 현 정권 검찰의 몫이 됐다.

02
이재명은 변호사비를 어떻게 대납했을까

　변호사비 대납에 대한 고발이 이루어지고 난 뒤, 이병철은 생명의 위협을 느꼈던 모양이다. 그때부터 그는 모텔을 전전하며 숨어다닌다. 몇몇 지인들에게 자신의 생존신고를 하면서, 혹시 자신에게 무슨 일이 생기면 녹취록을 모두 공개해 달라고 했단다. 대장동 사업의 주역이던 유한기 본부장이 극단적 선택을 한 2021년 12월 10일, 이병철은 페이스북에 다음과 같은 글을 남긴다. "이 생은 망했지만 전 딸·아들 결혼하는 거 볼 때까지는 절대로 자살할 생각이 없습니다."

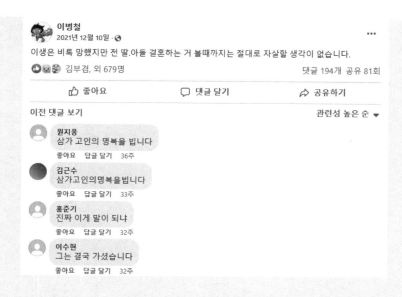

이병철
2021년 12월 10일 · ⊙

이생은 비록 망했지만 전 딸.아들 결혼하는 거 볼때까지는 절대로 자살할 생각이 없습니다.

👍😢😮 김부겸, 외 679명   댓글 194개 공유 81회

　👍 좋아요　　　　　💬 댓글 달기　　　　　↪ 공유하기

이전 댓글 보기   관련성 높은 순 ▼

　　　원지웅
　　　삼가 고인의 명복을 빕니다
　　　좋아요　답글 달기　36주

　　　김근수
　　　삼가고인의명복을빕니다
　　　좋아요　답글 달기　33주

　　　홍준기
　　　진짜 이게 말이 되냐
　　　좋아요　답글 달기　32주

　　　이수현
　　　그는 결국 가셨습니다
　　　좋아요　답글 달기　32주

자살하지 않겠다는 다짐을 표현한 故 이병철의 페이스북

김현지는 살아 있을까?

　이재명이 모른다고 잡아뗐던, 역시 대장동 개발의 주역인 김문기가 극단적 선택을 한 2021년 12월 21일, 이병철이 남긴 게시물도 그가 얼마나 두려움에 떨고 있는지 잘 보여준다. 또 이런 페북글도 남겼다. "김현지는 살아 있을까?" 참고로 김현지는 2000년대 초반 이재명과 시민단체에서 만나 인연을 맺은 후 지금은 이재명 의원실

에 근무할 정도로 최측근 인사다. 공직선거법 허위사실로 경찰이 이재명에게 출석 요구를 보냈을 때 '전쟁입니다'라는 문자를 보낸 이가 바로 김현지다. 그런데 이병철이 작년 말, 김현지 걱정을 할 때는 아니었다. 이재명의 충직한 측근으로 남아 있는 김현지 대신, 자신의 몸 관리에 더 신경을 썼어야 한다는 얘기다.

　2022년 1월 11일, 이병철과 생존신고를 주고받던 이민석 변호사가 충격적인 SNS 게시물을 올렸다. 이 씨와 3일 이상 연락이 되지 않고 있어서, 친누나가 실종신고를 했다고. 이 게시물은 각종 인터넷 커뮤니티에 퍼졌다. 엠팍에서는 '이병철 씨에게 무슨 일이 생겼다'고 단정지었는데, 그 우려가 사실로 바뀌는 데는 그리 오랜 시간이 걸리지 않았다. 양천경찰서가 그날 밤 8시 35분, 이 씨의 시신을 발견한 것이다. 당시 엠팍의 반응을 이 책에 실린 캡처 이미지(236쪽)가 잘 보여준다. 물론 이재명 측은 "고인과 아무런 관계가 없다"고 했지만, 그 말을 믿기엔 너무도 많은 이가 죽은 뒤였다.

　여기서 반전이 일어난다. 국과수가 이례적으로 빠르게, 바로 다음 날 사인을 밝혔는데, 이병철을 죽게 만든 것은 대동맥 박리에 의한 파열이었다. 대동맥 벽이 찢어지는 바람에 대동맥이 높은 압력을 이기지 못한 채 터져 버렸다는 것. 다른 언론들이 이게 진짜일까, 하는 마음에 기사를 쓰지 못할 때, MBC는 '제보자 사인은 심장질환'이란 제목의 기사를 가장 먼저 내보냈고[21], '야당은 흑색선전 책임지고 사과하라'는 민주당의 논평도 따로 기사로 내보내는 친절함을 보이

리플40

휴격인 2022-01-12 08:48 IP: 1,240.*.29
ㄷㄷ 다죽이네

황매인 2022-01-12 08:48 IP: 123,100.*.108
당한건가.. ㄷㄷ

가부와메이 2022-01-12 08:49 IP: 223,39.*.38
이건 너무한거 아니냐고 xx

Arenas 2022-01-12 08:49 IP: 183,109.*.96
이러다 다 죽어 ㅎㄷㄷ

TBDJ8 2022-01-12 08:49 IP: 175,205.*.25
이재명 건들면 감옥가는게 낫네 ㅋㅋ
다 죽음임

커피프레스 2022-01-12 08:49 IP: 121,200.*.111
그만 좀 죽여라!!

일몰 2022-01-12 08:49 IP: 210,99.*.231
와 개무섭네

동아닭컵 2022-01-12 08:49 IP: 223,38.*.84
또 죽었네요 ㅠㅠ

이병철 씨 사망을 알리는 글에 달린 댓글들(엠팍 캡처 이미지)

기도 했다.[22]

대동맥 파열이니만큼 일부에서 제기되는 타살설은 고려할 가
치가 없다. 다만 대동맥 박리 시 엄청난 통증이 야기되는 만큼, 그가
가족이나 지인과 함께 있었다면 급히 병원으로 옮겨져 수술을 받을
수도 있었을지 모른다. 그런데 그는 살해당할까 두려워 모텔을 전전
했고, 아무도 도와주지 않는 가운데 쓸쓸히 죽어갔다.

점점 드러나는 쌍방울의 혐의들

위에서 언급한 것처럼, 문재인 정권의 검찰들은 지나친 배려심 탓에 쌍방울에 대해 아무것도 밝히지 못했다. 만일 이재명이 대통령 선거에서 이겼다면, 변호사비 대납 의혹은 없던 일이 됐을테고, 이를 고발한 이들은 가혹한 대가를 치러야 했을지도 모른다. 다행히 정권은 교체됐고, 이제 수원지검 3개 부서가 이 사건을 조사 중이다. 수사팀이 2022년 6월 23일 쌍방울 본사를, 7월 7일에는 이태형 변호사의 법무법인을 압수수색한 걸 보면, 이들은 배려보다는 법과 원칙을 더 중시하는 것 같다.[23] 그로 인해 다음과 같은 일들이 밝혀졌다.

 – 쌍방울의 수상한 자금흐름이 적발된 건 개인 다섯 명이 하루 아침에 55억의 이익을 얻은 거래가 발단이었다. 그런데 이런 게 하나 더 있었다. 쌍방울은 김성태가 회장이던 2018년, 총 100억 원 규모의 전환사채를 발행했다. '착한이인베스트'는 설립 2개월 만인 2018년 11월, 쌍방울이 발행한 100억 원 규모 전환사채(CB)를 전량 사들였다. 당시 '착한이인베스트' 최대주주와 쌍방울 회장은 모두 김성태 씨로 동일했으니, 일종의 내부 거래다. 이런 수상한 내부 거래로 남긴 이익은 10억 원 이상, 이 돈의 행방은 지금도 불분명하다.[24]
 – 쌍방울과 대장동과의 수상한 관계도 드러났다. 대장동 화천대유와 천화동인 1호의 소유주인 김만배의 계좌에서 30억 원이 쌍방

울 전 부회장인 최 모 씨에게 건네졌다.[25] 돈이 옮겨진 2021년 10월 6일은 김만배가 대장동으로 인해 검찰수사를 받던 때였고, 건너간 돈은 화천대유가 받은 대장동 사업 배당금의 일부였다. 김만배의 1차 구속영장이 기각된 10월 14일, 최 모 씨는 오토바이 헬멧을 쓰고 구치소에서 나온 김 씨를 맞이했다.[26] 나중에 이 사실이 드러나자 김만배는 그 30억 원을 최 모 씨에게 대여한 것이라고 말했다.

– 고 이병철 씨가 만든 녹취록에서 온라인 제작 전문가인 최 대표는 이태형 변호사에게 이재명이 수임료 20억 원을 지급했다고 했다. 나중에 녹취록을 바탕으로 고발이 이루어지자 그는 이게 다 자신이 지어낸 거라고 말을 바꿨다. "저와 이병철이 지어낸 말이라는 점을 말씀드렸습니다."(진술서). 문재인 정권의 순진한 검찰은 이 말을 믿었지만, 영악한 지금 검찰은 전혀 다른 반응을 보인다. 최 대표가 그런 거짓말을 할 동기가 전혀 없으며, 녹취록에서 일관되게 말했던 20억 원 지급설이 훨씬 더 설득력이 있다는 것이다. 그래서 검찰은 이재명 대표를 조.만.간. 소환할 예정이란다. 국회보다 검찰에 더 자주 가게 생긴 이재명, 이래서야 국회의원과 당대표 일, 할 수 있을까.[27]

이렇게 수사가 착착 진행되던 중, 황당한 일이 생겼다. 쌍방울 실소유주이자 전 회장인 김성태가 해외로 도피한 것이다. 시기는 검찰의 압수수색이 있기 직전인 6월 초였다. 김성태는 이번 변호사비 대납 의혹의 핵심인물로, 사실 여부는 확인 안 됐지만 김성태가 이재명과 친분 관계가 있다는 쌍방울 간부의 증언도 있는 상태다. 그런데 이런 이가 수사 도중 해외로 튀었다니, 믿어지는가? 대체 어떻게 이런 일이 생겼는지 조사에 들어갔는데, 결과는 충격적이었다.

단서가 나온 곳은 이태형 변호사가 속한 법무법인 M 사무실, 여기서 변호사비 대납 의혹 담당부처인 수원지검 형사6부에서 만들어진 것으로 보이는 기밀자료가 발견된 것이다.[28] 알고 보니 형사6부의 수사관이 이를 쌍방울 측에 전달했단다. 어떻게 이럴 수가 있을까. 위에서 쌍방울에 검찰수사관 출신의 임원(A라고 부르자)이 있었는데, 이분이 하필이면 수원지검 형사 6부에서 쌍방울의 수상한 자금흐름을 추적하던 검찰수사관(B라고 하자)과 친분이 있었다. 이 얼마나 치밀한 기업인가? TRY 같은 히트상품이 괜히 나온 게 아니다. 그러던 5월 중순, A가 후배인 B에게 먼저 연락한다. "쌍방울 배임 횡령사건과 관련해 검찰에서 무엇을 수사하는지, 범죄사실이라도 좀 알려줄 수 있을까?" 선배의 부탁을 거절할 수 없었던 B는 5월 24일 수원지검 내 사무실에서 형사사법정보시스템(KCIS)에 접속해 검찰에서 수사 중인 쌍방울그룹에 대한 계좌압수 수색내용을 열람한 뒤 이를 복사해 워드프로세서 파일로 옮겨 넣었다. 피의자에 대한 정보는 물론, 향후 검찰의 수사 방향까지 다 알 수 있는 고급 정보. B는 그날 저녁 자기 집 앞 주차장에서 A를 만나 자신이 출력한 것들을 전달한다.[29]

김경율
9월 20일 오후 5:30 · 🌐

#쌍방울_수사는_빤스에_대한_탄압입니다

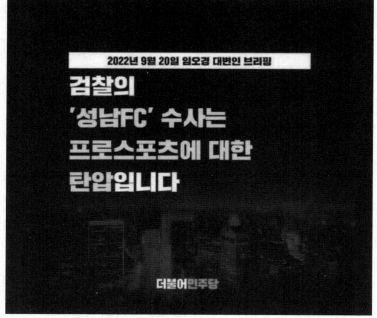

2022년 9월 20일 임오경 대변인 브리핑

검찰의
'성남FC' 수사는
프로스포츠에 대한
탄압입니다

더불어민주당

😆😮   767명   댓글 21개 공유 23회

👍 좋아요   💬 댓글 달기   ↪ 공유하기

"쌍방울_수사는_빤스에_대한_탄압입니다"

그 뒤 A는 자신이 받은 문서를 법무법인 M의 변호사이자 쌍방울의 사외이사 출신인 C에게 넘겼고, C는 '쌍방울 범죄사실.pdf'라는 제목으로 문건을 스캔해 이를 사무실에 보관했다. 파일 이름을 '직박구리'로 할 것이지, 저렇게 적나라하게 이름을 짓는 경우가 어디 있나? 덕분에 현 정권 검찰은 법무법인 M을 수색하는 과정에서 이를 발견할 수 있었다. 결국 A, B, C 모두 기소돼 재판에 넘겨졌고, 자료를 넘긴 수사관 B는 구속됐다. 그래도 이 정보를 얻은 덕분에 쌍방울 실소유주 김성태는 압수수색 직전 해외로 도피했고, 임직원 컴퓨터와 휴대폰 자료도 죄다 지울 수 있었는데, 이건 다 수사관 B의 고귀한 희생 덕분이다. 지금 당장은 구치소에 수감되는 신세가 됐지만, 우리는 안다. 차기 대선에서 이재명이 당선되면, 은혜 갚기 좋아하는 그의 성정으로 보아 B에게 좋은 일이 많이 생길 것임을. 변호사 사무실 직원으로 출발해 80억 원대 자산가가 된, 김혜경 여사 돌봄이 배소현을 보면서, 잘 참아보길 빈다.

차츰 드러나는 추가 혐의들

2022년 8월 10일, 이태형 변호사가 대표로 있는 법무법인 M의 계좌를 뒤지던 검찰이 엄청난 단서를 찾아냈다. 2021년 3월, 이 법무법인 계좌로 쌍방울의 한 계열사가 현금 20억 원을 입금한 것이다.

변호사비 대납 의혹 녹취록에는 주식 20억 원 얘기가 나오는데, 그 것과 같은 액수다. 더 놀라운 사실은, 변호사비 대납 의혹이 세상에 알려진 직후, 이 돈이 전액 쌍방울 계열사 계좌로 반환됐다! 물론 이 태형 측은 전혀 사실이 아니라고 말한다. 자신의 법무법인에 쌍방울 의 법률대리를 맡고 있는 다른 변호사도 있으며, 다시 돌려준 건 "제 3자가 거래대금을 보관하는 '에스크로' 방식으로 일시 보관한 돈"이 기 때문이란다.[30] 에스크로(escrow)는 판매자와 구매자의 신용관계 가 불확실할 때, 신뢰할 수 있는 중립적인 제삼자가 중개하여 금전 또는 물품을 거래하도록 하는 것. 그렇다면 그런 거래 사례를 한두 건이라도 더 보여주면 믿어줄 수도 있을 텐데, 하필이면 이게 법무법 인 M이 했던 유일한 에스크로 방식인 것 같다.

그런데 정말 희한하다. 하필 돈을 받은 시기가 이재명이 대법원 에서 무죄를 받은 지 얼마 안 됐을 시점인 데다, 돈을 다시 돌려준 시 기는 변호사비 대납 의혹이 알려진 직후라니 말이다. 살면서 많은 이를 봤지만, 이재명처럼 우연이 겹치는 이는 처음 본다. 이상한 건 또 있다. 이재명은 대형로펌 10곳과 개인변호사 4명, 총 28명으로 구 성된 초호화 변호인단을 꾸렸지만, 변호비로 지급된 돈은 2억5천여 만 원에 불과하다고 했다. 그런데 변호사비가 20억 원이라면, 최소한 200명이 넘는 엄청난 변호사 군단을 동원한 사건이어야 할 것 같다. 그런 매머드급 사건이 대체 무엇인지 힌트라도 주면 좋으련만, 이태 형은 얘기를 안 해주고 있다. 변호인은 의뢰인의 비밀을 알려주면 안 된다는 원칙에 너무도 충실한, 믿음직한 변호사의 모범 사례인 바, 이태형이란 이름을 꼭 기억해 뒀다가 냄새나는 사건이 있으면 의뢰해 드리자.

2022년 9월 9일은 이재명에게 중요한 날이었다. 공직선거법상 허위사실 유포의 공소시효는 6개월, 대통령 선거 날짜가 3월 9일이 었으니, 공소시효 만료는 9월 9일이 된다. 원래 검찰이 기소하려던 건 총 3개, 대장동 주역인 김문기 처장을 모른다고 했고, 나중에 다룰 백현동 의혹에 대해 '국토부 협박으로 할 수 없이 용도 변경을 해 줬다'는 것, 그리고 변호사비를 2억5천만 원만 썼다는 게 바로 그 의혹들. 9월 9일 당일, 검찰은 앞의 두 개만 기소하고 변호사비 대납 의혹에 관해서는 기소하지 않았다. 증거 불충분이 이유였는데, 이게 다 전 정권 검찰이 수사를 제대로 안 한데다, 검찰 수사관이 수사자료를 빼돌리기까지 한 탓이다. 공직선거법 기소는 못 했지만, 지금 검찰이 열심히 수사 중이니 그 결과를 기다려 보자. 궁금하다. 이재명은 과연 변호사비를 대납시켰을까. 이 글을 읽은 분들이라면, '그렇다'라고 생각하지 않을까.

부록:
김남국의 활약

2021년 10월, 변호사비 대납 의혹에 관한 녹취록이 나온 뒤 열린 국회 법사위 국정감사. 여기서 김남국은 입에 거품을 물며 이재명 당시 경기도지사를 옹호했다. 관련 대화를 정리하니, 지금까지 습득한 지식으로 김남국의 말을 판단해 보시길.

윤한홍 국민의힘 의원 이재명의 공직선거법 위반 사건에서 변호사 선임 내역에 대한 자료를 봐야겠다. 서울지방변호사회와 대한변호사협회는 법사위에서 의결하면 수임 자료를 주겠다고 한다. 이 부분에 대해 의결해 달라. 국민들이 꼭 알고 싶어하는 사안이다.

박광온 민주당 의원(법사위원장) 박주민 간사와 협의해서 결정하라.

김남국 민주당 의원 국감이라고 하는 것은 결국 국회가 행정부에 대해 여러 가지 잘못된 제도적인, 정책적인 부분에 대해 지적하고 질의하는 것이라 생각한다. 개인의 잘못에 대한 지적을 하는 것은 수사기관에 대해서 고소·고발을 통해 해결할 문제지 국회의 권한이 아니다. 수임 내역과 관련된 변호사비 대납 내역은 개인에 대한 사항인데, 이걸 국회에서 자료제출 요구를 하는 것은 사실상 국회 권한 밖의 자료를 요구하는 것이기 때문에 적절하지 않다고 얘기하고 싶다.

김남국 두 번째로 문제 제기 내용도, 의혹과 관련된 내용도 너무나 터무니없다는 생각이 든다. (관련) 사실에 대한 기사를 보면 연결된 내용에 대한 최소한의 근거나 이런 것들이 있어야 되는데 고발의 근거가 지라시다. 지라시를 갖고 고발을 했고, 증거라는 것도 누가 들었다는 '~카더라'를 갖고 고발을 했기 때문에 과연 이걸 갖고 의혹 제기를 하는 것이 타당하냐는 것이다. 윤 의원께서 말씀하신 기사를 보더라도 S사가 대납했다는 어떠한 내용도 하나도 들어가 있지 않다. 의혹이라고 할 만한 것도 없다. 이걸 국감장에서 얘기한다는 것 자체가 너무나 적절하지 않다라고 생각이 든다.[31]

우리 모두, 그의 이름을 한 번씩 불러보자. 남국아 ~~~~~~

6장

백현동 개발사업
특혜 의혹

01
그가 지나가는 곳에선
늘 돈 냄새가 난다

"제가 이 후보의 시장 시절 '정말 자신 있느냐, 한 푼도 안 받았느냐?'고 물었는데 200% 확신을 했다." 2021년 10월 14일, 민주당 안민석이 YTN 라디오에서 한 말이다.[1] 그 당시엔 대장동이 뜨거운 이슈여서 이에 관한 질문이 나왔는데, 안민석은 이재명에게 확인차 물어본 결과, '안 받았다'는 대답을 얻은 모양이다. 갑자기 LG 투수였던 박현준이 떠오른다. 데뷔하자마자 걸출한 실력으로 선발 자리를 꿰찬 2011년, 그가 승부 조작에 가담했다는 사실이 드러난다. 브로커가 부탁하는 경기에서 자신이 상대하는 첫 타자에게 볼넷을 내주면 300만 원을 받는 방식. 이렇게 한 번만 해도 브로커는 300만 원을 줬다. 박현준은 최소 2차례 그런 짓을 했다. 물론 박현준은 그 사실을 부정했다. 진실 여부에 대한 공방이 오가던 그때, LG 단장은 KBS 카메라 앞에서 박현준과 훗날 레전드가 될 문답을 주고받는다.

LG 단장 이번 일과 전혀 관계없지?
박현준 네, 관계없습니다.
LG 단장 그래, 열심히 하자.

우연이 세 번 겹치면?

재판 결과는 LG 단장이 들은 바와 달랐다. 박현준은 승부 조작 사실이 인정돼 징역 6개월에 집행유예 2년이 선고됐고, 프로야구계

에서 영원히 퇴출됐다.[2] 이 얘기를 하는 이유는, 사람은 언제든, 상대가 누구든지 간에, 자신의 이익을 위해 거짓말을 할 수 있다는 걸 말하기 위해서다. 이재명은 정치판에 뛰어든 후부터 숱한 거짓말을 해왔다. 친형 강제입원 지시, 검사사칭에 관한 해명, 성남 국제마피아파 조직원을 조폭인지 모르고 변호했다 등등 기억나는 것만도 수십 개는 될 것 같다. 박현준처럼 평생 운동만 해온 20대 젊은이도 위기에 몰리니 저리 거짓말을 하는데, 거짓말이 특기인, 그것도 대통령 자리를 눈앞에 둔 이가, 돈 받은 걸 순순히 시인할까? 안민석과 이재명의 대화를 박현준식으로 바꾸면 다음과 같이 된다.

안민석 돈 받은 거 전혀 없지?
이재명 없어, X발.
안민석 그래, 열심히 하자.

안민석은 위에서 말한 라디오 출연 때 다음과 같은 말도 했다. "이재명 시장이 바보가 아니고서는 어떻게 이런 대장동 사태의 VIP의 일원으로서 참여를 했겠나?" 맞는 말이 거의 없는 안민석이지만, 이 말은 맞다. 이재명은, 바보가 아니다. 성남FC에서 그가 제3자 뇌물죄 혐의를 받고, 대장동의 수익을 천화동인 1~7호가 쓸어간 것처럼, 이재명은 자신이 돈을 갈취한 흔적을 거의 남기지 않았을 것이다. 하지만 희한하게도 이재명이 일을 벌인 곳에선 그로 인해 대박이 난 사람들이 있었다. 대장동 사건의 천화동인, 성남FC 사건의 두산건설, 김혜경 씨 법인카드의 주역인 80억대 재산가 배소현 등등. 한두 번은 우연일 수 있다. 그런데 같은 일이 연속으로 벌어진다면, 거기엔 뭔가가 있다고 생각하는 게 상식적이다. 이번에 소개할 백현동 사건에서도 같은 일이 일어났다. 이재명의 측근이 70억 원을 벌고, 민간사업자는 3천억 원을 벌었으니까.

노무현 정부, 공공기관 이전 발표

2003년, 수도권 집중을 완화하겠다는 공약을 내걸고 집권한 노무현 정부는 수도권에 몰려 있던 공공기관을 지방으로 옮기기로 한다. 그간 소외됐던 지자체들이 죄다 '우리한테 와라'고 하는 바람에 선정에 애를 먹을 정도였는데, 2005년 6월 발표된 1차 배치안에 따르면 176개의 공공기관을 12개 시도로 보낸다고 돼 있다. 우리가 관심을 가져야 할 한국식품연구원의 종착지는 전라북도에 조성될 혁신도시였다.[3] 해당 지자체는 환영했지만, 수도권은 울상을 지었다. 토지공사 & 주택공사(이 두 기관은 훗날 한국주택토지공사, LH로 합쳐진다), 도로공사, 가스공사, 한전기공(KSP), 한국식품연구원 등 6개가 이전 대상에 포함된 성남은 특히 반발이 심했다. "이들 기관이 연간 4백억 원대의 지방세를 납부하고 있다. 지역경제 붕괴가 우려된다."[4]

하지만 정부는 강경했다. 여기엔 나름의 명분도 있었다. 성남에 있는 네이버를 예로 들어보자. 네이버는 서울과 경기는 물론, 전국에 흩어져 사는 분들이 이용해주는 대가로 돈을 번다. 그런데 본사가 성남에 있다는 이유로 지방세를 성남이 전유하는 게 옳은가? 물론 네이버야 민간회사지만, LH 같은 공공기관은 지방에 보내는 게 형평성 측면에서 맞다. 정부가 못 박은 시한은 2014년까지였다. 2011년, 정부는 위 부지에 대한 매각공고 절차를 밟기 시작했다. 이런 밀어붙이기에 대해 당시 성남시장이던 이재명은 협조 못 하겠다고 엄중히 경고했다. "공공기관 종전 부지 매각은 지역의 의견 수렴이 없는 원칙과 공공성이 결여된 일방적인 행정 행태로, 난개발을 조장하고 부동산 개발사업자 잇속만 챙기는 수단으로 전락할 우려가 있다"고.[5] 그는 언제쯤 알았을까? 잇속을 챙기는 게 자신과 친한 이들이라는 걸.

정부 계획과 달리 부지 매각은 쉽지 않았다. 경기도의 경우 2012년까지 매각이 완료된 곳은 처분대상이던 37개 기관 중 7개에 불과했다. 공공기관이 있던 곳이니 부지가 워낙 큰 데다 가격도 비쌌기 때문이었다. 가뜩이나 부동산 경기도 좋지 않은 데다 덩치 큰 수도권 부지들이 우르르 쏟아지니, 그걸 누가 다 사겠는가? 이는 한국식품연구원도 마찬가지. 2,107억 원에 나온 이 부지는 2011년에만 3번이나 유찰된 터였다.[6] 보통의 경매라면 유찰됨에 따라 가격이 내려가지만, 공공기관은 여기에 해당이 안 됐기에 매각이 더 어려울 수밖에 없었다.

게다가 이곳은 토지 용도상 용적률이 낮은 자연녹지였다. 자연녹지란 도시의 녹지공간 확보, 도시확산 방지, 장래 도시용지의 공급 등을 위해 보전할 필요가 있는 지역으로, 불가피한 경우에 한 해 제한적인 개발이 허용되는 지역을 뜻한다. 대지면적 중 1층이 차지하는 비율인 건폐율이 20%, 위로 올릴 수 있는 높이인 용적률은 50~100%에 불과하다. 개발이 아예 불가능한 그린벨트보다는 낫지만, 4층 이하 연립이나 업무시설 정도만 들어설 수 있을 뿐, 돈이 되는 아파트를 짓는 건 불가능하다. 그래서 2011년 국토해양부(지금의 국토교통부)는 다음과 같이 권고한 바 있다. "경기도 성남시 백현동의 한국식품연구원은 서울 강남과의 접근성 등을 고려해 고급 주택단지가 적합하다고 추천했다."[7] 하지만 그 이후 결정된 지침은 한국식품연구원 부지의 용도를 연구시설로 제한하는 것이었기에, 부지 매각

지방이전 기관 종전부동산 용도제한 사례

기관명	소재지	부지	건물	감정가	규제내용	규제형태
국토연구원	안양	8,155m²	19,962m²	762억	교육연구시설	지구단위계획
한국식품연구원	성남	112,861m²	17,975m²	2,107억	**연구시설**	도시계획시설
한국해양과학기술원	안산	92,939m²	31,171m²	987억	연구시설	도시계획시설

은 어려울 수밖에 없었다.[8] 정부 산하기관 이전비용은 부동산을 판 금액으로 조달하는 게 원칙이었으니, 한국식품연구원은 2014년으로 예정된 마감일을 맞추지 못할 게 뻔했다. 결국 전라북도는 이주 일정을 2015년 6월로 미룬다.

성남시의 수상한 용도 변경

한국식품연구원 부지는 '징하게' 안 팔렸다. 2011년부터 한국식품연구원이 매각을 시도했다 유찰된 횟수는 총 8회에 달했다. 2012년, 부동산이 팔리지 않아 골머리를 앓던 국토부는 부지의 용도를 변경해주기로 한다. 이 경우 구매가격은 그대로지만 부동산 가격이 올라 구매자에게 특혜시비가 있을 수 있으니, 부동산 가격 상승분을 해당 지방자치단체에 기부채납하거나 현금으로 보상하라는 조건이었다.[9] 이에 따라 한국식품연구원은 자연녹지를 2종 주거지—건폐율 60%, 용적률 150%~250%—로 바꿔 달라고 요청하지만[10], 성남시는 2014년 4월과 9월, 한국식품연구원이 신청한 용도 변경을 두 번이나 거부한다. 도시기반시설이 확보되지 않은 채 아파트 등을 지으면 난개발로 인해 심각한 부작용이 생길 것이란 이유에서였다. 이재명은 대기업 본사나 R&D센터처럼, 지역에 부가가치를 창출할 수 있는 곳을 유치하겠다고 했다.

진퇴양난에 빠진 한국식품연구원을 위해 나선 이가 있었으니, 그 이름은 바로 '아시아디벨로퍼'라는 회사였다. "너희 땅, 우리한테 팔아라. 나머진 우리가 다 알아서 한다." 이게 웬 떡이냐 싶었던 식품

김경율
2월 20일 · 🌐

#김인섭은_백현동_민원을_해결해_수천억_차익을_가져다_준_인물이란_의혹이_있음

성남시는 2014년 백현동의 옛 한국식품연구원 부지에 아파트 건설을 추진하던 아시아디벨로퍼 정모 대표(66) 측의 용도변경 신청을 두 차례 반려했다. 그러나 이듬해 1월 정 대표가 김 전 대표를 영입했고, 같은 해 9월 성남시는 자연녹지에서 준주거지로 토지 용도를 변경해줬다.

N.NEWS.NAVER.COM

[단독]李, '백현동 의혹 김인섭 단골식당'서 2014년 업무비 8차례 결제

더불어민주당 이재명 대선 후보가 경기 성남시장 재임 시절인 2014년 한국하우징기술 김인섭 ...

👍💬 152   공유 3회

👍 좋아요   💬 댓글 달기   ↪ 공유하기

"김인섭은_백현동_민원을_해결해_
수천억_차익을_가져다_준-인물이란_의혹이 있음"

연구원은 2015년 2월, 회사에 자기 부지를 수의매각한다. 토지 용도 변경이 이루어져야 잔금을 받을 수 있고, 변경이 안 되면 계약금도 돌려줘야 하는, 식품연구원으로선 일방적으로 불리한 조건이었다.[11] 이 경우 용도 변경을 저 회사가 할 수 있을지 의심하는 게 맞지만, 끝내 팔겠다는 MOU를 쓴 걸 보면, 회사의 능력을 전폭적으로 믿었던 모양이다. 그 믿음은 괜한 게 아니었다. 아시아디벨로퍼가 그해 1월, 성남시청 맞은편에서 식당을 운영하던 김인섭이란 자를 직원으로 채용한 상태였기 때문이다. 김인섭은 이재명이 성남시장에 도전했다 실패한 2006년 선거에서 선거대책본부장을 맡았고, 2010년에도 선거캠프에 참여했던 이. "측근이라 하면 선거를 도와줬어야 한다"는 이재명의 소신을 떠올려보면 김인섭은 이재명의 측근이라 할만하다. 게다가 이재명이 대선 TV토론에서 "떨어지는 선거에 선대본부장을 했고, 저는 연락도 잘 안 되는 사람"이라고 한 걸 보면, 측근이 100% 확실하다.[12] 평소 이재명은 측근을 '모르는 사람'이라 부르는 경향이 있으니 말이다.

아시아디벨로퍼 정 모 대표는 2015년부터 다섯 차례에 걸쳐 김인섭에게 2억3천만 원을 건네는 등 측근 대접을 확실히 했다. 그건 이재명도 마찬가지였다. 식품연구원의 두 단계 상향 요청도 거부하던 그는 김인섭이 들어온 지 얼마 안 된 2015년 4월, 원래 연구원이 요청했던 2종 주거지 대신, 4단계 상향해 준주거지로 해주자는 검토보고서에 직접 사인했고, 그해 9월, 연구원 부지는 준주거지 승인을 얻는다.[13] 당시 기사를 보자.

　"2011년부터 수차례 실시한 공개경쟁입찰에서 번번이 유찰됐던 한국식품연구원 성남청사와 부지가 수의계약으로 2천186억9천8백만 원에 성남알앤디 프로젝트파이낸싱법인(PFV)에 팔렸다. 성남시가 공공기관 지방 이전에 대한 기여 방안으로 자연녹지와 보존녹지로 묶여 활용도가 낮았던 기존 부지를 공동주택이 들어설 수 있는 준주거지역으로 용도 변경한 데 따른 결과다."[14]

　여기 나오는 성남알앤디PFV는 부동산회사인 아시아디벨로퍼(소유주 정 모 대표)가 NH투자증권, 부국증권 등의 금융기관과 함께 만든 법인. 여기서 정 대표와 정 대표 아내는 대장동 일당이 큰 이익을 얻은 비결이었던 특정금전신탁으로 투자를 했는데, 이건 나중에 얘기하자. 아무튼 한국식품연구원은 수의계약으로 아시아디벨로퍼에 부지를 팔았고, 이 부지는 곧 4단계 상향이 됐다. 구매가는 이전과 똑같은데 감정가는 4천8백69억 원으로 껑충 뛰었으니, 회사는 적어도 2천6백억 원 가량의 이득을 취한 셈이다. 매각 과정을 감사한 감사원은 '이 정도 조건이면 살 사람이 더 있었을 것'이라며 '연구원이 수의매각이 아닌 재공고를 통해 입찰했어야 한다'고 지적하기도 했다.[15]

세 수 앞을 내다보는 이재명

하지만 그 당시 이런 것에 신경 쓸 사람이 얼마나 됐겠는가? 부지가 팔렸으면 그걸로 좋은 것일진대. 좋은 일은 이게 다가 아니다. 준주거지역은 주거지역이지만 상업지역의 역할도 하는 곳, 건폐율 70%에 용적률은 500%까지 가능하니, 아파트를 짓는 것도 가능해졌다! 이건 한국식품연구원의 승리이자 김인섭의 승리지만, 사실은 이재명의 승리이기도 했다. 일개 측근에게 저리도 진심을 쏟는다는 게 알려지면, 전 세계의 우수한 인재들이 이재명에게 모여들지 않겠는가?

그래도 걱정이 된다. 4단계 용도 변경이 지나친 특혜라 나중에 문제가 될 수 있지 않을까. 국토부도 용도 변경에 대한 이익금은 기부채납하라고 했잖은가. 하지만 늘 세 수 앞을 내다보는 이재명은 여기에 대한 안전장치를 마련해 뒀다. 아파트를 짓더라도 이게 임대아파트여야 한다는 조건을 걸었던 것이다. 그래서 한국식품연구원은 2015년 1월, 그 부지에 임대아파트를 짓겠다는 건립 계획을 제출했고, 성남시도 이를 이행한다는 조건으로 승인을 해줬다. 어? 그럼 아시아디벨로퍼는 남는 게 없잖아, 이런 걱정을 하는 분들이 있을지도 모르겠다. 하지만 이재명은 자신을 믿고 따라준 이에게 눈물을 흘리게 하지 않는 분, 다음과 같은 희한한 일이 벌어진다. 부지를 팔고 난 뒤인 2015년 11월부터 2016년 12월까지 한국식품연구원이 '임대주택을 일반분양으로 바꿔달라'는 취지의 공문을 무려 24차례나 보냈다![16]

한국식품연구원은 제값을 주고 땅을 팔았으니, 이제 그들이 할 일은 그 돈으로 자신을 기다릴 전라북도로 이주하는 것밖에 없었다. 아시아디벨로퍼가 공문을 보낸다면 모를까, 연구원 측이 성남시에 일반분양을 부탁할 자격도 이유도 없다는 얘기다. 그 당시 감사원이 '한국식품연구원은 부당하게 민간업체 영리 활동을 지원했다며, 실무자 징계(해임 1명·정직 1명·주의 2명) 등의 조치를 요구'한 건 당연한 일이었다.[17] 이제 연구원 측의 말을 들어봐야 할 때다. 그들은 여기에 성남시의 요청이 있었다고 주장한다. 연구원이 국회에 제출한 해명자료를 보면 "성남시와 매입자(아시아디벨로퍼) 협의로 기부채납을 성남시 요구대로 들어주는 대신 임대분양을 일반분양으로 전환한 것"이란다. 성남시가 기부채납을 더 받을 목적으로 임대분양을 일반분양으로 바꿔주는 합의를 아시아디벨로퍼와 이미 했지만, 그게 너무 속이 보이니 '한국식품연구원 명의로 계속 공문을 올려달라'고 요청했다는 것이다.

지성이면 감천, 성남시는 남의 일을 제 일처럼 하는 한국식품연구원의 갸륵한 뜻에 감동해 2016년 12월, 해당 부지를 일반분양으로 바꿔줬다. 그 결과 임대분양은 123가구(10%)로 줄었고, 일반분양 주택은 1,100가구(90%)로 대폭 늘어났다. 그에 따라 아시아디벨로

> 알고 있습니다.
>
> ○ 위에서 설명드린 바와 같이 한국식품연구원 명의로 공문을 보내서 임대에서 일반분양으로 전환된 것이 아니라 성남시가 공공기여분을 추가로 확보하기 수단으로 활용한 것이며, 또한 향후 임대분양분을 일반분양으로 전환시 가격상승에 따른 민원을 사전에 차단하기 위한 전략적 선택인 것으로 파악하고 있는데

한국식품연구원이 국회에 제출한 백현동 부지 매각 절차와 관련한 해명자료

퍼의 이익도 늘어났다. 훗날 백현동이 문제 됐을 때 성남시는 이렇게 말한다. "담당 직원이 퇴직해 자세한 내용은 알 수 없지만, 불법과 특혜는 없었던 것으로 안다.", "특혜는 없고 혁신도시특별법 등 관련 법령을 준수했다"[18] 직원이 퇴직해 알 수 없지만, 불법과 특혜는 없었다? 그가 사람을 죽였는지는 연락이 끊긴 지 오래라 모르지만, 살인은 안 했다, 이런 말 같다.

02
모두가 행복한 옹벽 아파트의 탄생

아파트 건축도 가능해지고, 임대 대신 일반분양을 하게 됐으니 이제 남은 것은 하나, 아파트만 지으면 된다. 준주거지가 된 덕분에 용적률을 500%까지 할 수 있었지만, 해당 부지는 서울 비행장이 인근에 있다는 이유로 316%의 용적률만 허용됐다. 수익이 예상보다 줄어들 위기, 여기서 이재명 정신이 발휘된다. '이재명은 합니다'라는 구호에서 보듯, 돈이 눈앞에 있다면 어떤 난관이 있다 해도 극복해 낸다는 불굴의 정신 말이다. 이 정신이 이재명과 같이 일하는 시행사(아시아디벨로퍼)에도 전달된 모양이다. 시행사는 시공사인 포스코 건설더러 산을 깎아 추가적인 아파트 부지를 조성하게 했다! 그런데 이건 매우 위험한 일이었다. 산을 깎는 바람에 경사가 가팔라져, 비

김경율
2021년 11월 17일 · 🌐

하단엔 '사무국장 김현지'라고 적혀 있었다.

김 전 비서관은 2000년대 성남에서 이 후보와 시민운동을 하며 인연을 맺은 것으로 알려졌다. 2010년 이 후보가 성남시장에 당선된 직후엔 시장직 인수위원회 간사를 맡았다. 이후 민관 협력기구 성격의 시민단체인 성남의제21 사무국장으로 자리를 옮겼다. 2018년 7월 이 후보가 경기지사에 취임한 뒤 지난 10월까지 경기도청 비서실에서 근무했다.

성남시와 경기도에서 김 전 비서관은 정진상 전 정책실장과 함께 이 후보를 지근거리에서 보좌하는 '문고리 핵심실세'로 꼽혔다. 이 후보가 성남시장 시절 성남의제21은 시장실 옆에 사무실을 두고 있었다. 성남시로부터는 보조금 등 각종 재정지원을 받은 것으로 알려졌다.

LINK.NAVER.COM
[단독] 백현동 '옹벽아파트'에 등장한 이재명 '문고리 실세' 김현지
이재명 더불어민주당 대선 후보가 성남시장 시절 추진한 경기 성남 백현동 한국식품연구원 부...

"하단엔 '사무국장 김현지'라고 적혀 있었다"

가 오면 흙이 무너져내릴 가능성이 있었기 때문이다. 이를 방지하기 위해 짓는 게 바로 '옹벽', 백현동에 지어진 판교더샵퍼스트파크라는 기다란 이름의 아파트 주변엔 수직높이가 최대 50m가 되는 옹벽이 만들어졌다. 2021년 5월, 언론 보도를 통해 이 사실이 알려지자 감사원은 성남시에 대해 감사를 벌인다. 감사원의 말이다. "우리가 백현동 프로젝트와 관련해 산림청에 물어봤거든? 그랬더니 산림청이 옹벽은 수직높이가 15m 이하가 되도록 해야 한다는데?"

시행사 아시아디벨로퍼

백현동 아파트는 2021년 6월 준공됐다. 하지만 이 아파트엔 여러 문제가 있었다. 산지관리법을 위반했고, 높이 솟은 옹벽 때문에 저층 가구들의 전망이 엉망인 데다, 안전성 보고서를 제출하지 않는 바람에 성남시의 승인을 얻지 못했다. 결국 이 아파트는 '동별 준공'이라는, 사실상의 임시사용 허가만 받은 채 주민들을 입주시켜야 했다. 그런데도 아파트는 분양하자마자 완판됐다. 판교 테크노밸리와 가깝고, 서울 강남까지 30~40분 만에 갈 수 있는 입지 조건에, 중대형이 주를 이루는 등 고급스러운 이미지를 풍겼기 때문이었다. 2022년 9월 올라온 매매 현황을 보면 25층에 위치한 69평형 가격은 50억 원으로, 경기도에서 가장 비싼 수준이다. 덕분에 자본금 50억 원을 투자한 아시아디벨로퍼는 분양 매출 1조263억 원을 기록했고, 분양 이익도 3천억 원에 달했다. 준주거지를 반값에 산 것까지 더하면, 이들이 이득 본 액수는 5천억 원이 넘는다.

대장동처럼 특정금전신탁으로 돈을 넣은 정 대표 부부도 대박
을 쳤다. 그는 23억 원을 아시아디벨로퍼를 통해 성남알앤디PFV에
투자했고, 부인 윤 씨는 NH투자증권에 9억5천만 원을 신탁했으
니, 부부가 성남알앤디에 넣은 돈은 총 32억5천만 원이다. 정 씨 부
부가 2020~2021년 받은 배당금은 무려 702억9천만 원, 넣은 돈의
2,000%를 건졌다.[19] 모름지기 돈은 이렇게 버는 것이다. 아시아디벨
로퍼가 연구원 부지를 매입할 때 전주(錢主) 역할을 한 부국증권도
100억 원 이상의 수익을 거뒀으니, 이재명과 같이 일한 이들은 다 대
박이 난다는 '이재명의 법칙'은 백현동 옹벽 아파트에서도 증명됐다.
회사 측은 'R&D센터를 기부채납했고, 시민을 위한 공원을 1만 평이
나 조성하는 바람에 수익이 생각만큼 많지 않았다'고 말한다. 그런
데 막상 공원을 가보면, 탄식이 나온다. 고지대에 위치한 데다 경사
도 가팔라 아무도 찾지 않는 곳. 이걸 짓는 데 돈이 그리 많이 들었을
까? 성남시가 건물 대신 부지로 받겠다고 해서 아직도 공터로 남아
있는 R&D센터를 언급하는 건 양심 불량 수준이고 말이다.[20]

그렇다면 김인섭은?

이제 김인섭이 어떤 보상을 받았는지 알아볼 차례다. 사실상 이
번 일에 가장 공로가 큰 분이니 극진히 대접하는 게 맞지만, 아시아

김경율
2021년 10월 13일 · 🌐

백현동 하나 추가요!

#검찰은_성남시청_위치_파악_중일까요?

N.NEWS.NAVER.COM
[단독]백현동 옹벽위 텅빈 9000평 공원..."대장동보다 심각"
성남시가 백현동 구(舊) 한국식품연구원 부지의 용적률을 4단계나 높여주는 것에 대한 대가로 ...

"시민을 위한 공원?"

디벨로퍼는 이 점에 소홀했던 것 같다. 게다가 김인섭은 이재명이 준주거지 보고서에 사인할 무렵, 다른 사건, 좀 더 자세히 말하면 성남시의 빗물저류조 공사업체 선정과 관련해 2억 원을 수수한 혐의로 징역 1년을 선고받고 구속된다. 감방에 있으면서 김인섭은 이런 생각을 했음 직하다. '일등공신인 나를 이렇게 대접해?' 빵에서 나오자

마자 그는 정 대표에게 백현동 개발사업 시행사인 성남알앤디PFV 주식 25만 주(감정가 287억 원)를 액면가인 12억5천만 원에 넘기라고 요구한다. 숫제 깡패까지 동원해 협박했다는데, 배당으로 702억 원을 번 정 대표지만, 이건 좀 너무했다고 생각했는지 거절을 했단다. 그러자 김인섭은 다음과 같이 비수를 날렸다. "그래? 나 없이 사업이 잘될 수 있는지 두고 보자."[21] 그 협박에 굴복한 정 대표는 결국 주식을 액면가에 주겠다는 계약서를 써줬지만, 그래도 돈이 아까웠는지 주식을 안 넘기고 버틴다. 김인섭은 소송을 걸었다. 정 대표는 강제로 맺은 계약이라 무효를 주장했지만, 재판부는 김인섭의 손을 들어준다. 그 뒤 열린 2심에서 재판부는 250여억 원을 주는 게 너무했다고 생각했는지, 70억 원만 받고 끝내라고 권한다. 훗날 정 대표는 이렇게 말한다. "화해 권고를 받아들인 것도 김인섭이 협박했기 때문이었다."[22] 잠시 생각해 보자. 식당 주인에 불과했던 김인섭이 대체 어떤 권리로 저 많은 돈을 달라고 했을까? 나 없이 사업이 잘 되겠냐는 협박은 그냥 허풍이었을까? 아무리 심한 협박을 한다 해도, 용도 변경에 김인섭이 중요한 인물이 아니었다면 산전수전 다 겪었을 정 대표가 저리 큰돈을 내주진 않았으리라.

물론 김인섭에게도 인간적인 면이 없는 건 아니다. 소송에서 사실상 승리한 뒤 김인섭은 그 전에 받은 2억3천만 원을 갚겠다는 차용증을 쓰고, 실제로 3천만 원을 갚는다. 물론 2억 원은 아직도 갚지 않았고, 앞으로도 그럴 것 같긴 하지만, 이재명 측근 중 받은 일부라도 돈을 돌려준 이는 김인섭이 유일할 듯하다. 그래서 난, 김인섭을 일말의 양심을 지닌 드문 측근으로 기억하련다. 참고로 정 대표는 지금도 그 2억 원을 빌려준 돈이라고 주장하고 있으니, 이들의 신뢰 관계에 가슴이 뭉클해진다.

참여한 이들 모두가 이득을 챙긴 사업. 이재명 입장에선 이대로 끝나는 게 좋았겠지만, 세상은 그렇게 만만하지 않았다. 자연녹지를 4단계나 올려주고, 당초 계획과 달리 일반분양으로 바꿔줌으로써 시행사에 3천억 원의 이익을 몰아준 건 결국 문제가 됐다. 여기에 관한 의혹을 제일 먼저 제기한 이는 성남시의원이던 노환인 의원, 그는 아파트 공사가 한창이던 2017년 4월 17일 다음과 같이 비판한다. "공공의 개입으로 용도지역을 변경해 부동산 가치가 상승했으나 그로 인해 발생되는 개발이익은 민간 기업에서 사유화하게 됐다. 용도지역 변경이라는 특혜를 준다면 공익에 더 신경 썼어야 했다."[23] 하지만 그의 말은 별반 이슈가 되지 못했다. 19대 대선을 불과 20여 일 앞둔 상황에서, 경선에서 진 이재명을 겨눈 말에 누가 관심을 갖겠는가.

그로부터 4년이 지난 2021년 5월 13일, 성남정책포럼은 거대한 옹벽의 안전성에 대해 문제를 제기한다. "다음 달 입주 예정인 'A아파트'는 높이 30m, 길이 300m 규모의 옹벽이 아파트 오른쪽·왼쪽·뒤쪽 등 3면을 둘러싸고 있다. 옹벽의 구조적인 취약성과 향후 지각변동 등 자연재해 발생 시 안전사고의 개연성이 있다…애초 자연녹

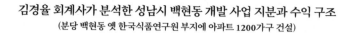

김경율 회계사가 분석한 성남시 백현동 개발 사업 지분과 수익 구조
(분당 백현동 옛 한국식품연구원 부지에 아파트 1200가구 건설)

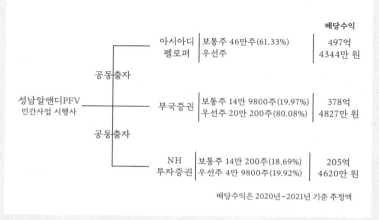

			배당수익
	아시아디 펠로퍼	보통주 46만주(61.33%) 우선주	497억 4344만 원
성남알앤디PFV 민간사업 시행사 —— 공동출자	부국증권	보통주 14만 9800주(19.97%) 우선주 20만 200주(80.08%)	378억 4827만 원
—— 공동출자	NH 투자증권	보통주 14만 200주(18.69%) 우선주 4만 9800주(19.92%)	205억 4620만 원

배당수익은 2020년~2021년 기준 추정액

지지역을 준주거지역으로 용도 변경해 임대아파트 건립을 추진하다 갑자기 일반분양으로 전환했다. 감사원은 지구단위계획수립과 인허가 과정에서 특혜 의혹은 없었는지 철저히 감사해야 할 것이다."[24] 백현동 개발 의혹의 모든 것이 담겨 있지만, 이 말 역시 별반 관심을 모으지 못했다. 다시 말해 이재명이 대선 후보로 급부상하지 않았다면, 사람들이 백현동 개발 의혹을 주목하는 일은 없었다는 얘기다. 대통령이라는 큰 꿈을 꿨다면 바르게 살아야 하고, 지저분하게 돈을 벌 생각이라면 대통령을 꿈꿔선 안 된다. 그런데 이재명은 뻔뻔하게도 권력과 돈, 이 모두를 원했다. 백현동이 이슈화되는 게 시간

문제였다는 얘기다.

마침내 터진 백현동 의혹

시작은 2021년 9월 27일 자 〈시장경제〉라는 매체의 보도였다. 한국식품연구원이 토지를 팔 때 일반경쟁을 하는 대신 수의계약을 한 점, 임대주택을 짓겠다고 했다가 일반분양으로 전환한 점 등등 우리가 아는 의혹이 담겨 있다.[25] 〈시장경제〉는 그다음 날 후속 보도를 통해 '성남시가 자연녹지를 준주거지로 용도 변경하는 과정에서 시행사에 과도한 특혜가 있었던 것 아니냐'는 의혹을 보도했다.[26] 몇 달 전이라면 모르겠지만 이재명은 이제 여당의 가장 유력한 대선 후보였다. 게다가 9월 초 터진 대장동 사태로 인해 그의 과거가 재조명되는 시점이었기에, 이 기사는 곧 수많은 언론사의 길잡이가 됐다. 10월 5일 자 〈중앙일보〉의 「대장동 말고 백현동도 있다…'옹벽아파트'도 3,000억 수익」이란 기사를 시작으로, 여러 매체가 관련 기사를 썼다.

〈중앙일보〉 기사가 나간 뒤 이재명은, 늘 그랬듯이, 의혹이 사실이 아니라고 반박했다. 다음은 이재명 캠프 송평수 대변인의 말이다. "한국식품연구원 부지 관련 의혹이나 특혜는 없었다. 용도 변경이나 종 상향 등은 **국토부가 독려**하고 **식품연구원이 주도해서 추진**

한 것이고, 성남시는 단지 정부 시책에 협조해준 것이 전부다."[27] 진하게 처리한 대목을 기억해 두자. 국토부가 '독려'했고 식품연구원이 '주도'했다는 첫 번째 해명이 나중에 '국토부의 협박'으로 바뀌니 말이다. 송평수는 '한국식품연구원이 성남시 요청으로 임대주택을 일반분양으로 바꿔 달라는 공문을 성남시에 대신 보냈다'는 주장에도 반박했다. "기관 이전 비용을 마련하기 위해 용도 변경을 추진하였음에도 불구하고 이제 와서 엉뚱하게 성남시가 요청해서 응했을 뿐이라고 거짓말을 하고 있다."[28] 이 해명은 대놓고 거짓이다. 연구원이 용도 변경을 원했던 건 맞지만, 임대주택을 일반분양으로 바꾼다 해도 연구원이 추가로 얻는 이득은 전혀 없었다는 점에서, 이걸 연구원 탓을 하는 건 양심 불량이다.

2021년 10월 20일, 경기도 국정감사가 시작됐다. 대장동 국감이라는 이름이 붙을 정도로 대장동의 비중이 컸지만, 백현동에 대한 질문도 당연히 나왔다. 여기서 이재명은 처음으로 국토부의 협박을 언급한다. "(박근혜 정부의) 국토부가 변경을 요구하면 지방자치단체장은 반영해야 된다, 의무 조항을 만들어놨다. 이걸 안 해주면 **직무유기 이런 걸로 문제 삼겠다고 협박**을 해서 어쩔 수 없이 용도 변경을 해 준 것이다."[29] 여기에 대해 국토부는 "팔리지 않는 땅을 빨리 팔 수 있게 '협조'해달라는 공문을 지자체에 보냈을 뿐"이라고 반박했다. 2014년 1월, 5월, 10월에 공문을 보낸 건 맞지만, 어디까지나 협조해달라는 취지였을 뿐, 협박은 당치도 않다는 것이다. 국토부의

맞짱 6장

다음 말도 일리가 있다. "국토부가 2013년부터 요청해 2014년에 공문을 세 차례 보낼 때까지도 성남시는 규제를 완화해주지 않고 질질 끌었는데 황당할 뿐이다." 그리고 "주거 용지로 판다면 고도제한 등을 고려해 저층 주거지로 개발할 수 있게 2종 일반주거지 정도로 상향하면 될 것을 성남시가 준주거지로까지 올려준 것은 이해가 안 된

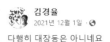
김경율
2021년 12월 1일 · 🌐

다행히 대장동은 아니네요

N.NEWS.NAVER.COM
[단독]초유의 옹벽아파트, 준공승인 보류...안전에 발목 잡혔다
국내 아파트 단지 중 유례가 없는 50m 높이의 수직 옹벽 앞에 들어선 성남시 백현동 판교A아파...

👍😮 242명 　　　　　　　　　　　　댓글 5개 공유 3회

👍 좋아요　　　　　💬 댓글 달기　　　　　↪ 공유하기

"성남시 분당구 백현동 소재 A아파트 옹벽. 단지를 둘러싸고
높이 50미터, 길이 300미터의 옹벽이 둘러싸고 있다"

다."[30] 이재명은 정말 그 공문을 협박으로 여겼을까. 2014년 8월 성남시가 국토부에 회신한 공문 내용을 보면, 별로 그런 것 같진 않다. "성남시는 국토부 요청 내용과는 정반대로 백현동 부지 소유 기관인 한국식품연구원에 "우리 시(市)도시기본계획에 부합하지 않아 반려한다."[31] 그것도 부족해 성남시는 그해 12월에도 '반려한다'는 공문을 보냈는데, 이것이 정녕 협박받는 시장의 태도란 말인가. 그렇게 협박에 취약한 분이 한국주택토지공사(LH)의 용도 변경은 왜 아직도 안 해주고 있는가?[32]

이재명, 공직선거법 위반으로 기소당하다

앞서 성남정책포럼이 2021년 5월에 감사청구를 했다는 것을 기억할 것이다. 감사원이 실제 감사에 들어간 건 2022년 1월이었다. 그 뒤 감사원은 새 정권이 출범하기 직전인 4월, 용도 변경과 관련된 업무상 배임 혐의로 이 사건을 수사해 달라고 대검찰청에 요청했다.[33] 내용은 다음 두 가지다.

첫 번째는, 공공성을 확보하기 위해 성남도시개발공사를 사업에 참여시키는 게 용도 변경의 조건이었지만, 성남시가 도개공에 묻지도 않은 채 '공사가 참여 의사가 없다'고 함으로써 민간에 3,142억 원을 몰아줬다는 것이다.[34] 성남도개공이 10%만 지분 참여를 했다면 314억 원을 받을 수 있지 않느냐는 게 감사원의 주장이다. 두 번째는 아시아디벨로퍼에 요구했던 기부채납 관련이다. 원래 회사가 지어주기로 한 것은 R&D센터, 하지만 어찌된 게 그냥 토지를 기부하는 것으로 퉁치는 바람에 그 자리엔 보기만 해도 을씨년스러운 공터만 남아 있다. "당시 성남시가 이 공터 가격을 385억 원으로 평가했지만, 실제 가치는 66억 원(2019년 감정평가 기준)에 불과했으니 사실상 291억 원 상당의 손실을 성남시에 초래했다는 것."[35] R&D센터를 지어주고 주민들이 이용도 안 하는 공원을 지어준 것이 임대아파트를 축소하고 일반분양을 한 이유였다는 걸 감안하면, 회사는 "최소 256억 원에서 최대 641억 원의 추가 이익을 취했다"는 게 감사원의 설명이다. 현재 이 사건은 경기남부경찰청이 열심히 수사 중이니, 결과를 기다려 보자.

이와는 별개로 이재명은 지난 국정감사 때 허위사실을 공표했다는 혐의로 국민의힘에 의해 고발당했다. 국토부가 직권남용 위반 운운하며 협박했다는 이재명의 말이 허위사실이며, 이게 대선 기간이므로 공직선거법 위반이라는 것이다. 8월 29일, 경찰은 이를 기소 의견으로 검찰에 송치했고, 검찰은 추석을 앞둔 9월 8일, 이재명을 기소했다(대장동 개발 당시 성남도개공 처장이던 김문기 씨를 모른다고 한 것과 같이 기소됐다). 이재명은 9월 9일부터 추석 연휴인데, 그럴 때 당대표를 기소하는 법이 어딨냐고 반발했지만, 공직선거법상 공소시효가 6개월에 불과한 데다, 경찰이 수사한답시고 시간을 너무 끄는 바람에 연휴 전날 기소할 수밖에 없었다. 여기서 벌금 100만 원 이상이 나오면 의원직 사퇴는 물론 5년간 피선거권이 없어지니, 2020년 결국 무죄를 받은 친형 강제입원 관련 허위사실 유포 혐의에 이어 두 번째로 맞는 정치생명 위기다. 용케 이 터널에서 벗어난다 해도 감사원 고발에 의한 본건 수사는 그것대로 진행된다. 십중팔구 기소돼 재판이 열릴 테고, 그가 받고 있는 혐의가 이것 말고도 여러 개 있으니, 앞으로 2~3년은 이재명 재판으로 해가 뜨고 또 해가 질 전망이다.

안타까운 건 더불어민주당의 처지다. 사법 리스크 57,000%인 이재명을 당대표로 뽑은 탓에 '야당탄압', '정치보복', '그래서 김건희는?' 같은 말밖에 못 하고 있잖은가? 조국수호가 그랬던 것처럼 이것 역시 범죄자 수호 시즌2에 불과해, 당의 인기가 떨어질 수밖에 없다. 당대표 선거에서 민주당은 왜 저런 최악의 인물에게 78%나 되는 지지를 몰아줬을까? 2년 전만 해도 의원들 대부분이 친문재인이었다는 걸 고려하면, 이재명이 어떻게 그리 빨리 당을 장악했는지 의아할 정도다. 혹자는 대장동이나 백현동 사업이 여기에 도움을 준 게 아니냐고 말하지만, 한 푼도 안 받았을 이재명이 그런 치사한 방법에 의존했을 것 같지는 않다. 하기야, 그걸 궁금해서 뭐하겠는가. 결국 그분은 감방에 가실 테고, 한번 가시면 아주 오래 계실 텐데 말이다.

7장

성남FC
기업 후원금 의혹

01
이재명이 벌인 축구의 정치학

"'성남FC 후원금 의혹' 수사를 박은정 당시 수원지검 성남지청장이 무마했다는 의혹과 관련해 검찰이 당시 수사팀을 불러 조사했습니다. 수원지검 형사6부(김영남 부장검사)는 지난 (2022년 8월) 7일 박하영 전 차장검사, 10일 허 모 주임검사 등 당시 수사팀을 참고인 신분으로 조사했습니다…성남FC 후원금 의혹은 이재명 의원이 성남시장 재직 시절, 성남FC의 구단주로 있으면서 두산과 네이버 등 대기업에 건축 인허가나 토지용도 변경 등 편의를 봐주고 160억여 원의 후원금을 유치했다는 의혹입니다."[1]

대장동 말고도 이재명에게는 소위 사법 리스크가 몇 개 더 있는데, 지난 대선 때 불거진 성남FC 후원금 의혹도 그중 하나다. 이 얘기를 하기 전에 성남FC가 뭔지부터 설명하는 게 좋을 것 같다. 성남 FC는 경기도 성남을 연고지로 한 프로축구팀, 우리나라 프로축구 리그를 일컫는 K리그1에서 두 차례(1995~1998, 2001~2003)나 3연패를 차지한 명문 구단이기도 하다. 그런데 성남FC의 연고지가 원래부터 성남은 아니었다. 1989년, 통일교 교주 문선명이 '일화 천마'를 만들 당시 연고지는 서울이었는데, 지방으로 떠나라는 한국프로축구연맹 권고에 따라 천안으로 옮겼다. 그런데 천안시가 축구장을 지어주겠다는 약속을 지키지 않자 2000년 성남에 정착한 것이다. 그

성남 일화 K리그 통산 7회 우승 일지

1993년	한국프로축구대회 우승(박종환 감독)
1994년	하이트배 코리안리그 우승(박종환 감독)
1995년	하이트배 코리안리그 우승(박종환 감독)
2001년	포스코 K리그 우승(고 차경복 감독)
2002년	삼성파브 K리그 우승(고 차경복 감독)
2003년	삼성하우젠 K리그 우승(고 차경복 감독)
2006년	삼성하우젠 K리그 우승(김학범 감독)

**2003년 우승을 차지하면서 두 번째 '리그 3연패'를 달성해
'레알 성남'이라 불렸던 성남 일화 천마**

그 이후 일화 천마는 또다시 리그 3연패를 했고, 2006년에도 우승하는 등 4번의 우승을 하며 승승장구했다.

　문제는 문선명이 2012년 세상을 떠난 뒤 발생했다. 문선명과 달리 통일그룹을 물려받은 넷째아들이 축구에 별다른 관심이 없어서였다. 팀이 없어질 위기에 몰리자 성남 축구팬들이 움직였다. 이렇게 된 거, 시민축구단으로 재창단하자는 것이었다. 당시 성남시장이던 이재명은 여기에 적극 호응했다. "시민구단은 누군가 전유할 수 있는 성과가 아닙니다. 시의회가 오늘 지원조례안 통과를 결단한다면 시민들은 마음 깊은 성원을 보내게 될 것입니다…다시 한번 시민프로축구단 지원 조례안 통과를 간절히 호소드립니다."[2] 2013년 11월, 그는 시의회에 시민프로축구단이 창단될 수 있게 관련 조례를 통과시켜 달라고 호소했고, 이는 축구팀 인수에 미온적이던 새누리당 시의원들의 협조를 이끌어냄으로써 시민구단 창단의 물꼬를 튼다.
　하지만 통일교의 아낌없는 지원을 받던 시절과 달리, 가난한 시민구단 성남FC의 성적은 그다지 좋지 않았다. 팀 순위는 늘 중하위권을 맴돌았고, 2016년에는 12개 팀 중 11위에 그쳐 2부리그로 강등되는 아픔을 겪기도 한다. 천신만고 끝에 2019년부터 다시 1부리그 팀이 됐지만, 2021년 커다란 악재가 터졌다. 이재명이 성남시장 당시 성남FC를 불법 후원금의 창구로 사용했다는 의혹이 불거진 것이다. 이것만으로도 팀 분위기가 뒤숭숭해질 수밖에 없지만, 2022년 지방선거에서 새로 성남시장이 된 신상진은 여기에 쐐기를 박는다. 그의 말을 들어보자. "성남FC 하면 비리의 대명사가 됐다. 이런 구단의 구단주를 하고 싶지 않다…성남FC는 해체되거나 매각돼야 한다."[3] 성남 시민들이 매각 반대를 외치고 있지만, 그게 밑바닥까지 떨어진 경기력을 끌어올리진 못하는 모양이다.

2022년 현재 성남FC는 11위와 커다란 격차로 꼴찌를 차지해 2부리그로 강등되었는데, 운 좋게 매각을 피한다 해도 당분간 1부리그에서 볼 수 없는 건 확실하다. 어쩌면 성남FC는 천안을 버리고 성남으로 온 그 선택을 후회하고 있을지도 모르겠다. 경기장이 좀 열악할지라도 천안에는, 이재명 시장은 없었으니 말이다 (그리고 서민이 있다!).

성남에 터를 잡은 게 죄?

성남시장으로서 구단주가 된 이재명은 자신이 성남FC 유치에 적극적이었던 게 빈말이 아니었음을 증명하듯, 축구에 지대한 관심을 드러냈다. 일년 내내 경기장 한번 안 찾는 구단주도 있는 현실에서, 축구에 대한 이재명의 열정은 칭찬받아야 마땅하다. 문제는 그런 관심이 꼭 긍정적인 결과를 도출하는 게 아니라는 점이다. 아무리 축구를 좋아한다 해도 이재명이 축구 관계자들보다 축구를 더 아는 건 아닌 만큼, 축구는 전문가들에게 맡기고 자신은 팀의 재정적인 측면과 홍보 등등에 전념하는 게 맞다. 그런데 이재명은, 특유의 '이재명은 합니다'를 성남FC에도 적용시켰다. 그 시절 했던 일 중 논란이 있는 것, 두 가지만 얘기해 보자.

첫 번째가 초대 감독으로 박종환을 임명한 것. 추억의 축구팬들은 박종환을 1983년 세계청소년축구 4강 신화의 감독으로 기억한다. 성인 대회인 2002년 월드컵에서 4강까지 한 우리나라인데, 20세 이하에서 거둔 4강이 뭐 대단하냐 싶지만, 국제대회에서 이렇다 할 성적을 거두지 못했던 암울한 시절에 박종환이 거둔 세계 4강 업적은 전 국민을 열광케 한 쾌거였다. 문제는 그게 벌써 30년도 더 된 일이라는 점. 성남FC 초대감독이 되던 2013년 말의 박종환은 75세의 고령에, 7년간 축구 현장을 떠나 있었던 터였다. 원래 축구계에서는 시민구단 창단 이전 '일화 천마'를 이끌던 안익수 감독이 유임될 것으로 봤다. 어수선한 분위기에서도 안정된 지도력을 보여 선수들로부터 신뢰를 얻고 있었기 때문이었다. 이재명 역시 안 감독을 지지하는 분위기였기에, 갑작스러운 박종환 임명은 영 석연치 않았다. 당시 기사의 한 구절이다. "구단주인 이재명 성남시장이 2014년 6월 지방선거 공천을 염두에 두고 친분이 두터운 민주당 소속 유력 국회의원의 추천을 받아 박 감독을 내정했다는 후문이다."[4] 익명을 요구한 축구인의 다음 말은 성남FC의 미래를 짐작하게 해준다. "(성남FC가) 정치적 압력에서 벗어나 얼마만큼 독립성을 유지할 수 있을지가 의문이다."

　두 번째는 강등과 관련된 협박질이다. 무리수를 두면서까지 임명을 강행한 박종환은 어처구니없게도 선수를 폭행한 게 들통나 취임 4개월여 만에 사퇴하고 만다. 연습경기 도중 자기 팀 선수 두 명의 얼굴을 주먹으로 수차례 때렸다는 건데, 이것만 봐도 박종환이 얼마나 시대착오적인 감독인지 알 수 있다.[5] 그 뒤 김학범이 감독으로 부임했는데, 이미 바닥을 기던 정규리그 성적은 끌어올리지 못했지만, 정규리그와 별개로 치러지는, 일종의 스페셜 대회인 FA컵에서 우승하는 기염을 토한다. 재정이 열악한 시민구단이 번외경기지만 우승을 차지했다는 것만으로도 큰 의미가 있지만, FA컵 우승팀의 경우 정규리그 1위 팀과 함께 아시아 각 나라 프로리그 우승자들끼리 겨루는 'AFC 챔피언스리그'에 나갈 자격이 주어진다는 것도 주목해야 할 점이었다. 손흥민의 토트넘이 유럽 챔피언스리그에 나갔던 장면을 생각하면, 이해가 빠를 것이다. 문제는 정규리그 성적이었다. 마지막 경기를 앞두고 성남FC는 12개 팀 중 10위를 달리고 있었다. 마지막 경기에서 진다면 11위가 돼 2부리그로 강등될 위기였던 것, 그렇다면 승리를 위해 힘을 모으는 게 당연하다. FA컵 우승으로 사기가 충전한 데다, 마지막 경기에서 만나는 부산 아이파크가 리그 성적 8위로, 그다지 강팀도 아니었기에, 승산은 충분했다.

　그런데 엉뚱하게도 이재명이 나섰다. 성남FC가 2부리그로 강등된다면 챔피언스리그에 출전하지 않거나, 예산을 대폭 줄인 한심한

팀으로 대회에 나가 나라 망신을 시키겠다고 페이스북에 쓴 것이다. 12개 프로팀 중 단 두 팀에게만 돌아가는 챔피언스리그 티켓을 가지고 협박질을 하는 것과 다름없다. 더 어이없는 것은 그가 주장하는, 팀이 강등권으로 간 이유였다.

"그것은 바로 잘못된 경기운영 때문입니다. 열거하기 어려울 만큼 많은 사례가 있지만 대표적인 사례 몇 가지만 들어보겠습니다. 첫째 사례는 10. 26. 성남 대 울산 전의 부당한 페널티킥 선언입니다. 부당한 PK로 3:2로 이기던 경기를 3:4로 역전패하는 결정적 이유가 되었지만, 이는 무시하고라도 PK만 없었다면 비겼을 것이니 최소한 승점 1점을 뺏긴 것입니다. 두 번째 사례는… 세 번째는… 이 사례들 말고도 빽 없고 힘 없는 성남시민구단이 당한 설움은 이루 말할 수 없습니다. PK에 의한 골만 없었다면 강등 위기는 없었을 것이고… 부정부패하고 불공정한 나라 운영이 대한민국을 망치고 있는 것처럼 불공정하고 투명하지 못한 리그운영은 축구계를 포함한 체육계를 망치는 주범입니다. — 2014. 11. 28. 가을비 내리는 날, 운명의 한판 승부를 남겨놓고… 성남시민축구단 구단주 이재명"[6]

억울한 판정은 어느 경기에서나 있을 수 있고, 그 또한 경기의 일부다. 이재명은 세 경기에서 나온 PK를 언급하지만, 성남이 이득을 본 오심도 얼마든지 있을 수 있다. 규정상 구단 관계자가 판정에 대해 이의를 제기하는 건 징계 사유다. 게다가 마지막 경기가 아직 치러진 것도 아닌데 챔피언스리그에 안 나가느니 하는 말을 한다면, 선수들의 사기가 얼마나 떨어지겠는가? 비슷한 처지의 축구팀 구단 주가 선수들에게 한우파티를 열어주며 '1부리그 승격 시 5천만 원의 보너스를 지급하겠다'고 한 것과 너무도 대조적이고, 글 말미에 갑자 기 불공정한 나라 운영을 들먹이는 것은 익명의 축구인이 우려했던 축구의 정치화에 다름 아니다. 그가 박종환 감독을 임명하지 않았 다면 이런 꼴은 당하지 않았을 수 있는데, 자신에 대한 반성은 왜 하 나도 없을까? 성남FC는 마지막 경기를 이겨 1부리그에 잔류하게 됐 지만, 그 뒤 이재명의 행보는 훗날 그가 정치인으로 어떤 길을 걸을 지 짐작하게 해 준다. 기사 제목만 옮긴다.

  – [K리그] 연맹 이사회, 'SNS논란' 이재명 성남 시장 상벌위에
회부
  – 성남FC 이재명 구단주 "상벌위 회부, 납득할 수 없다"
  – 이재명 시장, "연맹규정, 헌법 위반…소송도 불사"
  – 이재명 "판정 비평 절대금지 없애겠다"…전면전 선언
  – 이재명 "자꾸 이러면 축구연맹 과거 지적 안 할 수 없다"
  – 이재명 성남FC 구단주 "차라리 제명하라"
  – 연맹 상벌위, 이재명 구단주에 최소 징계인 '경고' 조치
  – 이재명 성남 구단주, "경고도 징계, 받아들일 수 없다"

- 슈틸리케 감독 "축구에 정치 개입, 안타깝다"

축구의 정치화

성남FC가 챔피언스리그에 출전한 걸 기회로 이재명은 2015년부터 기업 후원을 확대한다. 하지만 이는 성남FC를 위한 게 아니었다. 이재명이 했던 일을 간단히 정리해 보자. 첫째, 이재명은 전 민주당 의원 제윤경이 이사로 있는 사단법인 희망살림과 함께 빚탕감 프로젝트(롤링 주빌리, Rolling Jubilee)를 벌인다고 선전한다. 주빌리는 일정한 기간마다 죄를 사하거나 부채를 탕감해 주는 기독교 전통에서

롤링 쥬빌리(Rolling Jubilee)가 새겨진 성남FC 유니폼

맞짱 7장

유래된 용어, 즉 롤링 주빌리는 저신용자들의 부실채권을 헐값에 사서 부채를 탕감해 주는 운동을 뜻한다. 둘째, 성남FC가 이 홍보를 맡는다고 한 뒤, 유니폼에 'Rolling Jubilee'를 새겨 선수들이 경기 중에 입게 한다. 셋째, 기업들로 하여금 희망살림에 후원금을 보내게 한다. 넷째, 희망살림은 성남FC에 후원금을 보낸다. 다섯째, 성남시가 기업들에게 특혜를 준다.

보다 구체적인 내용을 알기 위해 2017년 국감에서 당시 자유한국당 박성중 의원이 밝힌 내용을 보자.

"네이버는 2015년 6월과 10월, 2016년 7월과 9월, 네 차례 10억 원씩 40억 원을 희망살림에 냈다. 희망살림은 이 중 39억 원을 내고 성남FC 메인스폰서 자격을 땄다. 박 의원은 '네이버가 희망살림에 네 번째 10억 원을 납부한 뒤 성남시는 네이버 계열사인 네이버I&S 건물에 대한 건축 허가를 내줬다'고 주장했다. 사실상 '우회 지원'한 것 아니냐는 얘기다.…협약 당시 희망살림 상임이사로 서명한 제윤경 더불어민주당 의원도 '40억 원 가운데 39억 원은 빚 탕감 캠페인 비용으로 활용하고 1억 원은 채무자 상담료, 교육료, 부실채권 매입 비용으로 사용한다고 협약서를 작성했다. 법적으로 문제될 것이 없다'고 반박했다."[7]

뭔가 냄새가 나지 않은가? 첫 번째로 수상한 점. 원래 기업이 구단을 후원할 때는 유니폼에 자기 회사 마크를 부착하는 게 일반적이다. 삼성이 프리미어리그 명문구단 첼시를 후원하던 시절, 첼시 선수들은 'SAMSUNG'이란 글자가 새겨진 유니폼을 입었다. 이를 위해 삼성은 첼시 구단에 매년 300억 원 정도를 지급했는데, 유럽 지역에서 삼성전자의 매출은 83%가 뛰었으니 윈-윈인 셈이다.[8] 이를 성남FC에 적용해 보자. 네이버가 낸 돈은 희망살림을 거쳐 성남FC로 갔다. 네이버도 이 사실을 이미 알았다니, 성남FC에게 홍보를 요구하는 게 맞다. 그런데 유니폼에 기업 이름 대신 'Rolling Jubilee'만 있네? 이런 바보 같은 후원을 네이버가 할 이유는, 없다. 어? 근데 성남시가 네이버 계열사에 건축 허가를 내준다네? 그럼 후원할 만한데? 그러니까 이건, 성남시가 성남FC 후원을 미끼로 돈을 받고 그 대가로 기업에 특혜를 내준 게 된다! 기업이 홍보 효과를 노리고 후원하는 건 얼마든지 양해되는 부분이지만, 건축 허가를 미끼로 돈을 받은 건 전문용어로 '대가성'이라 하고, 이건 전형적인 비리다. 아, 물론 이재명이 비리를 저질렀다는 뜻은 아니다.

수상한 점 두 번째, 희망살림의 존재 이유는 뭔가. 희망살림이 빚탕감을 하는 조직이라면, 네이버가 준 40억 원으로 부실채권을 사들여야 맞다. 부실채권은 원래 가격보다 훨씬 싸게 매입이 가능하니, 40억 원이면 빚 때문에 삶이 힘든 서민들을 여럿 구제해 줄 수 있었다. 그런데 희망살림은 1억 원만 남기고 다 성남FC로 보냈다. 희망살림 대표 제윤경은 자기들이 1억을 뺀 것에 대해 다음과 같이 해명했다. "채무자 상담료, 교육료, 부실채권 매입 비용으로 사용한다고 협약서를 작성했다."[9] 결국 그들이 부실채권에 쓴 돈은 고작 1억4천만 원, 이 정도 액수로 얼마나 많은 이를 도와줄 수 있었을까? 그러니 네이버가 성남FC로 직접 돈을 보내지 않은 건 빚탕감과 상관없는, 다른 목적이 있었다고 의심할 만하다. 네이버가 성남FC로 직접 돈을 보내고 성남시가 네이버에게 특혜를 준다면, 이건 뇌물로 의심받을 수 있잖은가? 어쩌면 희망살림은 뇌물임을 숨기려는 '쿠션'일 수 있다. 물론 난 이재명이 자기 치부를 가리기 위해 서민들의 빚탕감을 들먹였다고 주장하는 건 아니다.

수상한 점 세 번째, 2015년부터 2017년 성남FC에 후원한 기업은 네이버 말고도 또 있다. 두산건설(42억 원), 농협(36억 원), 분당차병원(33억 원), 알파돔시티(5억5천만 원), 현대백화점(5억 원), 네이버까지 합치면 총 160억 원을 넘는다. 이들은 희망살림을 거치지 않고 성남FC로 돈을 보냈지만, 별반 광고효과를 보지 못한 건 마찬가지다.[10] 운동장 LED나 현수막 등에 회사 로고를 노출해 줬다지만, 그 정도를 위해 수십억의 광고비를 내는 건 상식적이지 않다. 아무래도 뭔가 반대급부가 있었다고밖에 볼 수 없는데, 이와 관련해 SBS가 특종을 했다.

SBS는 "지난 2014년 두산 건설이 성남시에 보낸 공문을 입수했는데, 병원 부지에 신사옥을 짓게 해 주면 성남FC에 후원을 검토하겠다는 명시적인 표현이 담겨 있었다"고 보도했다. SBS는 이 공문을 두고 두산 건설이 2014년 10월 31일 성남시에 보낸 것이라며 "약 20년간 분당구 정자동에 방치돼 있던 병원 부지를 업무 시설로 용도를 바꿔 달라는 취지"라고 설명했다. SBS는 "용도가 바뀌어 두산 그룹 신사옥을 짓게 되면 1층 일부를 공공시설로 제공하거나, 성남FC에도 후원하는 방안을 적극 검토하겠다고 밝히고 있다"고 방송했다.[11]

02
성남FC로 간 160억 원, 어디로?

두산의 병원 부지는 두산 측이 10년 넘게 용도 변경을 요구했지만 특혜 소지가 있다며 성남시가 거부한 곳. 그런데 후원금이 전달되고 난 뒤 원래 의료시설용지였던 땅이 업무용지로 용도 변경되는 기적이 일어났고, 용적률도 250%에서 670%로 급상승한다. 원래 15%였던 기부채납도 10%로 줄었다. 덕분에 두산은 매각 후 재임차 방식으로 1,700억 원에 부지를 처분했고, 완공된 27층짜리 신사옥도 6,200억 원에 부동산자산관리회사에 매각한다.[12] 두산이 해당 부지를 1996년 72억 원에 산 걸 감안하면, 엄청난 특혜가 아닐 수 없다.

물론 이재명 측은 이 사실을 부인한다. 후원금이 아니라 광고비가 집행된 것이라는 게 그의 해명, 하지만 〈시사저널〉 보도를 보면

2~년 광고 매출은 9억여 원에 불과했고, 2015~2017년 모두 해마다 40억 원 이상을 기록하다 이재명이 경기도지사가 되면서 성남시를 떠난 뒤 다시 10억 원 수준으로 줄어든다. 이걸 이재명의 수완이라고 봐야 할까.[13] 대가성이 없다면 후한 평가를 내릴 수도 있겠지만, 두산건설과 네이버의 사례를 보면 의혹이 더 커진다. 이건 36억 원을 후원금으로 낸 농협은행도 마찬가지다. 2017년 2조3,000억 원 규모의 성남시 금고 계약 연장을 앞두고 있었으니까. 그런가 하면 분당차병원은 2015년 5월, 성남시와 숙원사업인 '첨단 (줄기세포) 의료시설 조성'에 관한 협약을 맺었는데, 두 달 뒤인 2015년 7월 성남FC에 33억 원을 후원하겠다고 했다. 이 모든 게 다 우연일까.

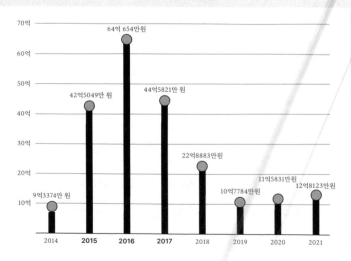

성남FC 광고 매출

조사할 게 또 하나 있다. 후원금을 유치해 왔다는 이유로 임직원들이 후원금의 10~20%를 포상금으로 받은 것 말이다. 후원금 대부분이 이재명 시장의 힘으로 얻은 결과물일진대, 임직원은 물론 무원까지 억대의 포상금을 받는 게 이상하지 않은가? 게다가 포상금의 90% 이상을 차지하는 세 명이 모두 이재명의 측근이라면 이건 좀 들여다볼 필요가 있다. 핸드볼 선수 출신으로 더불어민주당 의원이 된 임오경이 국감에서 한 말은 그래서 어이없다. "성남FC는 기업의 사회공헌 차원에서 정당한 후원을 받았음에도 부정청탁, 제3자 뇌물 혐의 등으로 정치검찰의 타깃이 되고 있습니다…체육계는 돌이키기 힘든 막대한 피해를 보고 있습니다." 이렇게 구린 사건을 수사하는 게 프로축구에 대한 탄압이라면, 이런 탄압은 매일 해도 괜찮은 게 아닐까.

성남FC 기업 후원금 의혹

	후원금(단위: 억 원)	특혜의혹
두산건설	42	정자동 부지 용도변경
네이버	39	제2사옥 건축허가
농협	36	성남시 금고 연장
분당차병원	33	분당경찰서 부지 용도변경
알파돔시티	5.5	준공 허가 및 민원 처리
현대백화점	5	준공 허가 및 민원 처리

고발, 그리고 불송치

2018년 1월, 국민의힘 전신인 자유한국당은 성남FC 후원금에 대가성이 있다며 이재명과 제윤경 희망살림 이사를 제3자 뇌물수수 혐의로 검찰에 고발했다. "최순실 국정농단 사건 때 미르·K스포츠재단이 기부금 받은 것과 (성남FC가) 기업들로부터 기부금 받은 것에 어떤 차이가 있는지 설명해 달라."[14] 그런가 하면 바른미래당은 2018년 6월 성남FC 의혹을 분당경찰서에 고발했다. 이제 이재명은 지자체장 중 한 명이 아닌, 경기도지사 선거를 통해 대권으로 가려는 여권의 잠재적 후보였기에, 그의 일거수일투족은 관심의 초점이 됐다. SBS가 자사 탐사프로그램 〈그것이 알고싶다〉에서 이재명의 조폭 유착 의혹을 방송으로 내보낸 것도 2018년 7월의 일. 그로부터 석 달이 흐른 10월 29일, 이재명은 피고발인 신분으로 분당경찰서에 출석한다. 하지만 당시 성남FC 의혹은 주된 이슈가 아니었다. 바른미래당이 성남FC와 같이 고발한 김부선 스캔들, 그리고 친형 강제입원과 이에 관련된 공직선거법상 허위사실 유포가 쟁점이었을 뿐, 성남FC는 기소되지 않은 채 여전히 경찰의 손에 머물러 있었다.

이재명이 고발된 지 3년이 지난 2021년 7월, 경찰은 드디어 성남FC 건에 관한 수사를 시작했다. 순전히 성남FC 조사만을 위해 이재명에게 경찰 출석을 요구한 것이다. 혐의는 제3자 뇌물수수 혐의, 하지만 어느덧 여권 유력 대선 후보로 발돋움한 이재명에게 경찰의 소환통보는 그저 우스울 뿐이었다. "경찰이 선거에 영향을 주[언]론에 흘려 의혹 부풀리기에 나선 것으로 판단할 수밖에 없다 착오적인 일부 경찰의 피의사실 공표, 직권남용, 정치개입 행위[가] 시는 재발하지 않도록 엄정하게 책임을 묻겠다."[15] 이 말에 '쫄[이]린' 탓일까? 경찰은 이재명을 서면 조사하고 만다. 그 뒤 이재명과 [이]제 국민의힘에 입당한 윤석열 후보 간 공식 대결 1라운드가 벌어진다. 윤 후보 측이 "이 지사는 성남FC를 통해 어떤 정치적 이익을 얻었는지 답해야 한다"며 제3자 뇌물수수죄 적용을 언급하자, 이재명은 "없는 죄도 만들려는 특수부 검사의 오만과 자만심이 놀랍다"고 응수했다. 또한 이재명은 "한때 대통령이 되면 윤석열 전 검사님을 검찰총장으로 기용하겠다고 말한 적이 있다. 오늘 자로 깊이 사죄드리며 이 말을 철회한다"고 말하기도 했다.[16] 2021년 9월 7일, 경기 분당경찰서는 성남FC 건에 대해 '혐의없음'으로 결론 내린다. "증거가 불충분하다"는 게 그 이유였다.[17] 바른미래당의 고발이 있은 지 3년 3개월 만의 일, 여기에 대해 한 네티즌은 다음과 같은 댓글을 달았다.

---

dean**** ›
2021.09.07. 14:52:40

'경기'도 '성남시 분당' 경찰서에서 '이재명' 무혐의 처분내렸대~~ ㅋㅋㅋㅋㅋㅋㅋㅋㅋㅋㅋㅋㅋㅋㅋㅋㅋㅋㅋㅋㅋㅋㅋㅋ ㅋㅋㅋㅋㅋㅋㅋㅋㅋㅋㅋㅋㅋㅋㅋㅋㅋㅋㅋㅋㅋㅋㅋㅋㅋㅋㅋㅋㅋㅋㅋㅋㅋㅋㅋㅋㅋㅋ ㅋㅋㅋㅋㅋㅋㅋㅋㅋㅋㅋㅋㅋㅋㅋㅋㅋㅋㅋㅋㅋㅋㅋㅋㅋㅋㅋ

답글 3   👍 25 👎

너무 뻔한 뇌물사건에 대해 경찰이 무혐의를 선언한 이유가 뭘까. 영화 〈베테랑〉에서 막사는 재벌 3세 조태오(유아인)는 자신을 쫓는 형사(황정민)에게 이렇게 말한다. "나한테 이러고 뒷감당할 수 있겠어요?" 수틀리면 옷을 벗으면 되는 검사와 달리, 경찰은 그만두면 생계가 막막하다. 이런 경찰이 자칫하면 대통령이 될 수도 있는 이재명을 수사할 수 있을까? 게다가 이재명은 자신에게 불리한 행위를 한 이에겐 꼭 보복하는 습성이 있다. 2018년 경기도지사 선거를 위한 민주당 경선에서 '@08__hkkim'이란 트위터 계정을 쓰는 이가 이재명의 경쟁자였던 전해철 의원을 허위사실을 동원해가며 비방한 적이 있었다. 전해철이 이 계정을 선관위에 고발함으로써 수사가 시작됐는데, 경찰은 '계정 소유주가 김혜경이 맞다'며 기소의견으로 검찰에 송치했다. 검찰에서 '김혜경이라고 단정 지을 수 없다'며 무혐의 처분을 내리는 바람에 사건은 흐지부지됐지만, 이재명은 수사를 담당한 그 경찰을 가만두지 않았다. 지방선거 당시 자신의 대변인이었던 이를 시켜 그 경찰 두 명을 뇌물혐의로 검찰에 고발한 것이다![18] 경찰이 이재명의 성남FC 의혹에 대해 혐의없음 판정을 내린 데는 보복에 대한 두려움도 있지 않았을까?

검찰, 너마저

그렇다고 성남FC 수사가 물 건너간 건 아니었다. 분당경찰서의 '혐의없음'에 만족하지 못한 고발인이 이의신청을 한 것. 형사소송법 제245조엔 다음과 같은 조항이 있었다. '고소인·고발인·피해자가 경찰로부터 불송치 통지를 받은 때에는 경찰서장에게 이의신청을 할 수 있다. 이의신청을 받은 경찰서장은 지체 없이 관할 지방검찰청에 수사기록과 함께 사건을 송치하여야 하고, 처리결과와 그 이유를 신청인에게 통지하여야 한다.' 훗날 민주당이 속전속결로 통과시킨 '검수완박'법에서는 고소인의 이의신청권만 인정될 뿐 고발인의 이의신청권이 삭제되는데, 이 독소조항이 만들어진 게 혹시 성남FC 사건과 연관이 있지 않을까 싶다. 그래도 그 당시엔 검수완박법이 없었기에, 검찰이 마음만 먹는다면 성남FC의 진실은 대선 이전인 2021년 12월까진 밝힐 수 있었다. 형사소송법상 검찰은 이의신청이 접수된 지 90일 이내에 경찰의 불송치 결정이 위법인지 여부를 판정해야 했으니 말이다.

당시 성남지청 형사3부에 근무하던 박하영 차장검사는 경찰로부터 넘겨받은 자료를 보고 다음과 같은 생각을 한다. '이렇게 수사가 종결됐다고? 이상해. 이건 반드시 보완수사를 해야 해.' 하지만 검수완박 말고도 성남지청에는 고발인의 이의신청권을 무력화시킬 엄청난 무기가 있었으니, 그건 바로 성남지청장이 박은정 검사라는 사었다. 박은정은 추미애 법무부 장관의 최측근으로, 감찰담당관으로 있는 동안 '윤석열 찍어내기 감찰'을 한 바 있으며, 나경원 전 의원이 악플러를 고소한 사건에선 판사인 나 의원 남편이 재판거래를 했다고 주장한 바 있는, 대표적인 친정권 검사였다. 이재명의 사법 리스크가 집중되는 성남에 그를 보낸 건 그 때문일 터. 박은정은 성남FC 사건에서 정권의 기대를 십분 총족시켜줬다. 당시 그녀가 했던 일들을 요약해 보자.

첫째, 금융정보분석원, 일명 FIU는 수상한 자금흐름을 파악하는 기관, 박하영은 차장 전결로 대검에 성남FC와 관련한 FIU 자료를 요구한다. 대검은 '자료가 미흡하다'는 핑계를 대며 요청을 반려하는데, 이 과정에서 김오수 검찰총장이 성남지청장 박은정에게 직접 전화를 걸었다. 그 뒤 박은정은 FIU에 자료를 의뢰할 땐 지청장인 자신의 결재를 받도록 시스템을 바꿔버렸다. 휘하 검사가 독립된 수사를 하도록 보호해주기는커녕, 더 이상의 수사를 못 하게 한 것이다. 둘째, 박은정은 박하영이 근무하던 형사3부의 담당 업무를 바꿨다. 전국 10개 자치지청에서 형사1부는 인권·첨단범죄를 전담하고, 2부는 강력·보건범죄전담부, 3부는 금융·경제전담부 구조를 유지하고 있는데, 박은정은 형사3부가 담당하던 특수·공안·기업수사 기능을 형사 1부와 2부로 넘기고, 형사3부는 성범죄 전담부서로 만들어 버렸다. 할 수 없이 박하영은 형사 1부에 이 사건을 부탁해야 했다. 셋째, 박하영의 부탁을 받은 형사1부마저 '보완수사가 필요하다'고 결론짓고 수사 의지를 불태우자 박은정은 "내가 경찰 기록을 보고 결정하겠다"며 수사를 만류했다. 수사기록은 모두 8,500쪽이나 됐는데, 박은정이 이걸 다 보겠다며 시간을 끌었다.[19]

성남지청장 박은정이 사건을 뭉개는 사이 약속된 90일을 넘겨 4개월이 훌쩍 지나갔다. 왜 수사가 이루어지지 않느냐는 언론 보도가 나오기 시작했다. "검찰이 이재명 더불어민주당 대선 후보가 성남시장 시절 시민축구단 성남FC에 160억 원에 달하는 기업 후원금을 받았다는 혐의와 관련해 경찰로부터 사건을 넘겨받은 지 3개월이 넘었지만 재수사 결정을 내리지 않고 있는 것으로 파악됐다. 경찰이 3년 넘게 수사를 끌다 증거불충분을 이유로 종결해 논란이 일었던 만큼, 검찰 역시 대선을 앞두고 늑장 수사를 하는 게 아니냐는 지적이 나온다."[20]

정치검사에 의해 검찰 전체가 도매급으로 매도되는 이 기사를 보며 박하영 차장검사는 어떤 생각을 했을까. 결국 그가 내린 결정은, 바로 사표를 쓰는 것이었다. "더 근무를 할 수 있는 다른 방도를 찾으려 노력해 보았지만…. 이리 저리 생각을 해 보고 대응도 해 보았지만, 달리 방법이 없었습니다."[21] 박하영이 검찰 내부망에 올린 사직의 변이다. 그는 그룹 '들국화'의 노래인 「사노라면」을 직접 부른 음성 파일도 같이 올렸는데, 「사노라면」의 가사를 보면 그가 사표를 낼 때의 심경을 짐작할 수 있을 것 같다. '사노라면 언젠가는 / 밝은

김경율
2월 4일 · 🌐

#두만강만_강이냐_낙동강도_강이다
#경기도만_법카냐_성남FC도\법카있다

성남지청 박하영 차장검사.

지난해 9월 경찰이 무혐의 처분한 프로축구 성남FC 후원금 의혹 수사기록을 검토하다,

성남FC의 '법인 카드'에 주목했습니다.

사용금액이 수년 간 수십억 원에 이르는데다, 성남FC에 기업 후원금이 몰린 시기와 겹치는 기간도 있었던 겁니다.

박 차장검사는 계좌 추적이 더 필요하다며 상관인 박은정 지청장에게 추가 수사 의견을 보고했습니다.

경찰 조사에서 기업 관계자 등이 후원금 납부 경위 진술을 번복한 점도 함께 제시한 걸로 전해집니다.

최소 7차례 보고가 있었지만 박은정 지청장은 추가 수사 요구를 들어주지 않았습니다.

N.NEWS.NAVER.COM
[단독]수십억 사용한 성남FC 법인카드…"계좌추적 요구 묵살"
이번에는 이재명 후보가 구단주를 지낸 성남FC의혹 사건 속보입니다. 사표를 낸 박하영 성남지…

👍 242명

댓글 2개 공유 10회

👍 좋아요   💬 댓글 달기   ↗ 공유하기

"두만강만_강이냐_낙동강도_강이다
경기도만_법카냐_성남FC도/법카 있다"

날도 오겠지 / 흐린 날도 날이 새면 / 해가 뜨지 않더냐 / 새^게
젊다는 게 한밑천인데 / 쩨쩨하게 굴지 말고 가슴을 쫙 펴라 /
은 해가 뜬다 / 내일은 해가 뜬다 / 내일은 해가 뜬다 / 내일은 ^
뜬다'

사표 이후

"수사무마 의혹은 꼭 밝혀져야 하고, 본인 사표로 수사가 재점
화되길 바란다."[22] 박하영 검사의 바람대로, 그의 사표는 큰 반향을
불러일으켰다. 성남지청은 "수사종결을 지시하였다거나 보완수사
요구를 막았다는 내용은 사실이 아니다"라고 했지만, 이 말을 믿는
이는 거의 없었다.[23] 아마 이재명도 이건 믿지 않았을 텐데, 성남지청
은 여기에 더해 이런 말까지 했다. 수사가 막히자 박하영이 이를 윤
석열 후보의 측근에게 보고했다는 것.[24] 이 주장엔 모순이 있다. 박
은정이 수사를 막은 적이 없는데 박하영이 왜 윤석열 후보의 이름
을 대면서 협박을 했겠는가? 박하영 본인도 그런 적이 없다고 했으
니, 이건 성남지청이 자신들의 잘못이 드러날까 봐 막 던진 말 같다.

파장이 커지자 수사무마 여부에 대한 조사가 이루어졌는데, 우
습게도 이를 조사한 기관은 바로 검찰, 그중에서도 친정권 검사였다.
"김오수 검찰총장은 '성남FC 의혹'을 수사하던 박 차장검사가 사의

...명한 사안과 관련해 신성식 수원지검장에게 경위를 파악하라
.지시했다."[25] 박은정에 비하면 부족할지 몰라도 신성식 역시 대표
적인 친정권 검사. 2020년 7월 KBS가 채널A 사건과 관련해 한동훈
당시 검사장을 음해하는 오보를 냈을 때 그 취재원이 바로 신성식
이었다.[26] 의혹이 불거진 지 13일이 지난 2021년 1월 25일, 수원지검
은 다음과 같은 결정을 내린다. '응, 지금까지 수사결과를 보면 뭐가
뭔지 모르겠어. 그러니 성남지청 너희들이 보완수사를 하도록 해.'[27]
이건 다음과 같은 점에서 문제가 있다.

첫째, 신성식에게 맡겼던 수사무마 의혹에 대해선 언급조차 하
지 않았다는 것. 둘째, 성남지청에 다시 보완수사를 지시한 것. 성남
지청에서 수사를 하는 과정에서 문제가 생겼다면, 다른 검찰청에 수
사를 맡기는 게 상식적이다. 그런데 박은정이 여전히 지청장으로 버
티는 성남지청이 다시 수사를 하도록 한다? 이건 한 달 남짓 남은 대
선까지 시간을 끌자는 얘기다. 그 기대에 걸맞게 성남지청은 사건을
다시 분당경찰서로 내려 보낸다.[28] 분당경찰서는 이미 성남FC 의혹
에 대해 '무혐의 & 경찰불송치'를 결정한 곳, 이게 대체 뭐하자는 것
일까. 그래도 일말의 양심은 있었는지, 분당경찰서는 사건을 상급기
관인 경기남부경찰청으로 이첩한다.[29] '민생범죄 및 선거사범 수사
부담'을 이유로 댔지만, 부실수사의 원흉이 다시 수사를 한다는 것
자체가 어불성설이었다.

2022년 9월 13일, 경찰은 성남FC 사건을 기소의견으로 검찰에

맞짱 7장

송치했다. 박근혜 대통령에게 적용됐던 제3자 뇌물죄, 그,까 이
재명이 직접 뇌물을 받지 않았다 해도 제3자가 그로 인해 다 반
았다면, 이것 역시 뇌물의 일종이란 얘기다. 3년 3개월간 사
잡고 있다 무혐의 결론을 내린 분당경찰서로선 치욕스러운 순
터. 검수완박법이 시행돼 경찰이 훨씬 더 많은 사건을 맡게 된다
점에서 경찰의 이런 행태가 우려스러울 수밖에 없다. 물론 이재명
늘 그렇듯이, 자신의 혐의를 전혀 인정하지 않는다. 그는 성남FC 후
원금을 받고 기업들에게 대가를 준 게 "세 수익을 높이고 지역경제
발전을 도모하기 위한 지방자치단체의 기업 유치 활동"이며, "시민에
게 이익이 되는 모범 행정"이라고 말했지만, 이 말을 믿을 이가 얼마
나 될까 모르겠다.[30] 대장동 사업에 대해서도 처음엔 '공공이 이익을
환수한 모범 사례'라고 하다가, 상황이 불리해지자 윤석열 게이트라
는 어처구니없는 뒤집기를 선보였지 않는가. 정치 바람의 희생양
이 된 프로축구팀 성남FC가 꼴찌를 하고 2부리그로 강등된 건 안
타까운 일이지만, 제대로 된 진상 규명이 있어야 제2의 도약도 가능
한 법, 제대로 된 검찰수사가 꼭 필요할 것 같다.

정진상의 등장

2022년 9월 30일, 검찰은 두산건설 전 대표 등을 제3자 뇌물 혐

구속 기소했다. 2014년부터 2016년 사이 성남FC에 50억 원

의 후원금을 내고, 두산그룹이 소유한 병원 부지를 상업용지로 변경

하는 데 특혜를 받았다는 혐의다. 두산 측으로부터 후원금을 유치

한, 이재명의 측근이자 성남시 전략추진팀장 A 씨도 같은 혐의로 기

소됐다. 그런데 공소장에는 충격적인 이름이 등장했다. A 씨가 이재

명과 공모했다고 적시된 거야 당연한 거지만, 공모자 이름에 정진상

(현재 더불어민주당 당대표 정무조정실장)이 들어간 건 뜻밖이었다.[31]

측근이 워낙 많은 이재명이지만, 정진상은 그 측근 중에서도

톱클래스 측근으로, 대장동 사건에서도 그 이름이 등장할 정도다.

그런데 그가 왜 축구팀과 관련된 사건에 등장하는 것일까. 발단은

2015년부터 1년간 성남FC 2대 대표를 지낸 곽선우 변호사가 당시

이재명 시장에게 보낸 이메일이었다. "마케팅 실장 등 일부 직원이

나를 건너뛰고 정진상 성남시 정책실장과 직접 연락한다. (내가) 리

더십을 발휘하려면 정 실장과 연락하는 사람은 대표이사가 돼야 한

다."[32] 정진상이 사실상 성남FC를 운영했다는 것, 대장동 사건에서

황무성 사장을 건너뛰고 유동규가 사실상 사장 역할을 한 것의 데

자뷰다. 게다가 곽선우는 검찰에 참고인 신분으로 출석해 다음과 같

은 진술도 했다. "이재명 시장이 '나는 축구를 잘 모르니 축구를 잘

아는 정 실장과 모든 걸 상의하고 결정하라'고 지시했다."[33]

그래서 검찰은 정진상이 후원금을 모금하는 등의 일을 했고, 이

를 이재명에게 보고했을 것으로 보는 듯하다. 문제는 정진상이 6급

별정직 공무원으로 성남FC에 아무런 직함도 갖고 있지 않았다는 것. 그런데도 그는 성남FC 예산으로 두 차례나 해외 출장을 다녀왔고, 성남FC가 광고를 유치한 뒤 지급한 성과급도 챙겼다.[34] 공무원이 산하기관 예산으로 해외 출장을 다녀온 건 공무원 국외여비규정을 위반한 것이지만, 시장의 최측근에게 감히 누가 뭐라 하겠는가. 이런 걸 보면 굳이 '사장'이나 '대표'란 타이틀에 너무 집착할 필요가 없다. 진짜 실세는 자리에 연연하지 않는다. 어차피 아래 직원들은 실세가 누군지 다 알고, 대표를 건너뛰고 실세와 직접 소통하려 드니까. 그러다 보니 곽선우는 자기 직원들이 후원금 유치로 성과급을 받은 것도 알지 못했다. 홍보마케팅실장이 2015년 2차례에 걸쳐 8천5백만 원의 성과급을 받은 것에 대해 곽선우는 이렇게 말했다. "그만한 돈이 나갔다면 기억이 있어야 할 텐데 기억이 없다."[35] 이재명의 문제는 이렇듯 공적인 조직을 무시하고 자신의 측근들이 중심이 된 정치를 한다는 데 있다. 이런 이가 나라를 맡으면 어떤 일이 벌어질지, 상상만 해도 오싹하다.

정치검사의 뒷모습

마지막으로 박은정에 대해 이야기해보자. 분당경찰서가 성남FC 사건을 3년 3개월간 가지고 있다 무혐의 결정을 내리고, 이의신청에 따른 보완수사를 성남지청장과 대검이 합작해서 좌절시킨 것은 각 요충지마다 자기 사람을 임명한 문 정권의 승리였다. 하지만 천만다행으로 정권이 교체됐고, 성남FC 사건뿐 아니라 박은정처럼 제대로 된 수사를 막았던 검사에 대한 수사가 진행되고 있다. 이걸 가지고 정치보복이 아니냐고 주장하는 이도 있겠지만, 꼭 그렇게 볼 것만은 아니다. 수사는 안 하고 정치질로 출세가도를 달린 정치검사들이 정권이 바뀐 뒤에도 계속 고위직에 있다면 어떤 일이 벌어질까? 먼 미래에, 정말 재수 없는 소리지만, 문재인 정권처럼 검찰을 사냥개로 쓰는 정권이 등장했을 때, 자기 소신껏 수사하려는 검사가 드물어지지 않겠는가? 정치검사에 대한 단죄가 꼭 필요한 건 이 때문이다.

다행히 그 단죄는 시작된 것 같다. '한변'(한반도 인권과 통일을 위한 변호사 모임)은 수사 지연과 관련해 박은정을 공수처에 고발했고, '서민민생대책위원회'란 시민단체가 서울중앙지검 반부패·강력수사2부에 고발한 데 이어, '법세련'(법치주의바로세우기행동연대)도 공수처에 박은정을 고발했다.[36] 박은정은 법무부에 사직 의사를 밝히고 명예퇴직하겠다고 했지만, 피고발인 신분이 된 그녀에게 명예로운 퇴진은 가당치 않은 일이었다. 2022년 6월 28일, 법무부가 단행한 검찰 인사에서 박은정은 광주지검 중경단(중요경제범죄조사단)이라는, 그 이름과 달리 별반 중요하지 않은 자리로 쫓겨난다.[37] 물론 박은정은 알고 있다. 이게 다가 아니라는 것을. 2022년 2월 16일, 〈매일경제〉는 박하영에게 '수사무마 일지'의 존재 여부를 묻는다. 검사들은 민감

한 상황에서 사실 관계와 책임 소재를 명확히 하기 위해 사건 경위와 상부 지시 사항 등을 일지로 기록하는데, 이게 바로 수사무마 일지다. 박하영은 다음과 같이 답한다. "기록해 두었지만 조사 때 까겠다."[38] 지금, 그 수사일지를 깔 때다.

정의를 위해 빨대왕도
필요할 때가 있다

'빨대왕'이라는 유튜브를 운영하고 있다. 존경하는 유튜버 유재일 선생처럼 기사를 분석해 콘텐츠를 생산해 내는 능력이 없으니, 다른 사람한테 빨대를 꽂아 구독자를 늘린다는 뜻이다. 예를 들어 이재명 대표가 성남시장 시절 같이 출장을 다녀왔던 고 김문기 씨를 모른다고 말했다 치자. 유재일은 여기서 '김문기를 안다고 하면 이러이러한 점이 불리하기 때문에 저러는 거다'고 분석한다. 그런데 그런 능력이 없는 난, 그저 비분강개한다. "김문기를 모른다니, 이게 사람입니까!" 그런데도 지금 구독자가 16만을 넘겼으니, 성공적으로 빨대를 꽂은 것 같다.

내 빨대 꽂기가 비단 유튜브에만 국한된 건 아니다. 지금까지 난 대략 스무 권 정도의 책을 냈다. 그중 제일 잘 팔린 책은 10만 권이 판매된, '조국흑서'라 불렸던 《한번도 경험해보지 못한 나라》다. 그런데 그 책을 읽은 이들은 깜짝 놀란다. 저자 다섯 명의 대화로 이루어진 그 책에서 내가 말하는 장면이 거의 나오지 않기 때문이다. 편집된 것은 물론 아니다. 수준 높은 대화에 감히 끼어 들어갈 생각을 못한 탓. 오죽하면 출판사 대표가 진중권 선생이 한 말에 내 이름을 붙여 주셨겠는가. '팬덤 정치'에 대한 대목이 바로 그것, 그 때문에 라디오에 나갔을 때 진행자가 내게 팬덤 정치에 대해 물어보는 바람에 당황한 적도 있다. 다행히 그 책을 산 분들 중 진지하게 읽은 분들이 그리 많지 않은 데다, 책이 나오고 난 뒤 내가 저자랍시고 워낙 설치고 다닌 탓에, 사람들은 내가 진중권 선생과 더불어 '조국흑서'를 쓴 투톱으로 기억하고 있다. 이것이 바로 빨대왕의 위력이다.

　모든 일은 하다 보면 익숙해지기 마련, 처음에는 남의 콘텐츠에 기생하는 게 부끄러웠지만, 이 짓도 하다 보니 할만하다는 생각이 든다(전공도 기생충학이지 않은가!). '조국흑서' 덕에 두둑한 인세를 받고 난 뒤부터 새로운 빨대를 찾아 헤맸다. 그러던 차에 콘텐츠의 특급 생산자인 김경율 형님이 '같이 책을 써보지 않겠냐'라고 제안해 준 건 하늘이 준 기회였다. 게다가 이 책이 이재명으로 하여금 죗값을 받게 하는 데 도움이 된다면, 그보다 좋은 일이 또 있을까. 김경율 형님과 같이 작업하는 넉 달간, 난 참 행복했다. '조국흑서' 때의 내가 그저 자리만 축내는 역할이었다면, 이번엔 말을 듣고 기록하는, 나름 중요한 역할을 할 수 있었으니까. 이 책을 읽어주신 분들도 나와 비슷한 행복감을 느끼셨길 빈다. 독자 여러분, 님들도 이재명이 죗값을 치르게 하는 역사적인 일에 동참해 주신 겁니다!

2022년 11월 7일
서민

주

1장 김혜경의 법인카드 불법유용 의혹1

1 「'법카 의혹' 경기도청 압색영장엔···'피의자 이재명 · 김혜경'」, 〈JTBC〉, 2022년 5월 6일

2 「김혜경씨, 경찰 출석···이재명 "국민께 사죄"」, 〈경향신문〉, 2022년 8월 23일

3 「이재명 성남시장 부인 관용차량 사용 '논란'」, 〈성남일보〉, 2011년 12월 4일

4 「"사모님이 관용차 이용···공무원 20여 명이 도열···" 李 후보 측 "이○○이 유포한 가짜뉴스"」, 〈월간조선〉, 2022년 1월 30일

5 같은 기사

6 「성남시의회 파행···예산처리 뒷전, 막말 공방 확전」, 〈연합뉴스〉, 2011년 12월 21일

7 「배씨 근무, 10년 전에도 성남시의회서 논란」, 〈주간조선〉, 2022년 2월 3일

8 제183회 성남시의회 행정기획위원회 회의록

9 「범시민사회단체연합, 이재명 후보 부부 감사원에 공익감사청구」, 〈뉴데일리〉, 2022년 1월 19일

310   맞짱

10 「"경기도 공무원이 3년간 김혜경 수행"…이재명 '아내 보좌'에 혈세 썼나」, 〈뉴데일리〉, 2021년 11월 23일

11 「이재명, '반칙과 특권 없는 세상'을 말하다」, 〈데일리안〉, 2022년 2월 7일

12 「박완정, "이재명, 성남시장 당시 계약직 공무원 뽑아 김혜경 수행비서 시켜"」, 〈뉴스웍스〉, 2021년 10월 7일

13 같은 기사

14 「"경기도 공무원이 3년간 김혜경 수행"…이재명 '아내 보좌'에 혈세 썼나」, 〈뉴데일리〉, 2021년 11월 23일

15 「국민의힘 "李부인 김혜경, 총리급 수행비서 대동…공권력 사유화"」, 〈뉴시스〉, 2021년 11월 25일

2장 김혜경의 법인카드 불법유용 의혹2

1 「"공무원인데 이 지사 사모님 약 대리수령 등 사적 심부름"」, 〈SBS〉, 2022년 1월 28일

2 「국힘, '김혜경 수행비서 채용' 고발」, 〈연합뉴스〉, 2021년 12월 28일

3 「"공무원인데 이 지사 사모님 약 대리수령 등 사적 심부름"」, 〈SBS〉, 2022년 1월 28일

4 「"넌 배달부"…7급 공무원, 이재명 처·아들 사적 심부름 의혹…與 "허위사실"」, 〈TV조선〉, 2022년 1월 29일

5 같은 기사

6 같은 기사

7 「"허위사실 유포"라더니 문자에는 "제가 다 잘못한 일"」, 〈SBS〉, 2022년 1월 31일

8 「공무원이 가짜 문진표 쓰고…김혜경 출입증 받아」, 〈채널A〉, 2022년 1월 31일

9 「김혜경이 탄 차 앞으로 지나갔다고…"충성심 부족" 질타」, 〈채널A〉, 2022년 2월 1일

10 같은 기사

11 같은 기사

12 「김혜경 '과잉 의전' 논란 배모 전 사무관 사과 "제가 한 일"」, 〈조선비즈〉, 2022년 2월 2일

13 「'김혜경 측근' 계약직 배씨…부동산 80억 미스터리」, 〈국민일보〉, 2022년 8월 9

일

14 「'임신 시도' 비서가 폐경치료약?…민주 "임신 포기하고 치료 위해"」, 〈조선비즈〉, 2022년 2월 3일

15 「채널A "폐경치료제 먹었다던 김혜경 비서, 최근까지 난임 치료"…與 "사실관계 확인 중"」, 〈조선일보〉, 2022년 2월 5일

16 「김혜경 논란 팩트체크', "공관직원과 인사 한 번이 전부, 사적 심부름 전혀 없음"」, 〈뉴스프리존〉, 2022년 2월 5일

17 「국민의힘 "공무원의 김혜경 시중은 불법"…與 "사실 아닌듯, 김씨에 묻진 않아"」, 〈조선일보〉, 2022년 2월 2일

18 「김혜경씨 '심부름 논란'에 "친분 있어 도움받아, 제 불찰"」, 〈파이낸셜뉴스〉, 2022년 2월 2일

19 「김혜경 측, 경기도 법인카드 '바꿔치기 결제'…사적 유용 의혹」, 〈KBS〉, 2022년 2월 2일

20 같은 기사

21 같은 기사

22 「김어준, "김혜경이 시켰다는 내용 없다"…'황제 의전' 논란 두둔」, 〈MBN〉, 2022년 2월 3일

23 「송영길, '김혜경 법카 유용' 질문에 "김건희가 더 문제…수사부터 제대로"」, 〈아시아경제〉, 2022년 2월 3일

24 「박찬대, "대리처방과 법인카드, 김혜경 직접 관여 없었다"」, 〈노컷뉴스〉, 2022년 2월 3일

25 「대선 5주 남았는데…李, 김혜경씨 갑질 논란에 "송구하다" 진화」, 〈파이낸셜뉴스〉, 2022년 2월 3일

26 「"남은 건 모아뒀습니다" 비서가 이재명 욕실에 에르메스 로션까지」, 〈조선일보〉, 2022년 2월 4일

27 「현근택, "김혜경 제보자, 통화녹음 · 대화 캡처…다분히 의도적"」, 〈중앙일보〉, 2022년 2월 6일

28 「"김혜경도 상처 받아"…與의원들 '황제 의전' 입장문 냈다 삭제」, 〈조선일보〉, 2022년 2월 7일

29 「고개 숙인 김혜경, "몰라도 제 불찰…'과잉 의전' 제보자는 피해자"」, 〈이데일리〉, 2022년 2월 9일

30 「김혜경씨 사과 기자회견, 제보자와 야당 반응은」, 〈월간조선〉, 2022년 2월 10일

31 「진중권, "김혜경 사과, '나 잡아봐라' 약 올린 것…본질 다 피해"」, 〈한국경제〉, 2022년 2월 10일

32 「누리꾼들, 김혜경 사과 비판…"어디서 봤던 장면 같은데"」. 〈MBN〉, 2022년 2월 10일

33 「"김혜경 수행비서 채용은 가짜뉴스" 이재명, 두 달 전 페북 글 삭제」, 〈이데일리〉, 2022년 2월 4일

34 「존재 숨기려 한 김혜경 측근 배씨 "내 방 불 켜"…출근한 척 위장」, 〈MBN〉, 2022년 2월 8일

35 「김혜경 의혹 제보자 "배씨가 법카 쪼개기 심부름도 시켰다"」, 〈중앙일보〉, 2022년 2월 11일

36 같은 기사

37 「포장하면 들킬라…배씨 "영수증에 '포장' 빼"」, 〈채널A〉, 2022년 2월 11일

38 「김혜경 의혹 제보자, "배씨가 법카 쪼개기 심부름도 시켰다"」, 〈중앙일보〉, 2022년 2월 11일

39 「野 "김혜경, 자택 근처 복집에서만 318만원 법카 결제"」, 〈헤럴드경제〉, 2022년 2월 16일

40 「"기생충 있나"…배씨도 의아해한 '초밥 10인분'」, 〈채널A, 김진의 돌직구쇼〉 (929회), 2022년 2월 14일

41 「경기주택도시공사, 이재명 옆집 61평 아파트 전세…용도 논란」, 〈연합뉴스〉, 2022년 2월 17일

42 「野 김은혜 "김혜경 자택 음식배달, 왜 항상 화·금 저녁이었나"…與 "엉터리 의혹"」, 〈아시아경제〉, 2022년 2월 20일

43 「진중권, "이재명 옆집 합숙소…초밥 10인분 퍼즐 맞춰진 것"」, 〈서울경제〉, 2022년 2월 18일

44 「초밥 10인분이 쏘아 올린 '이재명 옆집' 의혹…野 "불법선거캠프" 與 "허위 주장"」, 〈한국일보〉, 2022년 2월 17일

45 「이재명 옆집 'GH 합숙소'…'김혜경 비서'가 전세 났다」, 〈채널A〉, 2022년 8월 5일

46 「野 "김혜경, 중식당서 법카 '쪼개기 결제'…공직선거법 위반"」, 〈헤럴드경제〉,

2022년 2월 24일

47 「수원지검, 이재명 국고 손실 고발 사건도 경찰로 내려보내」, 〈조선일보〉, 2022
년 2월 10일

48 「경기남부청, "수사 중립성 오해받을 일 안 할 것"」, 〈뉴시스〉, 2022년 2월 15일

49 「김혜경 법카 의혹 감사 중인 경기도 "오래 걸리지 않을 것"」, 〈뉴스1〉, 2022년 3
월 23일

50 「경기도, '김혜경 법카 의혹' 전 경기도청 직원 고발」, 〈노컷뉴스〉, 2022년 3월
25일

51 「경기도 감사 "'김혜경 법카 의혹' 관련 배씨 수백만 원 유용 의심"」, 〈중앙일보〉,
2022년 4월 11일

52 「김경율 회계사, "경기도, 김혜경 감사 이따위로…장난하나"」, 〈중앙일보〉,
2022년 4월 13일

53 「김혜경 '법카 의혹'…경찰, 수원·성남식당 129곳 압수수색 마쳐」, 〈중앙일
보〉, 2022년 6월 3일

54 같은 기사

55 같은 기사

56 「'김혜경 법카' 참고인 숨진 채 발견…이재명 의혹 4번째 죽음」, 〈중앙일보〉,
2022년 7월 28일

57 「李 "무당 나라가 돼서 그런지 관계없는 일 엮지 않냐"」, 〈뉴스A 라이브〉, 2022
년 7월 31일

58 「김씨 거주지는 '김혜경 비서 역할' 배모씨 명의 주택」, 〈JTBC〉, 2022년 7월 28
일

59 「숨진 참고인, '법카 바꿔치기' 당사자였다…경기도 산하기관 근무도」, 〈JTBC〉,
2022년 7월 28일

60 「숨진 김혜경 '법카 참고인', 이재명 주재 회의에도 참석했었다」, 〈조선일보〉,
2022년 7월 30일

61 「숨진 참고인, '법카 바꿔치기' 당사자였다…경기도 산하기관 근무도」, 〈JTBC〉,
2022년 7월 28일

62 「숨진 김모씨, 김혜경 운전기사로 급여 받았다…선관위 회계장부 확인」,
〈JTBC〉, 2022년 8월 3일

63 「"없는 인연" "음해"→"운전기사 맞다" 말 바꾼 이재명」, 〈JTBC〉, 2022년 8월 4

일

64 「김혜경씨 수행비서 구속영장 기각…도청 공무원들로 수사 확대」, 〈KBS〉, 2022년 8월 31일

65 「경찰, '법카 유용 의혹' 김혜경 · 배모씨 송치」, 〈헤럴드경제〉, 2022년 8월 31일

66 「검찰, 김혜경 측근 배모씨 기소…이재명 · 김혜경 계속 수사」, 〈KBS〉, 2022년 9월 8일

3장 대장동 개발사업 특혜 의혹1

1 「이재명, 참고인 사망에 "나랑 무슨 상관인가? 무당의 나라 됐다"」, 〈조선일보〉, 2022년 7월 30일

2 「진중권, "최근 이재명 '죄송하다'고 전화…너무 늦었다"」, 〈매일신문〉, 2022년 2월 24일

3 「판교 턱밑 분당 대장동 개발사업, 7년 만에 볕들까」, 〈머니투데이〉, 2012년 4월 26일

4 「경기 성남시 분당 대장동 개발 민-관 결합개발로 가닥」, 〈한겨레〉, 2012년 5월 21일

5 「분당 '대장동 새도시' 시장-측근 엇박자」, 〈한겨레〉, 2012년 5월 3일

6 「성남 대장동 개발 뒷돈 받은 전 국회의원 친동생 징역형 구형」, 〈뉴시스〉, 2015년 10월 6일

7 「대장동 비리 13억 받은 전 주택공사 본부장 '실형'」, 〈뉴시스〉, 2015년 11월 13일

8 「'대장동 비리' 회삿돈 빼돌려 뇌물 뿌린 시행사 대표 실형」, 〈뉴시스〉, 2016년 1월 13일

9 「김만배 음성 파일 "박영수 통해 윤석열 '대장동 대출' 수사 무마했다"」, 〈경향신문〉, 2022년 3월 6일

10 「검찰, 부산저축은행 수사 당시 '대장동 대출'은 손대지 않았다」, 〈경향신문〉, 2021년 10월 7일

11 「국힘, "브로커 조우형, 윤석열 본적 없다고 검찰 진술해"」, 〈뉴시스〉, 2022년 3월 7일

12 「성남시, 대장동-제1공단 결합개발 본격 추진」, 〈동아일보〉, 2015년 2월 3일

13 「'성남도공' 반대했던 성남시의원들의 수상한 변신」, 〈신동아〉, 2021년 10월 21일

14 「'성남도시개발공사 설립' 갈등 예고」, 〈뉴시스〉, 2012년 7월 2일

15 「성남시의회 또 파행 '촌극'···그러나 시민이 막았다」, 〈뉴시스〉, 2013년 1월 7
일

16 「'성남도공' 반대했던 성남시의원들의 수상한 변신」, 〈신동아〉, 2021년 10월
21일

17 「위례신도시 청약 대박에 성남시 "아깝다 1100억 원"」, 〈기호일보〉, 2013년 7월
15일

18 「성남도개공 설립, 이재명 시장 솔선해야」, 〈경기신문〉, 2013년 3월 5일

19 「위례 아파트사업 포기 선언 성남시, 재추진 논란」, 〈뉴시스〉, 2013년 11월 7일

20 「"실소유주 정체 묻힌다"···대장동 · 위례서 써먹은 '특금신탁'」, 〈중앙일보〉,
2021년 10월 19일

21 「이재명이 날 세웠던 토건세력, 위례 찍고 '화천대유'로 얼굴 바꿔 거액 챙겼다」,
〈한국일보〉, 2021년 9월 26일

22 같은 기사

23 「성남시의회 다수당 '역전'···이재명 시장, 시정 운영 '청신호'」, 〈뉴시스〉, 2014
년 6월 8일

24 「성남시, 대장동-제1공단 결합개발 본격 추진」, 〈동아일보〉, 2015년 2월 3일

25 「성남 '대장동 · 제1공단 결합개발' 우선협상대상자 선정」, 〈뉴시스〉, 2015년 3
월 30일

26 「성남시, 제1공단 사업시행자 소송 대법 승소 판결」, 〈경향신문〉, 2016년 2월
18일

27 「'리틀 판교' 서판교 대장지구 개발 속도낸다」, 〈세계일보〉, 2016년 7월 28일

28 「'사퇴 종용' 받은 황무성 전 사장 "성남시장 지시라고 들어"」, 〈동아일보〉, 2022
년 4월 2일

29 「'사퇴 강요' 황무성 성남公 사장 녹취록 전문 공개···7차례 "시장" 언급」, 〈TV조
선〉, 2021년 10월 25일

30 「이재명, "황무성 사퇴 종용 사실 아냐···당시 '왜 그만두지' 기억나"」, 〈뉴스1〉,
2021년 10월 25일

31 「황무성, "유한기, 내 사기 사건 재판 몰라"··· 사퇴 자작극 반박」, 〈세계일보〉,
2021년 10월 30일

32 같은 기사

33 「이재명, "황무성, 사기죄 재판받다 그만둔 사람…檢, 침소봉대"」, 〈뉴시스〉,
2021년 10월 29일

34 「황무성, 이재명 불기소에 "사퇴종용 녹취록 말고 뭐가 더 필요하냐"」, 〈뉴스1〉,
2022년 4월 1일

4장 대장동 개발사업 특혜 의혹2

1 「숨진 이재명 형의 증언?…2012년 "유동규를 엄청 사랑합디다"」, 〈채널A〉,
2021년 10월 5일

2 「황무성, "유한기, '시장님 지시로 다 이야기 됐다'며 사직서 내라고 해"」, 〈동아
일보〉, 2022년 4월 1일

3 「'대장동 키맨' 유동규, 이재명 '첫 당선' 일등공신…아파트 리모델링 공약으로
票몰이」, 〈조선비즈〉, 2021년 10월 5일

4 「리모델링 조합장서 경기관광공사 수장까지…잘 나가던 유동규의 추락」, 〈한
국일보〉, 2021년 10월 4일

5 「"남욱도 유동규에게 따귀 맞아, 이후 연락 끊었는데 어떻게 8억3000만 원 주
나?"」, 〈월간조선〉, 2022년 10월 21일

6 「이재명, "유동규, 측근 아냐" 선 긋다 "내 선거 도와줬다" 말 뒤집어」, 〈세계일
보〉, 2021년 10월 1일

7 「與 TV토론회 '대장동 공방'…이재명 "유동규, 측근 아냐"」, 〈TV조선〉, 2021년 9
월 30일

8 「"유동규 자살기도 어떻게 아냐"…李 "가까운 사람과 아는 사이라"」, 〈중앙일
보〉, 2021년 10월 20일

9 「'대장동 핵심' 유동규 추가 구속…증거인멸 · 시간끌기 '차단'」, 〈뉴데일리〉,
2022년 4월 20일

10 「유동규, "내 죗값만 받겠다. 이재명이 명령한 죗값은 그가 받아야"」, 〈한국일
보〉, 2022년 10월 22일

11 「대장동 '초과이익 환수 삭제' 재구성…故 김문기는 어떤 역할?」, 〈KBS〉, 2021
년 12월 22일

12 「"대장동 초과이익 환수 세 차례 제안" 김문기 생전 편지 공개」, 〈중앙일보〉,
2022년 1월 20일

13 「'대장동 실무' 故 김문기 유서 공개…"초과이익 환수 3번 묵살, 억울하다"」,

〈YTN〉, 2022년 1월 19일

14 「김문기 유족 "초과이익 환수 주장하다 유동규에 뺨 맞았다"」, 〈중앙일보〉, 2021년 12월 23일

15 「李 "김문기 모른다" 했는데 "시장님이랑 골프쳤어" 생전 육성」, 〈TV조선〉, 2022년 2월 23일

16 「檢 "이재명, 김문기 알게 된 시점 '2009년 6월'…주요 공약 깊이 관여"」, 〈조선비즈〉, 2022년 9월 16일

17 「성남 대장동 개발이익 5500억 환수…제1공단 공원화 본격화」, 〈뉴시스〉, 2017년 3월 7일

18 「이재명의 실험, '비리 없애 만든 1800억, 시민들에 배당'」, 〈프레시안〉, 2018년 1월 29일

19 「이재명의 1800억 배당, 그게 최선입니까?」, 〈한국일보〉, 2018년 2월 4일

20 「'허위사실 공표' 이재명 운명의 날…오늘 오후 2시 대법원 선고」, 〈YTN〉, 2020년 7월 16일

21 「이재명 항소심, 1심 뒤집고 일부 유죄…당선무효 위기」, 〈SBS〉, 2019년 9월 6일

22 「이재명 '친형 강제입원' 사건, 대법원 전원합의체에서 최종 판단」, 〈조선비즈〉, 2020년 6월 15일

23 「'7대5' 이재명 오뚜기처럼 기사회생…경기지사직 유지」, 〈조선일보〉, 2020년 7월 16일

24 같은 기사

25 「권순일, 이재명에 '무죄 의견'…5년 전과는 '다른 잣대'」, 〈JTBC〉, 2021년 10월 1일

26 「김만배 이상한 해명 "권순일 대법관 이름 적고 구내 이발소 갔다"」, 〈조선일보〉, 2021년 10월 1일

27 「이재명 前비서 "대법원 라인 우리가 싹 작업해놨어"…재판 로비한 정황」, 〈조선일보〉, 2022년 3월 7일

28 「검찰, '화천대유 고문' 권순일 前대법관 수사 시작…고발인 조사」, 〈아시아경제〉, 2021년 9월 27일

29 「성남시, 판교대장 도시개발사업 인계인수 시동」, 〈뉴스1〉, 2021년 3월 31일

30 「오광영 대전시의원, 5분 발언서 "유성복합터미널 만들자"」, 〈신아일보〉, 2020

맞짱

년 9월 25일

31 「이재명 후보님, "(주)화천대유자산관리는 누구 것입니까?"」, 〈경기경제신문〉, 2021년 8월 31일

32 「화천대유 의혹 최초 제기한 기자, "언론 상대로 소송 먼저 진행하는 건 또다른 방식의 규제"」, 〈월간조선〉, 2021년 9월 21일

33 「대장동 최초 보도 기자, "민주당에서 제보한 것"」, 〈미디어 오늘〉, 2022년 3월 8일

34 「화천대유 최초 보도 기자, "이렇게 커질 줄 몰랐다"」, 〈CBS 한판승부〉, 2021년 9월 29일

35 「화천대유 의혹 최초 제기한 기자, "언론 상대로 소송 먼저 진행하는 건 또다른 방식의 규제"」, 〈월간조선〉, 2021년 9월 21일

36 같은 기사

37 「이재명 캠프, '대장동 특혜' 보도한 기자 · 경북대 교수 고발」, 〈한국일보〉, 2021년 9월 24일

38 「이재명표 '대장동 개발' 또다시 잡음」, 〈주간조선〉, 2021년 9월 10일

39 「화천대유 실소유주와 지인 6명, 정체 숨기고 이례적 신탁」, 〈조선일보〉, 2021년 9월 14일

40 「이재명의 '대장동' 의혹…'화천대유'는 대체 누구의 것인가? 김경률 회계사가 직접 말합니다!」, 〈이슈포청천 LIVE〉, 2021년 9월 16일

41 「화천대유, 4040억 배당 외 분양이익 4500억도 챙겼다」, 〈중앙일보〉, 2021년 9월 28일

42 같은 기사

43 「대장동 싹쓸이 의혹' 제일건설 · HMG, 분양매출 6000억…회사측 "부정 없었다"」, 〈뉴스핌〉, 2021년 10월 18일

44 「이재명 '셀프 팩트체크'…"초과이익환수 조항 삭제 아닌 '미채택'"」, 〈조선비즈〉, 2021년 10월 20일

45 「이재명은 '기본주택' 짓는다는데…대장동 임대주택, 고작 6%」, 〈조선비즈〉, 2021년 10월 5일

46 「이재명, "대장동 개발, 단군 이래 최대 공익환수 사업"」, 〈데일리안〉, 2021년 9월 14일

47 「이재명, "사실 이 설계는 제가…" 대장동 발언 2주만에 다시 주목」, 〈조선일보〉,

2021년 9월 27일

48 「초과이익 환수조항 논란에…이재명, "추가의견 미채택이 팩트"」, 〈연합뉴스〉, 2021년 10월 20일

49 「이재명, "한전 직원이 뇌물 받으면 대통령이 사퇴하나"」, 〈한국경제〉, 2021년 10월 4일

50 「김만배, "천화동인 1호 내 것 아냐…배당금 절반은 '그분' 것"」, 〈MBN〉, 2021년 10월 9일

51 「윤석열, "이재명, '그분'임을 고백하고 특검 자청해야"…李 "가짜뉴스"」, 〈서울신문〉, 2021년 10월 12일

52 「김기현, "이재명, 추악한 아수라 가면 반드시 벗겨낼 것"」, 〈서울경제〉, 2021년 10월 18일

53 「이재명, "대장동 설계자, 제가 맞다…이익환수 보장 설계"」, 〈연합뉴스〉, 2021년 10월 18일

54 「국감장 발칵 뒤집은 김부선, "이재명과 민주당 완전히 미쳤다"」, 〈중앙일보〉, 2021년 10월 19일

55 「'대장동 설계자' 이재명, "대장동 이익 환수 방법 등 설계한 것"」, 〈더팩트〉, 2021년 10월 18일

56 「이재명, "대장동 사건두고 배임 이야기하는 것 황당무계"」, 〈매일경제〉, 2021년 10월 18일

57 「국힘, "與, '대장동 증인 신청' 일체 거부…이재명 치적사업이라더니"」, 〈디지털타임스〉, 2021년 9월 28일

58 「이재명 공략 실패한 국민의힘…원희룡도 비웃었다」, 〈중앙일보〉, 2021년 10월 18일

59 「'대장동 수사팀' 두둔하고 나선 박범계…"남욱 도주 우려 없다"」, 〈시사저널〉, 2021년 10월 21일

60 「배임 빼고 유동규 기소… 수사팀 검사들 "이러다 큰일, 차라리 특검하자"」, 〈조선일보〉, 2021년 10월 23일

61 「이재명, 野 특검 요구에 "저질청지…그럼 수사기관이 왜 필요한가"」, 〈뉴스1〉, 2021년 9월 22일

62 「이재명, '조건부 특검론'…"대장동 수사 미진하면 수용, 윤석열 포함"」, 〈한겨레〉, 2021년 11월 10일

63 「이재명 대장동 특검하자, 속내는?」, 〈시사포커스〉, 2021년 11월 19일

64 「속내 다른 대장동 특검, 이재명 'OK' 민주당 'NO'」, 〈시사포커스〉, 2021년 12월 1일.

65 「'유한기 사망'으로 다시 특검론…'대선 전 결론' 이미 물 건너가」, 〈뉴스1〉, 2021년 12월 10일.

66 「이재명, "특검 반드시 필요…尹 혐의 빼자는 건 엉뚱한 주장"」, 〈시사저널〉, 2021년 12월 11일

67 「"대장동 특검, 동의하십니까?" 다섯 번 외친 이재명」, 〈한겨레〉, 2022년 3월 2일

68 「이재명이 띄운 조건부 특검, 오늘 출범해도 대선 전 안 끝난다」, 〈중앙일보〉, 2021년 11월 12일

69 「이재명 "분신같은 사람" 김용 체포…유동규 등에 수 억 뒷돈 혐의」, 〈주간조선〉, 2022년 10월 19일

70 「'이재명 최측근' 김용 체포…유동규 등에 수억 받은 혐의」, 〈중앙일보〉, 2022년 10월 19일

71 「남욱 측, 돈 준 내역 스스로 검찰에 넘겨…대장동 일당, 입 열기 시작」, 〈조선일보〉, 2022년 10월 21일

72 「"몇 년 전엔 박수치더니"…검찰 차량에 날아든 커피잔」, 〈이데일리〉, 2022년 10월 20일

73 「이재명 측근 김용, '불법 대선자금' 8억 원 받은 혐의 구속」, 〈연합뉴스〉, 2022년 10월 22일

5장 쌍방울 변호사비 대납 의혹

1 「권성동, '쌍방울' 공격에…이재명 "내복은 잘 입어"」, 〈오마이뉴스〉, 2022년 9월 1일

2 「이재명 · 김동연 후원 '쌍방울 김성태 전 회장 누구'…라임사건 한동훈 '주목'」, 〈일요서울〉, 2022년 5월 27일

3 「'이재명 변호사비 대납 의혹' 쌍방울 본사 압수수색」, 〈JTBC〉, 2022년 6월 23일

4 「이낙연 측 "이재명, 기묘한 소송비용…수십억 변호사 비용에도 李 재산 증

가"」, 〈아시아경제〉, 2021년 8월 29일

5 「이재명 측근 이화영, 쌍방울 법인카드 1억여 원 썼다」, 〈조선일보〉, 2022년 9월 8일

6 「"회장, 대표, 계열사 대표, 사외이사… 쌍방울 관계자들, 이재명에 고액 후원"」, 〈뉴데일리〉, 2022년 9월 1일

7 「'쌍방울 뇌물 혐의' 이화영 전 경기부지사 구속」, 〈연합뉴스〉, 2022년 9월 28일

8 「쌍방울, 이재명 도지사 시절 경기도에 2년간 수억 후원」, 〈JTBC〉, 2022년 8월 29일

9 이재명의 '아태협' 대북사업 민주당 내서도 반대했다」, 〈주간조선〉, 2022년 9월 30일

10 「檢, '쌍방울 유착 의혹' 아태협 간부 기소…"明 대선 불법 지원"」, 〈TV조선〉, 2022년 9월 10일

11 「이화영-쌍방울 잇는 '아태협'…북한 관련 '코인 사업' 벌였다」, 〈JTBC〉, 2022년 9월 26일

12 「檢, '쌍방울 유착 의혹' 아태협 간부 기소…"明 대선 불법 지원"」, 〈TV조선〉, 2022년 9월 10일

13 「여야, 쌍방울 김성태 전 회장을 주목하는 이유」, 〈일요서울〉, 2022년 5월 27일

14 「'이재명 변호사비 의혹' 쌍방울 CB에 등장한 '대장동 인물들'」, 〈한국경제〉, 2021년 10월 22일

15 「쌍방울그룹, 검찰 출신만 10명 근무했다」, 〈시사저널〉, 2022년 8월 17일

16 「겉은 공익, 속은 일감 몰아주기'…지자체 고문 변호사의 이중성」, 〈한국일보〉, 2022년 2월 10일

17 「나노스, 사외이사에 이재명 지사 변호사 나승철씨 선임」, 〈머니투데이〉, 2020년 8월 24일

18 「'이재명 변호사비 20억 대납 의혹' 26분 녹취록 입수」, 〈주간조선〉, 2021년 12월 17일

19 같은 기사

20 같은 기사

21 「"'이재명 변호사비 대납 의혹' 제보자 사인은 심장질환"」, 〈MBC〉, 2022년 1월 13일

22 「민주당 "故 이병철씨 관련…야3당 흑색선전 책임지고 사과하라"」, 〈MBC〉,

2022년 1월 14일

23 「검찰, '이재명 변호사비 대납 의혹' 변호사 사무실 압수수색」, 〈연합뉴스〉, 2022년 7월 8일

24 「'대장동 의혹' 檢수사 한창 때에도 김만배-쌍방울 전 임원 30억 거래」, 〈한국일보〉, 2022년 7월 7일

25 같은 기사

26 같은 기사

27 「변호사비 대납 의혹 수사팀, '최초 제보된 20억 수임료 설득력' 판단」, 〈문화일보〉, 2022년 7월 29일

28 「이재명 변호사비 대납 의혹, '수사기밀 유출' 변곡점 되나」, 〈아시아경제〉, 2022년 8월 4일

29 「"선배님 저번에 부탁하신 것" 쌍방울 압수영장 통째 복사해 넘겼다」, 〈조선일보〉, 2022년 9월 7일

30 「檢, 쌍방울 계열사가 이재명 변호인 사무실에 '20억 이체' 확인」, 〈TV조선〉, 2022년 8월 10일

31 「법사위 헌재 국감서 이재명 지사 변호사 선임내역 자료제출 공방」, 〈아시아경제〉, 2021년 10월 12일

6장 백현동 개발사업 특혜 의혹

1 「안민석, "이재명과 15년지기···'대장동' 한 푼도 안 받은 데 200% 확신"」, 〈아시아경제〉, 2021년 10월 14일

2 「'프로야구 승부조작' 김성현 · 박현준 선수 집행유예」, 〈한겨레〉, 2012년 4월 18일

3 「공공기관 지방이전 대상 176개 확정」, 〈한국경제TV〉, 2005년 6월 24일

4 「(공공기관 이전) 성남 "알짜기관 다 뺏겼다"」, 〈경향신문〉, 2005년 6월 24일

5 「성남시 "공공기관 이전 부지, 지역발전 위해 개발해야"」, 〈경향신문〉, 2011년 8월 29일

6 「경기지역 공공기관 이전부지 매각 지지부진」, 〈연합뉴스〉, 2012년 3월 7일

7 「국토부, 지방이전 공기업 부지 활용방안 제시」, 〈쿠키뉴스〉, 2011년 6월 27일

8 「LH · 식품연구원 등 공공기관 2.7조 부동산 매각」, 〈아시아경제〉, 2012년 9월 24일

9 「용도제한 풀린 공공기관 부동산매각 물꼬 트이나」, 〈머니투데이〉, 2012년 10월 29일

10 「지방이전 한국식품연구원 청사부지 '아파트촌'으로?」, 〈뉴시스〉, 2015년 5월 6일

11 「8번 유찰 백현동, 수의계약 뒤 용도·분양 변경 일사천리」, 〈중앙일보〉, 2021년 10월 5일

12 「李, '백현동 의혹 김인섭 단골식당'서 2014년 업무비 8차례 결제」, 〈동아일보〉, 2022년 2월 20일

13 「"백현동 인허가 시기, 성남시에 힘 쓸 김인섭에 2억 3,000만 원 줘"」, 〈동아일보〉, 2021년 11월 10일

14 「8차례 유찰 한국식품연구원 성남청사 부지 팔려」, 〈뉴시스〉, 2015년 10월 20일

15 「8회 유찰 백현동 부지, A사에 팔리자 용도 4단계나 상향」, 〈중앙일보〉, 2021년 10월 6일

16 「대장동 말고 백현동도 있다…'옹벽아파트'도 3,000억 수익」, 〈중앙일보〉, 2021년 10월 5일

17 같은 기사

18 같은 기사

19 「백현동 '제2의 대장동 사태'? ①특정인 이익 대박 ②신탁 ③로비 의혹」, 〈노컷뉴스〉, 2021년 10월 22일

20 「백현동 옹벽 위 텅빈 9,000평 공원…"대장동보다 심각"」, 〈중앙일보〉, 2021년 10월 13일

21 「"이재명 前선대본부장, 깡패 동원 '백현동 개발' 지분 요구"」, 〈동아일보〉, 2021년 10월 14일

22 「"백현동 인허가 시기, 성남시에 힘 쓸 김인섭에 2억3000만원 줘"」, 〈동아일보〉, 2021년 11월 10일

23 「"사기업 배불린 공공기관 부지 용도변경"」, 〈경인일보〉, 2017년 4월 18일

24 「성남미래정책포럼 "높이 30m, 길이 300m 옹벽 아파트"…공익감사청구」, 〈인천일보〉, 2021년 5월 13일

25 「대장동·위례 이어…'1兆 분양' 성남 백현동도 특혜 논란」, 〈시장경제〉, 2021년 9월 27일

26 「수의계약·용도변경' 백현동 의혹 확산…錢主 부국증권도 도마위」, 〈시장경제〉, 2021년 9월 28일

27 「대장동 이어 백현동 특혜?…이재명 측 "한국식품연구원이 거짓말"」, 〈데일리안〉, 2021년 10월 6일

28 같은 기사

29 「이재명 "백현동 인허가는 국토부 협박 탓" 국토부 "황당하다"」, 〈중앙일보〉, 2021년 10월 21일

30 같은 기사

31 「李 "백현동 용도변경, 국토부 협박 탓"이라는데…성남시가 국토부 요청 거부한 문건 나와」, 〈조선일보〉, 2021년 10월 23일

32 「식품연구원은 되고, LH는 안 되고…성남시의 '고무줄 용도변경'」, 〈시장경제〉, 2021년 10월 13일

33 「檢, 감사원 요청 '백현동 특혜 의혹' 수사 경기남부청에 이첩」, 〈중앙일보〉, 2022년 5월 12일

34 「감사원, 백현동 민간 몰아주기 결론…"성남시, 고의로 참여 안 해"」, 〈연합뉴스〉, 2022년 7월 22일

35 「감사원, "성남시, 백현동 기부채납지 과대평가 291억 손실"」, 〈중앙일보〉, 2022년 7월 27일

7장 성남FC 기업 후원금 의혹

1 「수원지검, '성남FC 수사 무마 의혹' 당시 수사팀 조사」, 〈KBS〉, 2022년 8월 16일

2 「이재명 시장 "성남FC 조례 통과시켜 달라" 간곡 호소」, 〈뉴시스〉, 2013년 11월 25일

3 「축구팀 '성남FC'는 죄가 없다」, 〈조선일보〉, 2022년 9월 2일

4 「새 출발 '박종환 호'를 향한 불편한 시선」, 〈아시아경제〉, 2013년 12월 23일

5 「박종환 감독 자진 사퇴, 신문선 성남 FC 대표 사과」, 〈스포츠동아〉, 2014년 4월 22일

6 「이재명 성남시장, 강등=ACL 포기 '시사'…결말은?」, 〈스포츠월드〉, 2014년 11월 28일

7 「네이버가 시민단체에 지원한 39억→ 이재명 시장이 구단주인 성남FC로」, 〈동

아일보〉, 2017년 10월 20일

8 「삼성, 첼시와 10년 후원 관계 끝내나」, 〈비즈니스 포스트〉, 2014년 9월 10일

9 「네이버가 시민단체에 지원한 39억→ 이재명 시장이 구단주인 성남FC로」, 〈동아일보〉, 2017년 10월 20일

10 「"성남FC 후원 6개 기업, 성남시에 현안 민원했던 건 사실"」, 〈시사저널〉 2022년 2월 4일

11 「SBS-이재명 "사옥신축 시 성남FC 후원 공문" 대가성 공방」, 〈미디어오늘〉, 2022년 6월 28일

12 「성남FC 수사 뭉개기와 제2대장동 악취」, 〈문화일보〉, 2022년 1월 28일

13 「성남FC 광고비 최대 6배 폭증…"대가성 없이 불가능"」, 〈시사저널〉, 2022년 7월 4일

14 「한국당, 이재명-성남FC 유착 의혹 제기 "미르·K스포츠재단과 차이 있나"」, 〈뉴시스〉, 2018년 1월 17일

15 「'성남FC 뇌물혐의' 출석 요구…이재명 "경찰 정치개입" 반발」, 〈한국경제〉, 2021년 7월 4일

16 「이재명, "성남FC가 미르재단이라니…尹, 없는 죄 만들어"」, 〈MBN〉, 2021년 8월 6일

17 「'성남FC 의혹' 이재명 무혐의…경찰 "증거불충분"」, 〈중앙일보〉, 2021년 9월 7일

18 「백종덕, "뇌물혐의로 경찰 간부 고발"…경찰 "법적 대응"」, 〈SBS〉, 2018년 11월 23일

19 「성남FC 후원금 수사, 3년 7개월 만에 원점…박하영(전 차장검사) "바른길 가겠다"」 〈중앙일보〉, 2022년 2월 15일

20 「이재명 '성남FC 의혹' 검찰, 재수사 놓고 석 달째 미적」, 〈문화일보〉, 2021년 12월 7일

21 「"尹 측근 보고하겠다"…성남FC 수사 박은정 박하영 진실게임 양상」, 〈파이낸셜뉴스〉, 2022년 2월 17일

22 같은 기사

23 「'박은정 갈등설' 성남 차장검사…'사노라면' 부르며 떠난 이유」, 〈중앙일보〉, 2022년 1월 25일

24 「"尹 측근 보고하겠다"…성남FC 수사 박은정 박하영 진실게임 양상」, 〈파이낸

맞짱

셜뉴스〉, 2022년 2월 17일

25 「성남FC 의혹 수사 갈등 있었나…검찰, 자체 진상조사」, 〈연합뉴스〉, 2022년 1월 26일

26 「KBS 오보 제보 혐의 신성식 검사장 압수수색」, 〈조선일보〉, 2022년 8월 24일

27 「성남FC 수사 막은 박은정에 보완수사 맡긴 검찰…"대선까지 뭉개려는 것"」, 〈조선일보〉, 2022년 2월 8일

28 「검찰, '수사 무마 의혹' 성남FC 사건, 경찰에 보완수사」, 〈노컷뉴스〉, 2022년 2월 9일

29 「성남FC 수사 경찰 오락가락… 결국 경기남부청이 맡는다」, 〈한국일보〉, 2022년 7월 4일

30 「이재명, "두산 신사옥 · 성남 FC 후원 특혜 아냐"」, 〈세계일보〉, 2022년 6월 28일

31 「"이재명 · 정진상 공모"…'성남FC 의혹' 공소장에 적시」, 〈SBS〉, 2022년 10월 1일

32 「성남FC 前 대표 "정진상 정책실장을 구단주 대리인이라고 생각"」, 〈세계일보〉, 2022년 9월 27일

33 같은 기사

34 「정진상, 성남FC 돈으로 해외 출장 의혹」, 〈채널A〉, 2022년 9월 27일

35 「대표도 몰랐다는 성남FC 성과금…"정당한 노력없이 거액 챙겨"」, 〈국민일보〉, 2022년 10월 3일

36 「'성남FC 수사 무마 의혹' 박은정 지청장 세 번째 고발돼」, 〈문화일보〉, 2022년 2월 9일

37 「'성남 FC' 성남지청장, 박은정 가고 '尹 측근'…이재명 운명은」, 〈뉴시스〉, 2022년 6월 28일

38 「'성남FC 수사' 박하영 前차장검사 "일지 수사 때 까겠다"」, 〈매일경제〉, 2022년 2월 16일

맞짱
이재명과의 한판

지은이　　김경율·서민

2022년 11월　9일 초판 1쇄 발행
2022년 11월 18일 초판 2쇄 발행

책임편집　김창한
기획편집　선완규 김창한
마케팅　　신해원

펴낸곳　　천년의상상
등록　　　2012년 2월 14일 제2020-000078호
전화　　　031-8004-0272
이메일　　imagine1000@naver.com
블로그　　blog.naver.com/imagine1000

ⓒ 김경율·서민 2022

ISBN　　979-11-90413-45-9 03300